国家出版基金项目

湖北省公益学术著作
出版专项资金
Publications

中国话语体系建设丛书

丛书主编　沈壮海

▼

周绍东　著

中国特色社会主义政治经济学学术话语体系建设研究

WUHAN UNIVERSITY PRESS
武汉大学出版社

图书在版编目(CIP)数据

中国特色社会主义政治经济学学术话语体系建设研究/周绍东
著.—武汉:武汉大学出版社,2023.11(2024.4 重印)
中国话语体系建设丛书/沈壮海主编
国家出版基金项目　湖北省公益学术著作出版专项资金资助项目
ISBN 978-7-307-24011-7

Ⅰ.中…　Ⅱ.周…　Ⅲ.中国特色社会主义—社会主义政治经济
学—研究　Ⅳ.F120.2

中国国家版本馆 CIP 数据核字(2023)第 178372 号

责任编辑:陈　帆　　责任校对:李孟潇　　版式设计:马　佳

出版发行:**武汉大学出版社**　(430072　武昌　珞珈山)
　　　　　(电子邮箱:cbs22@whu.edu.cn　网址:www.wdp.com.cn)
印刷:湖北恒泰印务有限公司
开本:720×1000　1/16　印张:18　字数:285 千字　插页:2
版次:2023 年 11 月第 1 版　2024 年 4 月第 2 次印刷
ISBN 978-7-307-24011-7　　定价:109.00 元

作者简介

周绍东，安徽枞阳人，武汉大学马克思主义学院教授、博士生导师。先后入选国家"万人计划"青年拔尖人才、江苏省"青蓝工程"学术带头人、湖北省"楚天学者"。担任教育部哲学社会科学研究重大课题攻关项目"中国共产党经济理论创新的百年道路与经验总结研究"首席专家、中央"马克思主义理论研究和建设工程"专家组成员、全国青年马克思主义者培养工程理论导师、中国政治经济学学会常务理事、中国社会科学院世界社会主义研究中心特邀研究员、教育部习近平新时代中国特色社会主义思想研究中心特约研究员、湖北省高校青年研究会副会长、湖北省第十四届青联委员。

绪　论

2016 年 5 月 17 日，习近平总书记在哲学社会科学座谈会上发表了重要讲话。习近平总书记指出：哲学社会科学是人们认识世界、改造世界的重要工具，是推动历史发展和社会进步的重要力量，其发展水平反映了一个民族的思维能力、精神品格、文明素质，体现了一个国家的综合国力和国际竞争力。

哲学社会科学包括学科体系、学术体系、话语体系、教材体系等多个方面的内容，在构建中国特色哲学社会科学体系的过程中，话语体系建设发挥着重要作用。在解读中国实践、构建中国理论上，我们本来应该最有发言权，可实际上我国哲学社会科学在国际上的声音还比较小，处于有理说不出、说了传不开的境地。习近平总书记指出：要善于提炼标识性概念，打造易于为国际社会所理解和接受的新概念、新范畴、新表述，引导国际学术界展开研究和讨论。

中国特色社会主义政治经济学学术话语体系的构建，是中国特色哲学社会科学话语体系构建的典型代表。中国特色社会主义政治经济学是对中华人民共和国成立以来，特别是改革开放以来我国社会主义经济建设的经验总结和理论升华，是当代中国的马克思主义政治经济学。中国特色社会主义政治经济学，既遵循经典马克思主义政治经济学的基本原理，又饱含着丰富的中国基因，具有极其鲜明的中国特色。

我们党历来重视对马克思主义政治经济学的学习、研究、运用，在此过程中，形成了一系列中国特色社会主义政治经济学"话语"。毛泽东同志先后 4 次集中研读《资本论》，多次主持专题研讨苏联《政治经济学教科书》，强调"研究政治

经济学问题，有很大的理论意义和现实意义"①。毛泽东同志在新民主主义革命
时期创造性地提出了新民主主义经济纲领，在探索社会主义建设道路过程中对发
展我国经济提出了独创性的观点，如提出社会主义社会的基本矛盾理论，提出统
筹兼顾、注意综合平衡，以农业为基础、工业为主导、农轻重协调发展等重要观
点，这些都是我们党对马克思主义政治经济学的创造性发展。党的十一届三中全
会以来，我们党把马克思主义政治经济学基本原理同改革开放新的实践结合起
来，不断丰富和发展马克思主义政治经济学，形成了一系列理论创新和话语创
新。1984 年 10 月《中共中央关于经济体制改革的决定》通过后，邓小平同志评价
说："写出了一个政治经济学的初稿，是马克思主义基本原理和中国社会主义实
践相结合的政治经济学。"②40 多年来，随着改革开放不断深入，我们形成了当代
中国马克思主义政治经济学的许多重要理论成果和话语表达，比如，关于社会主
义本质的认识，关于社会主义初级阶段基本经济制度的认识，关于发展家庭联产
承包责任制的理论，关于发展社会主义市场经济的理论，关于推动新型工业化、
信息化、城镇化、农业现代化相互协调的理论，关于用好国际国内两个市场、两
种资源的理论，关于促进社会公平正义、逐步实现全体人民共同富裕的理论，等
等。这些理论成果及其话语表达，不仅有力指导了我国经济发展实践，而且推动
了马克思主义政治经济学的发展。

党的十八大以来，以习近平同志为核心的党中央高度重视中国特色社会主义
政治经济学的发展。2015 年 11 月 23 日，中共中央政治局就马克思主义政治经济
学基本原理和方法论进行第二十八次集体学习。习近平总书记指出：我们要立足
我国国情和我们的发展实践，深入研究世界经济和我国经济面临的新情况新问
题，提示新特点新规律，提炼和总结我国经济发展实践的规律性成果，把实践经
验上升为系统化的经济学说，不断开拓当代中国马克思主义政治经济学新境界，
为马克思主义政治经济学创新发展贡献中国智慧。③

中国特色社会主义进入新时代，在指导社会主义经济建设的过程中，中国特

---

① 参见孙东升、马京波：《毛泽东的读书之道》，人民出版社 2014 年版，第 219 页。
② 参见《邓小平文选》(第 3 卷)，人民出版社 1993 年版，第 83 页。
③ 参见《十八大以来重要文献选编(下)》，中央文献出版社 2018 年版，第 7 页。

色社会主义政治经济学形成了一系列新的学术话语，其中比较有代表性的有：坚持加强党对经济工作的集中统一领导，确保我国经济发展的社会主义方向，走一条中国式现代化道路；坚持以人民为中心的发展思想，增强人民群众获得感、幸福感、安全感；坚持使市场在资源配置中起决定性作用，更好发挥政府作用；坚持适应把握引领经济发展新常态，推动经济高质量发展；坚持深化供给侧结构性改革，加快建设现代化经济体系；着力构建现代产业体系，推动区域协调发展，实施精准扶贫、乡村振兴战略，走新型城镇化道路；坚持构建以国内大循环为主体、国内国际双循环相互促进的新发展格局，倡导"一带一路"建设，建设更高水平开放型经济新体制；坚持人与自然和谐共生，坚定走生产发展、生活富裕、生态良好的发展道路；坚持统筹发展和安全，坚持推动人类命运共同体建设，促进经济全球化健康发展；坚持稳中求进工作总基调，加强和改善宏观调控；共同富裕是社会主义的本质要求，要在高质量发展中促进共同富裕；等等。这些鲜活的话语，不仅为中国特色社会主义政治经济学学科体系、学术体系构建提供了传播载体，同时也为新时代中国经济和现代化建设指明了前进方向，提供了"历史路标"。

本书共分为三篇，上篇为话语回溯篇，中篇为话语创新篇，下篇为话语应用篇。话语回溯篇包括四章内容。第一章是研究进展和文献综述。第二章从中国特色社会主义政治经济学的研究对象出发探讨了话语体系构建的根本依据。第三章梳理了中国共产党经济政策话语的百年演进历程。第四章基于认识论，探讨了习近平新时代中国特色社会主义经济思想的发展过程。话语创新篇包括第五章、第六章和第七章，分别研究了五大发展理念、经济高质量发展和现代化经济体系这三个具有代表性的中国特色社会主义政治经济学话语。话语应用篇包括八章内容，围绕现代产业体系、区域协调发展、精准扶贫和乡村振兴、新发展格局、供给侧结构性改革与需求侧管理、社会主义市场经济中的"资本"范畴、高质量发展与共同富裕、中国式现代化道路等话语概念展开研究。这些现实主题，既是提炼中国特色社会主义政治经济学学术话语的实践源头，又在政策话语的指导下不断深入发展。

目　录

话语回溯篇

话语创新篇

话语应用篇

话语回溯篇

第一章

中国特色社会主义政治经济学的研究进展

本章对党的十八大以来特别是 2015 年以来中国特色社会主义政治经济学的研究进展进行了一个文献梳理。此梳理是从学术和学科视角进行，其目的是为学术话语的提炼奠定学理性基础。本章所涉及的研究对象、逻辑起点、核心命题、叙述主线等问题，也是长期以来中国特色社会主义政治经济学中讨论较多、争论较大的主题。当然，中国特色社会主义政治经济学范畴构建和话语体系本身也是一个研究主题，围绕这方面的论述也十分丰富，本章第十节专门梳理了这方面的文献。

第一节　中国特色社会主义政治经济学的理论来源与指导原则

一、理论来源

2015 年 11 月 23 日，中共中央政治局进行第 28 次集体学习，中共中央总书记习近平在主持学习时指出，马克思主义政治经济学是马克思主义的重要组成部分，也是坚持和发展马克思主义的必修课。强调要立足中国国情和中国发展实践，揭示新特点新规律，不断开拓当代中国马克思主义政治经济学新境界。2015年 12 月召开的中央经济工作会议提出，做好当前和今后一个时期的经济工作，"要坚持中国特色社会主义政治经济学的重大原则"。这是"中国特色社会主义政治经济学"作为一种新的概念首次被提出，也是目前唯一一个由国家最高领导人亲自提出的学术范畴和学科体系。

中国特色社会主义政治经济学不是无根之木、无源之水，它是在一定的理论"土壤"上生长出来的。卫兴华(2017)认为，中国特色社会主义政治经济学是马克思主义政治经济学中国化和时代化的成果，二者是一脉相承的源流关系。构建中国特色社会主义政治经济学，应当阐明马克思主义政治经济学有关社会主义的基本原理，辩明有关社会主义经济理论与实践以及构建中国特色社会主义政治经济学的是非问题。① 王立胜、郭冠清(2016)更是将中国特色社会主义政治经济学的理论来源概括为五个方面：马克思主义经典作家的著作、苏联东欧社会主义建设的理论遗产、中国传统文化的"基因"、非马克思主义经济学的文明成果和中国特色社会主义建设的理论成果。② 乔榛、郑岩(2017)对中国特色社会主义政治经济学的理论基础进行了进一步的细化，将中国特色社会主义政治经济学的马克思主义政治经济学基础细化为马克思的生产力理论、马克思的"人本经济思想"、发展的马克思主义政治经济学；将中国特色社会主义政治经济学构建的西方经济学借鉴细化为西方经济学的生产力理论、西方经济学的市场经济理论；并要求构建中国特色社会主义政治经济学的哲学基础，即要发现马克思哲学、我国传统文化对构建中国特色社会主义政治经济学的方法论意义。③ 此外，中国特色社会主义政治经济学也并不只是理论、概念运演的产物，它也是历史大背景下实践的结晶。王立胜(2017)指出，中国特色社会主义政治经济学的历史生成有其深刻的时代背景，它是将中国经济实践经验系统化并提升为理论学说进而推动中国经济理论创新发展的必然要求，是增强对中国化马克思主义理论自觉和坚定"四个自信"的认识论前提，是增强中国经济学主体意识和主体性的需要；中国特色社会

---

① 参见卫兴华：《辩明中国特色社会主义政治经济学的马克思主义理论之源》，载《毛泽东邓小平理论研究》2017年第5期。

② 参见王立胜、郭冠清：《论中国特色社会主义政治经济学理论来源》，载《经济学动态》2016年第5期。

③ 参见乔榛、郑岩：《中国特色社会主义政治经济学的理论基础》，载《河北经贸大学学报》2017年第1期。

主义革命、建设和改革的实践是其生成的实践基础。① 因此，构建中国特色社会主义政治经济学，不仅是中国经济建设和改革实践提出的一种理论要求，也是中国经济学发展的重要机会。寻求中国特色社会主义政治经济学的理论出发点或基础是构建中国特色社会主义政治经济学的一个重要前提。

二、指导原则

中国特色社会主义政治经济学的一系列重大原则贯穿这一理论发展的过程，体现了其独特的内在特性和根本精神，呈现出我们党在探索中国特色社会主义经济运行规律和发展道路上的理论逻辑，是我国社会主流意识形态的崭新创造。当前，推进中国特色社会主义政治经济学研究，需要把握一些重大原则。张雷声（2017）概括了如下五个重大原则，即以人民为中心、解放和发展生产力、公有制为主体和共同富裕、社会主义市场经济改革、对外开放，从研究立场、制度特性、发展路径等不同层面，体现其理论原理的内在特性和根本精神，呈现出探索中国特色社会主义经济运行规律和发展道路的理论逻辑。② 钱路波（2019）认为，中国特色社会主义政治经济学自身所蕴含的重大原则体现了中国特色社会主义发展道路的理论逻辑。③ 它所蕴含的重大原则主要包括：坚持以人民为中心（首要原则）；解放和发展生产力（根本原则）；坚持公有制主体地位和社会主义市场经济的改革方向（基础原则）；坚持按劳分配和实现共同富裕（价值原则）；坚持独立自主和扩大开放相结合（重要原则）；坚持辩证唯物主义和历史唯物主义（方法论原则）。杨莘（2016）指出中国特色社会主义政治经济学应坚持的四个原则，即坚持马列方向、借鉴西学精华、关注现实国情、服务改革发展。④ 崔朝栋

---

① 参见王立胜：《中国特色社会主义政治经济学的历史生成》，载《临沂大学学报》2017 年第 1 期。

② 参见张雷声：《中国特色社会主义政治经济学的重大原则》，载《南京师大学报（社会科学版）》2017 年第 1 期。

③ 参见钱路波：《论中国特色社会主义政治经济学的重大原则》，载《中国集体经济》2019 年第 21 期。

④ 参见杨莘：《中国特色社会主义政治经济学应坚持的四个原则》，载《国家治理》2016 年第 42 期。

（2016）将诸多原则概括为一个总则，认为中国特色社会主义政治经济学创新和发展的原则应该是习近平指出的"既要坚持其基本原理和方法论，更要同我国经济发展实际相结合"①。中国特色社会主义政治经济学研究遵循这一原则，不断丰富和发展马克思主义政治经济学，形成了中国特色社会主义政治经济学的许多重要理论成果。

推进中国特色社会主义政治经济学研究是一项艰巨的理论任务，也是一项光荣的政治任务。要从推进党的事业、提高党的执政能力和执政水平出发，深入贯彻和把握重大原则，构建具有中国特色、阐述中国模式、传播中国理念的现代政治经济学，不断开拓中国特色社会主义政治经济学研究新境界，为丰富发展中国特色社会主义理论体系作出更大贡献。

第二节　中国特色社会主义政治经济学的历史脉络

中国特色社会主义政治经济学是马克思主义政治经济学理论逻辑与当代中国社会经济发展历史逻辑相结合的最新理论成果，是当代中国的马克思主义政治经济学。改革开放 40 年来，我国经济社会发展成果斐然，中国特色社会主义政治经济学也在长期实践中不断创新发展，具体体现在其与时俱进的理论创新和"中国模式"的成功实践上。本节是阐述中国特色社会主义政治经济学产生、发展、创新的历史演进过程。

学界对于中国特色社会主义政治经济学发展脉络的把握是从分期开始的。简新华（2017）将改革开放以来中国特色社会主义政治经济学的形成与发展分为四个阶段：初步提出阶段（1978—1984）、基本形成阶段（1987—1993）、有所发展阶段（1997—2012）、定型成熟阶段（2013 年以后）；主要成果即主要内容包括：社会主义本质理论、社会主义初级阶段理论、所有制理论、分配理论、社会主义市场经济理论、社会主义经济发展新理论、社会主义经济体制改革理论、社会主义对外开放理论，此外现在还存在不少重大理论和实践的疑难问题，需要深入探

---

① 参见崔朝栋：《创新和发展中国特色社会主义政治经济学的原则和方向》，载《河北经贸大学学报》2016 年第 6 期。

讨、创新与发展。① 王小军(2016)认为，与改革开放进程相适应，中国特色社会主义政治经济学的发生和演进分为两大发展阶段：一是计划经济体制观念的突破时期(1978—1992)，二是建立和完善社会主义市场经济体制时期(1992年以后)。在此基础上他又将"社会主义市场经济体制的建立和完善"阶段细分为三个小阶段，即建立社会主义市场经济体制时期(1992—2002)、完善社会主义市场经济体制时期(2002—2012)和十八大以来经济发展进入新常态时期(2012年以后)。②

有些学者从中国特色社会主义政治经济学中的不同理论内容出发来阐述其总体的发展历程。周雨风(2019)回顾整理了改革开放以来我国经济发展战略、市场经济理论、基本经济制度以及社会总体布局等四个方面的发展与创新，以此纪念改革开放40年来所建立的丰功伟绩。③ 张雷声(2017)从研究立场、理论主题、方法特质、逻辑结构等方面，论述了中国特色社会主义政治经济学所形成的一系列新理念、新思想、新论断，展示了中国特色社会主义政治经济学的发展与创新历程。④ 赵娜、孔祥利(2018)将40年来经济改革与发展的主要理论成果进行系统化整理，指出中国特色社会主义政治经济学的理论创新主要反映在以下六个方面：社会主义初级阶段和社会主义本质理论、社会主义市场经济理论、社会主义所有制理论、社会主义收入分配理论、中国特色经济发展理论和中国特色开放经济理论。⑤ 陈承明、刘翠燕(2017)指出，中国特色社会主义政治经济学是马克思主义经济理论与我国经济发展和改革实践紧密结合的理论产物和思想结晶，是对马克思主义经济理论的坚持、发展和创新，集中体现为：一是社会主义社会基本矛盾和基本经济规律的理论；二是以社会主义公有制为主体和坚持基本经济制度

---

① 参见简新华：《试论中国特色社会主义政治经济学的形成及发展》，载《河北学刊》2017年第5期。

② 参见王小军：《中国特色社会主义政治经济学：发生、演进与使命》，载《经济问题》2016年第7期。

③ 参见周雨风：《改革开放四十年中国特色社会主义政治经济学的发展与创新》，载《理论导刊》2019年第1期。

④ 参见张雷声：《论中国特色社会主义政治经济学的发展与创新》，载《马克思主义研究》2017年第5期。

⑤ 参见赵娜、孔祥利：《改革开放40年中国特色社会主义政治经济学的创新发展》，载《现代财经(天津财经大学学报)》2018年第11期。

的理论；三是按劳分配和按要素分配紧密联系和相互促进的理论；四是宏观调控和市场调节合理分工和有机结合的理论；五是马克思政治经济学与西方经济学本质区别和相互联系的理论。①

此外，也有学者从中国特色社会主义政治经济学建设取得的巨大成就入手，梳理其发展历程。李楠(2018)认为，中国特色社会主义政治经济学的话语体系建设方面的成就主要有：继承和创新马克思主义经济学的概念和范畴、借鉴吸收西方经济学的概念和范畴、不断总结提炼通识的新概念新范畴新表述；方法论体系建构方面的成就主要有：以马克思主义哲学为构建中国特色社会主义政治经济学的哲学基础、以马克思的方法论原则为构建中国特色社会主义政治经济学的根本方法、以西方经济学的研究方法为构建中国特色社会主义政治经济学的重要补充。②

自 1978 年以来，中国特色社会主义政治经济学理论的发展轨迹和主体内容，体现为改革开放以来的全部思想理论与实践探索。循着我国改革开放的推进轨迹，分阶段地挖掘中国特色社会主义政治经济学理论演进的发展轮廓和逻辑特征，体现为实践与理论辩证发展的认识规律，体现为生产力与生产关系的矛盾运动规律，体现为思想理论创新和发展战略贯彻的统一，体现为一以贯之与解放思想的统一。

第三节　中国特色社会主义政治经济学的研究对象

任何学科建设首要问题都是确定其研究对象，中国特色社会主义政治经济学也不能例外。尽管从 2015 年 12 月就正式提出了建设中国特色社会主义政治经济学的任务，但是迄今为止仍然没有达成一致意见，关键是在政治经济学研究对象上存在分歧。界定的研究对象范围过窄，有可能导致研究内容空心化、学科萎

---

① 参见陈承明、刘翠燕：《论中国特色社会主义政治经济学的发展和创新》，载《毛泽东邓小平理论研究》2017 年第 3 期。

② 参见李楠：《中国特色社会主义政治经济学 40 年的发展》，载《马克思主义理论学科研究》2018 年第 6 期。

缩；界定的研究对象范围过宽，研究内容便会过于庞杂，使得本学科与其他学科的边界不清晰，无法固定学科的研究范围，有可能导致学科的边缘化。本节梳理学术界有关中国特色社会主义政治经济学研究对象的几种代表性观点。

有些学者认为应以"生产关系"为研究对象，因为中国特色社会主义政治经济学的研究对象应与经典马克思主义政治经济学的研究对象保持一致。周新城（2018）认为，中国特色社会主义政治经济学应该紧扣"新时代"主题，在开展理论研究的同时解决现实问题。由于我国正处于社会主义初级阶段，中国特色社会主义政治经济学研究对象应被界定为"包含多层次内容的生产关系"。① 程恩富（2021）提出，中国特色社会主义政治经济学的研究对象是社会主义初级阶段的物质和文化领域的经济关系或经济制度。② 杨继国、袁仁书（2018）提出，《资本论》的研究对象是"广义生产关系"，并且这种"广义生产关系"需要通过《资本论》三卷的整体逻辑来把握。③ 简新华（2018）认为，中国特色社会主义政治经济学研究的仍然是社会主义生产关系和相应的社会主义经济制度，也就是社会主义社会中人与人的关系。④

部分学者认为，中国特色社会主义政治经济学应"联系生产力研究生产关系"。卫兴华（2017）指出，马克思主义政治经济学主要是革命的经济学，中国特色社会主义政治经济学则主要是建设的经济学。因此，两者的相同点是都将生产关系作为研究对象，不同点是后者还要从理论上探讨如何发展社会层面上的生产力。⑤ 洪银兴（2016）认为经济建设是中国的中心任务，经济发展问题是首要问题，继而从社会主义的发展任务、所处历史阶段以及中国特色社会主义的具体实

---

①　参见周新城：《关于中国特色社会主义政治经济学的研究对象》，载《海派经济学》2018年第1期。

②　参见程恩富：《中国特色社会主义政治经济学研究十大要义》，载《海派经济学》2021年第3期。

③　参见杨继国、袁仁书：《政治经济学研究对象的"难题"新解——兼论〈中国特色社会主义政治经济学〉研究对象》，载《厦门大学学报（哲学社会科学版）》2018年第4期。

④　参见简新华：《创新和发展中国特色社会主义政治经济学》，载《马克思主义研究》2018年第3期。

⑤　参见卫兴华：《再论中国特色社会主义政治经济学研究对象》，载《毛泽东邓小平理论研究》2017年第10期。

践三个角度进行分析论证，指出生产力理应是中国特色社会主义政治经济学的研究对象之一。① 周绍东(2021)认为，必须扩展传统的生产关系定义，把"广义生产关系"引入中国特色社会主义政治经济学，并从微观、中观和宏观三个维度对其进行分解。② 从微观维度来看，人们之间的生产关系主要包括两个方面：一是劳动力和生产资料在企业(或其他类型的经济主体)内部的结合方式，并由此表现出来人与人之间的经济关系；二是人们在市场交易过程中比较和交换个别劳动的关系，即劳动力本身的生产过程。从中观维度来看，劳动力和生产资料在产业间、区域间、城乡间以及国内外都可以进行不同形式的组合和搭配，并由此构成产业结构、区域经济结构、城乡关系以及国内外经济关系。在宏观维度上，生产关系最主要的是指市场与政府的关系。劳动力和生产资料既可以通过市场调节组合起来进行生产活动，也可以在政府各种宏观政策的指引下组合起来进行生产活动。宏观维度的生产关系涵盖了微观和中观维度的生产关系，是各种生产关系的宏观表现。

　　部分学者以"生产方式"这一概念为核心，对中国特色社会主义政治经济学的研究对象进行界定和阐释。逄锦聚(2016)的提法是将"中国社会主义初级阶段的生产方式及与之相适应的生产关系和交换关系"③作为研究对象。颜鹏飞和王梦颖(2018)则主张将"中国特色社会主义生产方式总体及其生产力和生产关系的运动规律"作为研究对象。④ 余斌(2017)认为，中国特色社会主义政治经济学的研究应当更好地服务于现阶段中国特色社会主义经济发展实践，因此其研究对象应该被界定为"处于社会主义初级阶段的具有中国特色的多种生产方式以及和它们相适应的生产关系和交换关系"⑤。

---

① 参见洪银兴：《构建解放、发展和保护生产力的系统性经济学说》，载《经济学家》2016年第3期。

② 参见周绍东：《中国特色社会主义政治经济学：研究对象与学科体系》，载《理论月刊》2021年第4期。

③ 参见逄锦聚：《中国特色社会主义政治经济学论纲》，载《政治经济学评论》2016年第5期。

④ 参见颜鹏飞、王梦颖：《新时代中国特色政治经济学体系及其构建方法论研究》，载《福建论坛(人文社会科学版)》2018年第6期。

⑤ 参见余斌：《论中国特色社会主义政治经济学的学术研究》，载《中国经济问题》2017年第4期。

有学者强调中国特色社会主义政治经济学的国别性,提出这门学科不仅要研究一国特殊的经济基础,还要研究其特殊的上层建筑。邱海平(2017)指出,"中国特色社会主义"是中国特色社会主义政治经济学的直接研究对象,中国特色社会主义政治经济学第一次被明确地确定为一门学科也体现了其理论范畴的独特性。① 张宇(2017)则认为,中国特色社会主义政治经济学既不是研究西方的经济学说,也不是单纯以社会主义作为研究对象,而是明确地将"中国特色社会主义经济形态"作为研究对象。② 蒋永穆、卢洋(2018)将中国特色社会主义政治经济学的研究对象划分为三个逻辑层次:以生产关系为首要研究对象,以生产力为必要研究对象,以上层建筑为重要研究对象。③

改革开放以来,中国特色社会主义政治经济学不断把马克思主义政治经济学的基本原理和方法与中国经济改革开放的实践结合起来,在很多方面创新发展了马克思主义政治经济学,形成了中国特色社会主义政治经济学的很多重要理论成果。不断完善中国特色社会主义政治经济学理论体系,首先要明确中国特色社会主义政治经济学的研究对象。马克思主义政治经济学全面深入地研究了资本主义生产关系,中国特色社会主义政治经济学既要系统和深入研究中国特色社会主义生产关系,也要从理论上研究怎样更好地发展社会生产力,即以研究生产关系为主、结合研究生产力的社会生产方式。

第四节 中国特色社会主义政治经济学的逻辑起点

当前,中国特色社会主义政治经济学理论创新的首要问题就是确立中国特色社会主义政治经济学的研究起点。只有建立在科学的研究起点之上,才能建立科学的中国特色社会主义政治经济学体系。刘谦、裴小革(2020)强调,中国特色社会主义政治经济学逻辑起点的选择需要坚持以下三方面原则:在学科整体性上需

---

① 参见邱海平:《关于中国特色社会主义政治经济学的研究对象》,载《社会科学辑刊》2017年第3期。

② 参见张宇:《中国特色社会主义政治经济学的科学内涵》,载《经济研究》2017年第5期。

③ 参见蒋永穆、卢洋:《新时代'强起来'的中国特色社会主义政治经济学体系构建》,载《社会科学战线》2018年第4期。

要坚持从抽象到具体的基本原则；在方法论方面，有必要借鉴马克思在构建其经济学体系时所坚持的方法论原则；在具体的体系构建过程中则需要能够反映这一学科鲜明的中国特色。① 对起点问题的探讨涉及学术界对政治经济学或者马克思主义政治经济学研究方法的看法，因此学界对该问题难以形成共识，众说纷纭。本节针对中国特色社会主义政治经济学的逻辑起点问题进行文献梳理，概括出如下几种主要观点。

商品论或"变形的商品"论。颜鹏飞（2017）根据马克思恩格斯关于"资本主义下变形的商品"的理论，认为应该以大量存在于社会主义初级阶段中，现实的社会主义公有制市场经济形态条件下的"变形的商品"作为中国特色社会主义政治经济学体系的逻辑起点或元范畴。② 刘明远（2018）认为，以中国社会主义初级阶段经济制度为研究对象的中国特色社会主义政治经济学理论叙述的起点范畴仍然是商品，劳动价值论仍然是整个理论体系的基础，基本经济范畴演变的逻辑顺序依然是资本、地产、雇佣劳动、国家、对外贸易、世界市场。③ 周绍东（2017）指出中国特色社会主义政治经济学的研究起点是社会主义商品，甚至可以说是中国特色社会主义背景下的商品概念。从这个概念出发构建起我们的理论体系，层层增加它的规定性。④

"基本经济制度"论。张宇（2016）在谈到中国特色社会主义政治经济学理论体系的特点时指出，中国特色社会主义政治经济学的逻辑起点是"基本经济制度"。他认为，以公有制为主体、多种所有制经济共同发展是社会主义初级阶段的基本经济制度，是中国特色社会主义生产关系的核心和基础，决定着中国特色社会主义经济的各个环节和各个方面。⑤ 卫兴华（2019）反对将商品作为资本主义

---

① 参见刘谦、裴小革：《中国特色社会主义政治经济学逻辑起点定位研究——基于所有制视角的探索》，载《上海经济研究》2020 年第 6 期。

② 参见颜鹏飞：《马克思关于政治经济学体系构建方法再研究——兼论中国特色社会主义政治经济学体系逻辑起点》，载《福建师范大学学报（哲学社会科学版）》2017 年第 2 期。

③ 参见刘明远：《论中国特色社会主义政治经济学的起点范畴与总体结构》，载《武汉大学学报（哲学社会科学版）》2018 年第 5 期。

④ 参见周绍东：《中国特色社会主义政治经济学的起点》，载《政治经济学评论》2017 年第 3 期。

⑤ 参见张宇：《构建马克思主义政治经济学的几点共识》，载《世界社会主义研究》2016 年第 1 期。

政治经济学的研究起点，因为他认为商品、商品生产、商品流通都是中性的，不具有特殊的社会属性。它既不决定也不影响任何社会经济制度的本质规定。他指出，公有制和公有制为主体是现阶段中国特色社会主义的"普照的光"，现阶段中国特色社会主义政治经济学的逻辑起点应是社会主义初级阶段的基本经济制度。①

"国家"论。邱海平(2010)以历史唯物主义为前提，提出社会主义政治经济学的逻辑起点是"国家"，这是因为：一是中国现代社会以国家形成为起点，并且在整个中国现代社会中起支配作用，那么在理论上，当然就应该以"国家"作为逻辑上的"起点范畴"；二是把"国家"作为中国政治经济学的"起点范畴"，也是对政治经济学研究对象认识上的重大突破，从而极大地扩展了中国政治经济学的研究范围与内容；三是在社会主义政治经济学"逻辑起点"或"起点范畴"问题上，虽然学界曾经用"劳动""分工"等范畴进行过多种尝试，但并不成功。②

"现实的人"与"人民主体"论。刘新刚(2017)借鉴马克思在《关于费尔巴哈的提纲》《德意志意识形态》和《〈政治经济学批判〉导言》等文本中的政治经济学的研究起点——"现实人"，并通过考察当前我国发展的现实，对马克思的政治经济学研究起点进行思维具体，给出中国特色社会主义政治经济学的研究起点是"动态发展中的有集体观念且追求私利的人"这样一个结论。③ 北京市中国特色社会主义理论体系研究中心课题组(2017)指出，党的十八大以来，以习近平同志为核心的党中央所提出的"人民主体论"是对马克思主义政治经济学的丰富和发展，构成了中国特色政治经济学体系的逻辑起点。"人民主体论"以历史唯物主义为哲学基础，明确了劳动者是生产力中最活跃最根本的因素，揭示了生产资料公有制的社会基础和历史必然性，进一步确立了社会主义生产目的，夯实了劳动价值理论的学术基础。④

① 参见卫兴华等：《社会主义经济理论研究集萃(2019)——砥砺奋进的中国经济》，经济科学出版社 2020 年版，第 24~28 页。

② 参见邱海平：《论中国政治经济学的创新及逻辑起点——基于唯物史观对于中国现代历史适用性的思考》，载《教学与研究》2010 年第 3 期。

③ 参见刘新刚：《中国特色社会主义政治经济学的研究起点》，载《马克思主义与现实》2017 年第 3 期。

④ 参见北京市中国特色社会主义理论体系研究中心课题组等：《人民主体论：中国特色社会主义政治经济学的逻辑起点》，载《中国特色社会主义研究》2017 年第 1 期。

"劳动生产力"论。荣兆梓(2017)认为，讨论中国特色社会主义政治经济学的起点范畴，应当首先以确定其核心范畴为前提和基础。在核心范畴确定以前，首先讨论起点范畴有点本末倒置。基于此，他主张把"平等劳动"作为中国特色社会主义政治经济学的核心范畴，将"劳动生产力"设定为中国特色社会主义政治经济学叙述体系的逻辑起点。①

黑格尔曾言，一门科学就是由一个概念作为开端即体系的逻辑起点，作为开端的概念必须构成这个体系的根据和原则，从这个根据和原则里可以找到它以后的规定。然而社会主义实践，特别是中国特色社会主义市场经济实践，时间还比较短，我们对社会主义经济问题的研究工作还在进行当中，对于某些问题特别是逻辑起点问题的理解还存在很大争议，社会主义政治经济学的理论体系还远未成熟。

第五节　中国特色社会主义政治经济学的核心命题与基本特征

一、核心命题

理论体系的核心是立论基础和实践要求的统一。理论体系的立论基础是其最重要的公理性假设，这个公理性假设决定了理论体系是不能轻易被经验证据驳斥的。立论基础对实践活动提出了明确要求，两者共同构成理论体系的核心。中国特色社会主义政治经济学理论是一个具有明确指向和内涵的命题，马克思主义政治经济学的基本理论、基本方法、基本经济范畴是其研究的基础，中国社会主义实践是其产生的主要来源。中国特色社会主义政治经济学理论体系的构建不能一蹴而就，必须采取局部突破策略，从每一个原理的论证和构建出发，经过从局部突破到系统整合，再最终完成理论体系的构建。

学术界对于中国特色社会主义政治经济学核心理论和命题的定位主要有如下

---

① 参见荣兆梓：《中国特色社会主义政治经济学纲要——以平等劳动及其生产力为主线》，载《中国浦东干部学院学报》2017 年第 4 期。

几种观点。第一种观点关注的是，"市场经济理论"或"政府与市场的关系"。刘谦、裴小革（2019）基于"核心理论的定位需要立足于社会主义初级阶段"和"核心理论的定位需要从方法论意义上借鉴马克思在构建其经济学体系时所遵循的原则"两个基本原则，指出可以将社会主义市场经济理论确立为中国特色社会主义政治经济学理论体系的核心。① 马敬桂、韦鸿（2017）认为，公有制与市场经济的结合是构建中国特色社会主义政治经济学理论的首要问题和基础，形成和贯穿于其中的市场和政府及相互关系是其主题和核心，中国的经济发展理论和道路是构建中国特色社会主义政治经济学理论的重点和关键。②

第二种观点关注的是"所有制"。李正图（2017）指出，中国特色社会主义政治经济学的核心理论就是中国特色社会主义所有制经济理论，并从逻辑与历史一致、理论与实践结合、所有制经济理论演进到基本经济制度理论三个方面阐述所有制经济理论作为中国特色社会主义政治经济学核心理论的理由和依据。③

第三，有的学者将核心理念理解为多元的，认为多个方面构成中国特色社会主义政治经济学理论体系的整体；也有的学者认为中国特色社会主义政治经济学的核心不是某一个或某几个观点，而是一种理念。刘雅静（2016）将中国特色社会主义政治经济学的理论体系概括为八个方面，分别是关于社会主义经济发展阶段、关于社会主义本质、关于社会主义经济制度、关于社会主义分配制度、关于社会主义经济体制、关于社会主义经济运行机制、关于社会主义经济发展理念和关于社会主义国家的对外开放。④ 王立胜、周绍东（2018）比较了西方主流经济学、苏联社会主义政治经济学、中国特色社会主义政治经济学三种理论体系的核心，结论为：中国特色社会主义政治经济学在超越"经济人"和"机械的社会人"的基础上，创造性地形成了"能动的社会人"这一立论基础，并由此得出社会主

---

① 参见刘谦、裴小革：《中国特色社会主义政治经济学核心理论定位研究》，载《经济学家》2019 年第 1 期。

② 参见马敬桂、韦鸿：《中国特色社会主义政治经济学理论研究的几个核心议题》，载《青海社会科学》2017 年第 5 期。

③ 参见李正图：《论中国特色社会主义政治经济学核心理论》，载《毛泽东邓小平理论研究》2017 年第 7 期。

④ 参见刘雅静：《中国特色社会主义政治经济学的八个核心理念》，载《国家治理》2016 年第 5 期。

义生产的目的是"解放和发展社会生产力，不断改善人民生活"①。

二、基本特征

中国特色社会主义政治经济学从实践上源于改革开放和社会主义建设所取得的伟大成就。面向新时代，加强中国特色社会主义政治经济学的整体性研究尤其是特征问题研究，对于深入认识和把握习近平新时代中国特色社会主义思想具有重要意义。

学界对于中国特色社会主义政治经济学特征的概括有的是基于其理论内容，有的是基于其方法论基础或根本原则。沈开艳(2018)基于"中国特色社会主义最本质的特征是中国共产党的领导"这一前提，指出中国特色社会主义政治经济学有十大基本特征：一是初级阶段的时代特征；二是所有制理论的制度特征；三是产权关系的法权特征；四是政府与市场关系的逻辑特征；五是公平分配的收入特征；六是央地关系的事权配置特征；七是产业结构的运行特征；八是以人为本的文化特征；九是以发展为要务的理念特征；十是改革开放的路径特征。② 周文、包炜杰(2018)梳理了面向新时代中国特色社会主义政治经济学的六个方面，即中国特色社会主义政治经济学本质观、所有制结构观、分配观、发展观、市场观、全球观，以期推动这一特征议题不断深化。③ 王瑶、郭冠清(2017)从经济思想史的视角并结合对比分析，发现中国特色社会主义政治经济学具有四个方面的基本特征：一是"以人民为中心"的"阶级性"特征；二是"以唯物史观为方法论基础"的"科学性"特征；三是"以中国为研究对象"的"国别性"特征；四是"以社会主义市场经济为表现形式"的"实践性""时代性"特征。④ 洪银兴(2018)认为，中国特

---

① 参见王立胜、周绍东：《论中国特色社会主义政治经济学的核心》，载《海派经济学》2018 年第 2 期。

② 参见沈开艳：《关于中国特色社会主义政治经济学几个特征的思考》，载《毛泽东邓小平理论研究》2018 年第 5 期。

③ 参见周文、包炜杰：《新时代中国特色社会主义政治经济学特征问题》，载《教学与研究》2018 年第 6 期。

④ 参见王瑶、郭冠清：《论中国特色社会主义政治经济学的基本特征》，载《上海经济研究》2017 年第 12 期。

色社会主义政治经济学现已进入构建学科体系阶段，其本质属性是以人民为中心和以问题为导向，中国特色社会主义政治经济学具有社会主义本质规定的新时代特征、社会主要矛盾的新时代特征和发展目标的新时代特征。① 白暴力、杨颖（2017）认为中国特色社会主义政治经济学继承了马克思主义政治经济学的理论属性，马克思主义政治经济学是阶级性和科学性的统一，在中国特色社会主义中阶级性体现为人民性。②

第六节　中国特色社会主义政治经济学的
叙述主线与理论框架

叙述主线将中国特色社会主义政治经济学的各个概念、范畴、理论串接为有机联系整体，是整个学科理论内容和逻辑体系的支撑。理论框架是中国特色社会主义政治经济学的枝干架构。总体来看，国内学术界针对中国特色社会主义政治经济学的叙述主线与理论框架这一课题进行了深入而广泛的探讨，涌现出一批具有影响力的学术成果。

关于逻辑主线的研究仍然是一个难点，在逻辑主线确立方面，目前学界还存在诸多争论。黄泰岩、张晓晨（2016）认为，构建中国特色社会主义经济理论体系的核心主线是发展，这是由社会主义初期阶段的主要矛盾、社会主义制度的优越性以及中国经验总结提升的中国理论性质所决定的。③ 顾海良（2017）④、洪银兴（2017）⑤进一步指出解放和发展生产力、达到共同富裕是中国特色社会主义政治经济学的主线。洪银兴（2020）强调，构建中国特色社会主义政治经济学的主线应

---

① 参见洪银兴：《中国特色社会主义政治经济学的新时代特征》，载《中国浦东干部学院学报》2018年第4期。

② 参见白暴力、杨颖：《中国特色社会主义政治经济学的基本特征》，载《江汉论坛》2017年第8期。

③ 参见黄泰岩、张晓晨：《构建中国特色社会主义经济理论新体系》，载《南京大学学报（哲学·人文科学·社会科学）》2016年第2期。

④ 参见顾海良：《中国特色社会主义政治经济学发展的新境界》，载《新视野》2017年第2期。

⑤ 参见洪银兴：《关于中国特色社会主义政治经济学理论体系建设的几个问题》，载《人文杂志》2017年第12期。

是邓小平指出的，社会主义初级阶段社会主义的本质是解放和发展生产力，消灭剥削，消除两极分化，最终达到共同富裕，并解决好人民日益增长的美好生活需要和不平衡不充分的发展之间的矛盾。[①] 王昌林、吴涧生、刘强（2018）同样把社会主义制度的自我改造、自我完善，不断解放和发展生产力，实现共同富裕作为中国特色社会主义政治经济学理论体系的主线，这不仅符合马克思主义政治经济学的一般原理，而且紧密贴合当代中国的改革开放实际。[②]

也有学者认为，解放生产力、发展生产力和社会主义市场经济都不能成为构建中国特色社会主义政治经济学的主线，而是要把"以人民为中心的发展思想"作为主线。胡钧（2017）[③]，崔宝敏、董长瑞（2017）[④]等人基于"人的全面自由发展"视野梳理了当代中国马克思主义政治经济学的研究主线。他们主张以人的全面自由发展为主线，从满足最广大民众的现实需求为出发点，突出强调人本思想。张道根、薛安伟（2020）认为中国政治经济学研究长期偏离研究生产关系这条主线，中国特色社会主义政治经济学的理论体系以交易为中心紧扣人与人之间生产关系展开分析，要遵循从一般到特殊、从抽象到具体、从简单到复杂的原则，按照历史逻辑与理论逻辑有机结合的路线构建。[⑤] 李建平（2018）[⑥]，孙迎联、李炳炎（2020）[⑦]立足马克思确立《资本论》逻辑主线的基本原理和方法，并结合中国特色社会主义经济在新时代发展的目标和特征，分别指出中国特色社会主义政治经济学的逻辑主线是物质利益和"需要价值"及其运动转化的范畴体系。此外，

[①] 参见洪银兴：《进入新时代的中国特色社会主义政治经济学》，载《管理世界》2020 年第 9 期。

[②] 参见中国宏观经济研究院课题组、王昌林、吴涧生、刘强：《中国特色社会主义政治经济学理论体系的几个基本问题》，载《宏观经济研究》2018 年第 1 期。

[③] 参见胡钧：《论构建中国特色社会主义政治经济学的主线》，载《政治经济学评论》2017 年第 3 期。

[④] 参见崔宝敏、董长瑞：《当代中国马克思主义政治经济学的研究范式和逻辑思路——基于人的全面自由发展的视角》，载《河北经贸大学学报》2017 年第 1 期。

[⑤] 参见张道根、薛安伟：《构建中国特色社会主义政治经济学的理论思考》，载《社会科学》2020 年第 6 期。

[⑥] 参见李建平：《论中国特色社会主义政治经济学的逻辑主线和体系结构》，载《理论与评论》2018 年第 4 期。

[⑦] 参见孙迎联、李炳炎：《试论中国特色社会主义政治经济学的逻辑主线》，载《当代经济研究》2020 年第 1 期。

沈佩翔、蒋锦洪(2019)强调新时代中国特色社会主义政治经济学的逻辑主线是共享发展。共享发展强调全民共享、全面共享、共建共享和渐进共享,科学地回答了新时代中国特色社会主义政治经济学关于"发展为了谁、发展依靠谁、发展成果由谁享有"等问题,分别从主体维度、内容维度、动力维度、过程维度构成新时代中国特色社会主义政治经济学创新发展的逻辑。①

近年来,学界对中国特色社会主义政治经济学理论框架进行了深入探讨,但由于研究视角的差异性,学界构建的中国特色社会主义政治经济学理论框架差异较大,可概括为以下三种类型。一是以叙述主线为切入点,将中国特色社会主义政治经济学的理论内容前后贯穿起来,形成一个有机整体。黄泰岩、张晓晨(2016)以发展为主线指出中国特色社会主义经济理论框架应该包括以下几个方面的主要内容:发展理念、发展目的、发展动力、发展道路、发展资源、发展环境、发展制度、发展文化。② 张宇(2017)③、乔榛(2017)④、顾海良(2018)⑤、刘暄之(2019)⑥、洪银兴(2020)⑦等人都以"经济制度—经济体制—经济运行—经济发展"为叙述主线来构建中国特色社会主义政治经济学的理论框架。洪银兴(2017)对现实社会经济的分析大致有三个层面:一是本质层面即经济制度分析;二是经济运行层面即资源配置层面分析;三是经济发展层面即发展和保护生产力分析。⑧ 张宇(2017)指出,中国特色社会主义经济制度、经济运行、经济发展和

① 参见沈佩翔、蒋锦洪:《共享发展:新时代中国特色社会主义政治经济学的逻辑主线》,载《西安财经学院学报》2019年第3期。

② 参见黄泰岩、张晓晨:《构建中国特色社会主义经济理论新体系》,载《南京大学学报(哲学·人文科学·社会科学)》2016年第2期。

③ 参见张宇:《努力探索和完善中国特色社会主义政治经济学理论体系》,载《政治经济学评论》2017年第2期。

④ 参见乔榛:《〈资本论〉的逻辑与社会主义市场经济体制的选择》,载《当代经济研究》2017年第3期。

⑤ 参见顾海良:《新时代中国特色社会主义政治经济学发展研究》,载《求索》2017年第12期。

⑥ 参见刘暄之:《新时代中国特色社会主义政治经济学理论体系及创新发展研究》,载《中国物价》2019年第2期。

⑦ 参见洪银兴:《进入新时代的中国特色社会主义政治经济学》,载《管理世界》2020年第9期。

⑧ 参见洪银兴:《关于中国特色社会主义政治经济学理论体系建设的几个问题》,载《人文杂志》2017年第12期。

对外开放作为一个有机整体，相互联系、融会贯通，全面反映了中国特色社会主义经济的本质特征和内在规律。① 刘晖之(2019)强调经济制度层面涉及经济制度、市场体制完善等；经济运行和经济发展层面需要从宏观、中观、微观三个层面来深化研究。②

二是提炼中国特色社会主义政治经济学的基本理论元素构建其理论框架。邵彦敏、王菅(2017)认为建设和发展中国特色社会主义政治经济学的关键是逻辑体系的构建，包含研究对象、价值取向、研究方法、话语体系、核心命题等多种基本理论元素。③ 李建平(2018)在学习和借鉴国内有关中国特色社会主义政治经济学多种教材和论著的基础上，提出中国特色社会主义政治经济学的体系结构应分为导论、本论、余论三大部分。导论概述中国特色社会主义政治经济学的若干基础理论问题，本论论述中国特色社会主义政治经济学的基本内容，余论强调中国特色社会主义政治经济学以人民为中心的根本立场。④ 刘明远(2018)运用马克思构建"六册结构"计划与《资本论》体系的方法论，提出一个中国特色社会主义政治经济学理论体系，这个体系包括中国特色社会主义政治经济学的研究对象、基本方法等理论元素。⑤ 李晓、范欣(2019)基于中国实践所形成的社会主义本质理论、社会主义初级阶段基本经济制度理论、基本分配制度理论等，将中国特色社会主义政治经济学的理论概括为以下四个方面：社会主义经济制度、微观经济的政治经济学、中观经济的政治经济学、宏观经济的政治经济学。⑥

三是将中国特色社会主义政治经济学理论体系分为理论与实践两部分，分别

① 参见张宇：《努力探索和完善中国特色社会主义政治经济学理论体系》，载《政治经济学评论》2017年第2期。

② 参见刘晖之：《新时代中国特色社会主义政治经济学理论体系及创新发展研究》，载《中国物价》2019年第2期。

③ 参见邵彦敏、王菅：《中国特色社会主义政治经济学的逻辑体系构建》，载《马克思主义理论学科研究》2017年第6期。

④ 参见李建平：《论中国特色社会主义政治经济学的逻辑主线和体系结构》，载《理论与评论》2018年第4期。

⑤ 参见刘明远：《马克思政治经济学体系方法论对构筑中国特色社会主义政治经济学的启示》，载《天津师范大学学报(社会科学版)》2018年第4期。

⑥ 参见李晓、范欣：《中国特色社会主义政治经济学理论体系的构建与包容性发展》，载《求是学刊》2019年第6期。

回答中国特色社会主义经济建设、改革和发展要解决的重大理论和实践问题。赵锦辉(2018)提出建立前提—本质—运行—趋势的四分法分析框架,将新时代中国特色社会主义政治经济学理论框架分为四篇:第一篇研究社会主义制度建立的前提和社会主义初级阶段产生的前提;第二篇研究社会主义初级阶段的本质;第三篇研究新时代中国特色社会主义经济运行的规律及其具体表现;第四篇研究新时代中国特色社会主义经济发展趋势。[1] 陈昊、丁晓钦(2019)认为中国特色社会主义政治经济学的逻辑框架包括逻辑起点、理论逻辑、历史逻辑、实践逻辑和最终目标等基本组成部分。[2] 任保平(2018)认为新时代中国特色社会主义政治经济学的框架和范围包括以下几个方面。第一,习近平新时代中国特色社会主义经济思想。第二,新时代中国特色社会主义经济的重大理论问题。第三,新时代中国特色社会主义经济的重大实践问题。第四,新时代中国特色社会主义经济的重大历史经验总结。总之,中国特色社会主义政治经济学叙述主线以及理论框架的研究还在继续推进和完善之中,需要学者们长期持之以恒的研究,才能使中国特色社会主义政治经济学理论体系不断发展、走向成熟。[3]

第七节　中国特色社会主义政治经济学的研究方法与构建路径

　　中国特色社会主义政治经济学的研究方法是指研究过程中所持有的特定立场和观点,既包括最根本意义上的方法论,也包含针对某一具体问题采取的分析手段。构建中国特色社会主义政治经济学理论体系,是开拓当代中国马克思主义政治经济学新境界的时代任务,是引领我国经济发展新常态的时代需要。近年来,学术界围绕中国特色社会主义政治经济学研究方法与构建路径展开了深入研究。

---

　　[1]　参见赵锦辉:《新时代中国特色社会主义政治经济学理论框架构建研究》,载《福建论坛(人文社会科学版)》2018年第4期。

　　[2]　参见陈昊、丁晓钦:《中国特色社会主义政治经济学的逻辑框架》,载《海派经济学》2019年第2期。

　　[3]　参见任保平:《理解新时代的中国特色社会主义政治经济学》,载《西北大学学报(哲学社会科学版)》2018年第3期。

　　对于中国特色社会主义政治经济学的研究方法，学界形成了两点共识。首先，中国特色社会主义政治经济学应当坚持以辩证唯物主义和历史唯物主义为指导。沈开艳（2017）①、刘暭之（2019）②认为辩证唯物主义与历史唯物主义的二元辩证分析法是中国特色社会主义政治经济学的基本研究方法。张雷声（2016）强调以唯物史观为核心的研究方法在当代中国马克思主义经济学研究中的具体化，主要表现在求真务实的分析思维、矛盾分析思维以及整体分析思维。③　张宇（2017）④、邹升平（2016）⑤认为，中国特色社会主义政治经济学最根本的方法是历史唯物主义的方法，创新发展中国特色社会主义政治经济学必须坚持普遍性与特殊性、共性与个性、一般与个别的辩证法。熊亮（2020）进一步分析了马克思主义唯物辩证法坚持整体、联系和发展的观点，反对片面、形而上学和静止的观点。⑥

　　其次，对具体现象背后机理的叙述方法上可以多样化。关于"抽象法"的内涵，张俊山（2020）指出，科学抽象是马克思主义用来分析认识经济事物及现象的基本方法。科学抽象不同于一般的归纳概括，它有自己特有的要求和过程，是在辩证唯物主义和历史唯物主义指导下的抽象过程。⑦　关于研究方法与叙述方法的关系，李弦、王让新（2019）认为，马克思在政治经济学研究过程中主要坚持了两种方法：一种是从"抽象上升到具体"的叙述方法，另一种是"从具体到抽象"的研究方法。这两种方法紧密联系在一起，是一个辩证的完整的统一体，对当前建

---

　　①　参见沈开艳：《建设中国特色社会主义政治经济学理论体系的构想》，载《毛泽东邓小平理论研究》2017年第1期。

　　②　参见刘暭之：《新时代中国特色社会主义政治经济学理论体系及创新发展研究》，载《中国物价》2019年第2期。

　　③　参见张雷声：《当代中国马克思主义经济学的研究范式》，载《思想理论教育导刊》2016年第3期。

　　④　参见张宇：《努力探索和完善中国特色社会主义政治经济学理论体系》，载《政治经济学评论》2017年第2期。

　　⑤　参见邹升平：《创新发展中国特色社会主义政治经济学的辩证法——兼与蔡继明教授商榷》，载《改革》2016年第4期。

　　⑥　参见熊亮：《中国特色社会主义政治经济学的四重哲学维度论析》，载《改革与战略》2020年第5期。

　　⑦　参见张俊山：《科学抽象在中国特色社会主义政治经济学建设中的意义》，载《当代经济研究》2020年第1期。

设中国特色社会主义政治经济学具有极为重要的启示作用。关于数学模型等分析技术手段的取舍问题①，余斌（2017）认为，中国特色社会主义政治经济学在研究方法上决不排斥数学的运用，不排斥公式。② 简新华（2018）指出，数学模型和计量分析是经济研究的重要方法，而历史唯物论和唯物辩证法则是更重要的基本方法。③ 另有学者归纳总结了中国特色社会主义政治经济学研究方法。颜鹏飞（2017）认为，中国特色社会主义政治经济学体系研究方法就是致力于研究对象和研究方法的对立统一。④ 裴小革（2016）强调，中国特色社会主义政治经济学的经济分析方法，是尊重客观经济规律、实事求是的方法。要掌握中国特色社会主义政治经济学的经济分析方法，必须处理好解放思想和实事求是的关系。要掌握中国特色社会主义政治经济学的经济分析方法，还必须重视调查研究。⑤

随着中国特色社会主义进入新时代，构建中国特色社会主义经济理论新体系具有了现实的可能性和可行性。黄泰岩、张晓晨（2016）认为我国具备了构建中国特色社会主义经济理论新体系的基本理论元素。中国经济的成功发展理应孕育着与之相匹配的中国特色社会主义经济理论学说和体系。⑥ 颜鹏飞（2017）指出社会主义公有制与市场机制如何有效结合，进而有效市场与有为政府如何有效结合的问题是构建中国特色社会主义政治经济学体系的根本性难题。⑦ 周文、宁殿霞（2018）认为中国特色社会主义政治经济学的构建过程事实上就是社会主义生产关系背后经济规律的揭示过程，因此中国特色社会主义政治经济学构建应该立足中

① 参见李弦、王让新：《马克思政治经济学的叙述方法与研究方法探析——兼论对中国特色社会主义政治经济学建设的启示》，载《学习论坛》2019年第10期。

② 参见余斌：《论中国特色社会主义政治经济学的学术研究》，载《中国经济问题》2017年第4期。

③ 参见简新华：《创新和发展中国特色社会主义政治经济学》，载《马克思主义研究》2018年第3期。

④ 参见颜鹏飞：《马克思关于政治经济学体系构建方法再研究——兼论中国特色社会主义政治经济学体系逻辑起点》，载《福建师范大学学报（哲学社会科学版）》2017年第2期。

⑤ 参见裴小革：《中国特色社会主义政治经济学的根本立场、发展理念与分析方法》，载《改革》2016年第3期。

⑥ 参见黄泰岩、张晓晨：《构建中国特色社会主义经济理论新体系》，载《南京大学学报（哲学·人文科学·社会科学）》2016年第2期。

⑦ 参见颜鹏飞：《马克思关于政治经济学体系构建方法再研究——兼论中国特色社会主义政治经济学体系逻辑起点》，载《福建师范大学学报（哲学社会科学版）》2017年第2期。

国实践，提炼中国经验。① 张道根、薛安伟(2020)总结了构建中国特色社会主义政治经济学要聚焦四个方面：一是必须回归马克思主义政治经济学的本意；二是必须坚持以人民为中心的发展思想；三是必须立足中国社会主义初级阶段的国情实际；四是必须围绕交易范畴重构理论体系。②

新时代构建中国特色社会主义政治经济学，需要明确研究立场和方法。林光彬(2016)③，闫柳君、赵春玲(2018)④根据中国历史演进中"以民为本"和"以人民为中心"的发展思想和政治经济学根本立场，指出构建中国政治经济学构建中国特色社会主义政治经济学需要从中华传统经济思想史中提取精华，以我为主，古为今用，洋为中用，辩证取舍，推陈出新。逢锦聚(2018)强调，总结好当代中国经济建设和改革开放的实践经验，坚持问题导向，加强对时代和实践发展提出的重大课题研究，吸收中国传统文化中的优秀经济思想，学习和借鉴世界各国文明成果，是构建中国特色社会主义政治经济学的根本途径。⑤ 李定和吴朝阳(2018)认为，构建中国特色社会主义政治经济学理论体系，必须遵循《资本论》研究的基本方法。⑥ 吴宣恭(2017)⑦，韩喜平、邓德强(2017)⑧等人指出，中国特色社会主义政治经济学的创新路径与方法，要基于我国国情和发展实践需要，提炼中国经济社会发展经验，不断发现和研究我国经济发展面临的新情况、新问题，积极破解经济发展中的难题，要从中国经济体制改革和发展的实践中挖掘新

---

① 参见周文、宁殿霞：《中国特色社会主义政治经济学：渊源、发展契机与构建路径》，载《经济研究》2018 年第 12 期。

② 参见张道根、薛安伟：《构建中国特色社会主义政治经济学的理论思考》，载《社会科学》2020 年第 6 期。

③ 参见林光彬：《什么才是中国的政治经济学》，载《政治经济学报》2016 年第 1 期。

④ 参见闫柳君、赵春玲：《中国传统"民本"思想与中国特色社会主义政治经济学构建》，载《山西财政税务专科学校学报》2018 年第 2 期。

⑤ 参见逢锦聚：《构建和发展中国特色社会主义政治经济学的三个重大问题》，载《经济研究》2018 年第 11 期。

⑥ 参见李定、吴朝阳：《中国特色社会主义政治经济学理论体系的构建方法》，载《经济问题》2018 年第 11 期。

⑦ 参见吴宣恭：《从实际出发正视矛盾分析根源探索规律——运用历史唯物主义建设中国特色社会主义政治经济学》，载《福建师范大学学报(哲学社会科学版)》2017 年第 2 期。

⑧ 参见韩喜平、邓德强：《以问题为导向推进中国特色社会主义政治经济学的创新》，载《当代经济研究》2017 年第 12 期。

材料，发现新问题，提出新观点，构建新理论。

　　坚持和发展中国特色社会主义政治经济学，要不断开拓中国特色社会主义政治经济学的构建路径。高帆(2016)从理论范式形成的角度出发，指出构建中国特色社会主义政治经济学应明确其研究对象、研究方法和研究价值，并基于梳理已有理论、比照中国实践、推进逻辑建构、形成学术影响等步骤积极推进。① 于金富、周超(2018)认为构建中国特色社会主义政治经济学需走自主创新之路，这既是当代中国政治经济学发展的内在要求，也是构建中国特色社会主义政治经济学的根本途径。② 张占斌(2019)强调构建新时代中国特色社会主义政治经济学，要把握科学的研究维度并坚持重要原则，要坚持马克思主义为指导，坚持理论的继承与创新，坚持以人民为中心，适应社会主要矛盾转化，反映新时代实践要求。③ 蒋永穆、张晓磊、周宇晗(2017)认为中国特色社会主义经济发展理论新的探索和构建包括以下几个方面：对马克思恩格斯经济增长和经济发展理论的深度挖掘；对中国经济高速增长的政治经济学解释；对中国特色社会主义经济发展实质的科学认识；对中国独特经济发展战略、独特经济发展方式和独特经济发展道路的接力探索；对绿色发展的探索形成；实体经济和虚拟经济关系的正确处理；对城乡一体化发展新格局的加快构建，等等。④ 张占斌、钱路波(2018)总结了中国特色社会主义政治经济学的构建路径：一是要坚持以习近平新时代中国特色社会主义经济思想为指导；二是进一步拓展中国特色社会主义政治经济学的研究对象的范围；三是把体系创新与运用创新有机结合起来；四是对中国特色社会主义经济建设的重大历史经验进行总结；五是充分吸收并合理借鉴西方经济学的科学成分。构建和发展中国特色社会主义政治经济学，不是单一学科和少数人的事情，而是需要多学科共同努力，汇聚广大的学者队伍，共创中国特色社会主义政

　　① 参见高帆：《中国特色社会主义政治经济学的理论和实践逻辑》，载《探索与争鸣》2016年第3期。

　　② 参见于金富、周超：《构建中国特色社会主义政治经济学需走自主创新之路》，载《经济纵横》2018年第8期。

　　③ 参见张占斌：《对构建新时代中国特色社会主义政治经济学的思考》，载《理论视野》2019年第2期。

　　④ 参见蒋永穆、张晓磊、周宇晗：《积极探索和构建中国特色社会主义的经济发展理论》，载《政治经济学评论》2017年第2期。

治经济学的辉煌。①

第八节 中国特色社会主义政治经济学学科研究

中国特色社会主义政治经济学学科是相对独立的知识体系，它既是学术分类的名称，又是教学科目设置的基础。目前，高校中国特色社会主义政治经济学教学存在被边缘化的倾向，与教学方针不明确、缺乏权威教材、理论体系不完善、师资队伍以及教学方法等问题密切相关。探索解决问题的主要途径成为中国特色社会主义政治经济学理论创新和实践探索亟待解决的主要问题。

中国特色社会主义政治经济学学科性质的三种解读路径：第一，中国特色社会主义政治经济学是当代中国的马克思主义政治经济学。洪银兴（2017）认为中国特色社会主义政治经济学是当代中国的马克思主义政治经济学，表现在：它是以人民为中心的政治经济学；研究对象是一定社会相互联系的生产力和生产关系；研究的基本方法是唯物辩证法和历史唯物主义。第二，中国特色社会主义政治经济学是社会主义政治经济学的发展。② 张宇（2016）指出，中国特色社会主义政治经济学是中国版的社会主义政治经济学，其内容涵盖中国特色社会主义经济的生产、分配、交换、消费等主要环节以及基本经济制度、基本分配制度、经济体制、经济发展和对外开放等主要方面。③ 邱海平（2017）强调只有把中国特色社会主义政治经济学理解为中国特色社会主义的政治经济学，才能充分认识中国特色社会主义政治经济学的鲜明理论特性和巨大的理论创新价值。④ 第三，中国特色社会主义政治经济学是过渡理论。洪银兴（2017）认为中国特色社会主义政治经济

---

① 参见张占斌、钱路波：《论构建中国特色社会主义政治经济学》，载《管理世界》2018 年第 7 期。

② 参见洪银兴：《关于中国特色社会主义政治经济学理论体系建设的几个问题》，载《人文杂志》2017 年第 12 期。

③ 参见张宇：《中国特色社会主义政治经济学是怎样一门科学》，载《学习与探索》2016 年第 9 期。

④ 参见邱海平：《中国特色社会主义政治经济学的重大理论与实践价值》，载《前线》2017 年第 2 期。

学的阶段性地位有两方面：一方面在生产关系上属于社会主义初级阶段政治经济学；另一方面在生产力发展水平上，中国特色社会主义政治经济学属于中等收入发展阶段的政治经济学。① 石镇平（2020）将中国特色社会主义政治经济学看作是落后国家向共产主义第一阶段过渡时期的政治经济学。②

辩证地看待西方经济学，是发展和完善社会主义市场经济和中国特色社会主义政治经济学的迫切需要。孙立冰、蒋岩桦（2017）认为建设中国特色社会主义，用西方经济学来指导必然会犯方向性的错误。中国特色社会主义政治经济学属于马克思主义理论体系，而非西方资产阶级经济学理论体系。③ 张道根、薛安伟（2020）强调马克思主义政治经济学与西方经济学有三个具体重大差异：一是马克思主义政治经济学具有鲜明的阶级性。二是马克思主义政治经济学认为任何生产关系或经济制度都是历史的，资本主义生产关系或经济制度不是永恒的。三是马克思主义政治经济学是制度经济学，西方主流经济学是资源配置经济学。④ 赵锦辉（2017）分析了西方经济学与中国特色社会主义政治经济学的区别：从立场上看，西方经济学站在资产阶级意识形态立场；从观点上看，西方经济学是西方国家经济学者关于资本主义国家数百年来市场经济运行经验的总结。因此，对于西方经济学，我们应始终站在人民立场上，从社会主义市场经济实际出发，合理借鉴其中的有益观点及研究方法，发展并完善中国特色社会主义政治经济学。⑤

目前，高校中国特色社会主义政治经济学教学存在被边缘化的倾向。孔祥利、秦晓娟（2017）指出，中国特色社会主义政治经济学存在"被边缘化"和"自边缘化"两种倾向，前者指在相当长的一个时期，西方经济学的理论研究和教学内

---

① 参见洪银兴：《中国特色社会主义政治经济学的话语体系》，载《政治经济学评论》2017 年第 3 期。

② 参见石镇平：《论中国特色社会主义政治经济学的性质》，载《经济纵横》2020 年第 10 期。

③ 参见孙立冰、蒋岩桦：《中国特色社会主义政治经济学发展和创新需要厘清的几个问题》，载《毛泽东邓小平理论研究》2017 年第 6 期。

④ 参见张道根、薛安伟：《构建中国特色社会主义政治经济学的理论思考》，载《社会科学》2020 年第 6 期。

⑤ 参见赵锦辉：《发展和完善中国特色社会主义政治经济学需要辩证看待西方经济学》，载《毛泽东邓小平理论研究》2017 年第 5 期。

容完全盖过其至取代了马克思主义政治经济学，使政治经济学出现了被弱化和边缘化的趋势。后者指政治经济学学科未能很好发挥政治经济学自身的作用，自身创新和发展缓慢，研究方法传承与发展不够。① 周文(2017)强调现在许多重点综合大学尤其是财经高校在经济学教学中围绕"西方经济学"开设了一系列课程，这些课程的数量远远超过了同属经济学学科下的政治经济学、经济史、经济思想史等专业的课程数量。② 鲁保林、孙雪妍(2017)归纳出中国特色社会主义政治经济学学科建设存在的三大问题：第一，边缘化与形式化；第二，理论成果丰硕，但缺乏系统化学说；第三，教材编写仍是短板。③

　　近年来，学术界一直在探索解决中国特色社会主义政治经济学学科建设问题的途径。第一，深入挖掘中国特色社会主义政治经济学的思想史资源。李家祥(2019)认为中国特色社会主义政治经济学史的研究具有前沿性和不成熟性，建议专家学者撰写概述性专著或系列著作。④ 林光彬(2016)指出要夯实政治经济学的跨学科综合研究，提高其对社会经济的解释力。⑤ 刘清田(2019)强调在发掘和建设中国特色社会主义政治经济学思想史的过程中，需要侧重和凸显四个方面的内容：(1)梳理中国特色社会主义政治经济学本身开创、形成和发展的历史。(2)界定中国特色社会主义政治经济学史的历史起点。(3)构建叙述主线和内容结构，确立内在贯通始终的理论主线。(4)不仅要讲理论史，更要明确讲方法创新史。第二，教科书建设是学科建设的重要组成部分。⑥ 周绍东和王松(2017)指出，编写一本兼具理论性和实践性的中国特色社会主义政治经济学教科书，成为

① 参见孔祥利、秦晓娟：《中国特色社会主义政治经济学体系的新境界与新构建》，载《陕西师范大学学报(哲学社会科学版)》2017年第1期。
② 参见周文：《当前中国经济学研究中的若干问题与反思》，载《当代经济研究》2017年第9期。
③ 参见鲁保林、孙雪妍：《创新与发展当代中国马克思主义政治经济学：目标与举措》，载《海派经济学》2017年第2期。
④ 参见李家祥：《中国特色社会主义政治经济学史的研究对象、功能与架构》，载《政治经济学报》2019年第3期。
⑤ 参见林光彬：《什么才是中国的政治经济学》，载《政治经济学报》2016年第1期。
⑥ 参见刘清田：《中国特色社会主义政治经济学史建设中需侧重的几个问题》，载《经济学家》2019年第10期。

摆在中国学者面前的重大课题。① 胡莹、郑礼肖(2020)总结了我国政治经济学(社会主义部分)教材的发展主要经历了三个时期,指出坚持政治经济学教材的现实性与时代性、重视研究经济学理论一般与特殊的关系以及在批判中借鉴西方经济学是我国在建设政治经济学(社会主义部分)教材过程中取得的主要经验。第三,吸收和融通西方经济学的有益成分。② 吴志远(2017)认为当前我国经济学界热衷于对西方经济思想理论进行学习宣传教育,而对马克思主义政治经济学学习研究却不尽如人意。③ 方福前(2019)指出,可以对西方经济学理论实施"剔除术""整形术"和"移植术",吸收和融通其有益成分为创建中国特色社会主义政治经济学之用。④ 邵彦敏、白兮(2016)强调中国特色社会主义政治经济学既要借鉴和吸收西方经济学的理论成果,更要批判和扬弃西方经济学的理论局限。第四,重视中国特色社会主义政治经济学教学改革。⑤ 任保平(2016)强调中国马克思主义政治经济学的教学任务要着力研究经济发展规律,为实现经济科学发展和可持续发展作理论指导。在方法上,除继续坚持讲授马克思主义政治经济学的唯物辩证法和科学抽象方法以促进基础理论教学外,还需要重点强调历史分析、结构分析和制度分析。⑥ 郭旭红、武力(2019)指出,必须建设一批高素质的经济学教师队伍以及改革创新课堂教学和实践教学模式,以提高中国特色社会主义政治经济学教学的说服力和感染力,达到"立德树人"的目的。⑦ 鲁保林、孙雪妍(2017)总

---

① 参见周绍东、王松:《中国特色社会主义政治经济学教科书:分类比较与最新发展》,载《政治经济学评论》2017 年第 1 期。

② 参见胡莹、郑礼肖:《改革开放以来我国政治经济学(社会主义部分)教材的发展沿革——兼论对构建中国特色社会主义政治经济学理论体系的启示》,载《经济学家》2020 年第 2 期。

③ 参见吴志远:《当代中国马克思主义政治经济学创新发展的性质与成效》,载《求实》2017 年第 2 期。

④ 参见方福前:《论建设中国特色社会主义政治经济学为何和如何借用西方经济学》,载《经济研究》2019 年第 5 期。

⑤ 参见邵彦敏、白兮:《当代中国马克思主义政治经济学的拓展与创新》,载《社会科学文摘》2016 年第 4 期。

⑥ 参见任保平:《加强当代中国马克思主义政治经济学教学的思考》,载《中国大学教学》2016 年第 8 期。

⑦ 参见郭旭红、武力:《中国特色社会主义政治经济学教学改革创新探索》,载《湖北社会科学》2019 年第 11 期。

结出四种改革途径：在教学科研层面要加强顶层设计；抓好政治经济学导师队伍建设和人才培养；纠正学术期刊唯西方主流经济学和数学模型马首是瞻的不良倾向；依托现有高校的马克思主义经济学研究院，建设由学者、政界人士、国有企业等组成的高端智库。①

第九节　中国特色社会主义政治经济学的时代价值与现实意义

中国特色社会主义政治经济学是马克思主义政治经济学基本原理与当代中国实践相结合，同时吸取中国历史优秀文明成果，借鉴世界上别国优秀文明成果的产物，是马克思主义政治经济学的最新发展。中国特色社会主义政治经济学不仅有力指导了我国经济发展实践，也丰富了人类经济思想宝库。

"中国特色社会主义政治经济学"的提出，指明了中国经济学理论研究和创新发展的根本方向，具有重大的理论价值和实践价值。张雷声（2017）指出，中国特色社会主义政治经济学坚持马克思主义政治经济学关于生产关系研究的理论主题，对中国特色社会主义"生产关系多层次"与"具体经济制度多层次"的"双重维度"主题的研究作出了开拓性发展。② 蒋茜（2017）认为中国特色社会主义政治经济学作为中国特色社会主义理论体系的组成部分，在中国特色社会主义理论体系中发挥着重要作用。新时代中国特色社会主义政治经济学不仅有理论贡献，更有实践价值。③ 王立胜（2018）强调，中国特色社会主义政治经济学的实践价值集中体现在：它引领中国物质文明、政治文明、精神文明、社会文明、生态文明"五大文明"全面提升，引领中国实现国家治理体系和治理能力现代化，引领中国综

---

① 参见鲁保林、孙雪妍：《创新与发展当代中国马克思主义政治经济学：目标与举措》，载《海派经济学》2017 年第 2 期。

② 参见张雷声：《论中国特色社会主义政治经济学的发展与创新》，载《马克思主义研究》2017 年第 5 期。

③ 参见蒋茜：《略论中国特色社会主义政治经济学的重要作用》，载《学习与探索》2017 年第 9 期。

合国力和国际影响力领先，引领中国全体人民基本实现共同富裕，引领中国人民享有更加幸福安康的生活，引领中华民族以更加昂扬的姿态屹立于世界民族之林。① 邱海平(2017)认为，在政府与市场关系、国有企业改革和供给侧结构性改革等问题上，中国特色社会主义政治经济学都具有重大的实践价值。② 张占斌、钱路波(2018)也指出了中国特色社会主义政治经济学为新时代中国特色社会主义经济建设提供理论指引和方向遵循。③

中国特色社会主义政治经济学是在新形势下对中国特色社会主义建设的规律性总结，也是面向未来解决中国发展的理论指导，具有重要的现实意义。邱海平(2016)④，张占斌、钱路波(2018)⑤指出，党中央鲜明地高举当代中国马克思主义、当代中国马克思主义政治经济学和中国特色社会主义政治经济学的旗帜，向全世界、全党和全国人民宣示了坚定地走中国特色社会主义道路的坚定立场和信念。陈承明、刘翠燕(2017)认为中国特色社会主义政治经济学是马克思主义经济理论与我国改革开放和现代化建设相结合的理论产物和思想结晶，体现了初级阶段经济的两重性和多元化特点以及与多种经济成分相融合的客观规律，是马克思主义经济理论中国化和时代化的创新成果，对加快我国经济发展和现代化建设具有重大的现实意义。⑥ 王立胜(2016)总结了中国特色社会主义的时代意义具体表现在三个方面：总结历史经验，解决现实问题和指明未来方向，中国道路的学术话语权问题。⑦

---

① 参见王立胜：《论新时代中国特色社会主义政治经济学的实践价值》，载《中国浦东干部学院学报》2018 年第 3 期。

② 参见邱海平：《中国特色社会主义政治经济学的重大理论与实践价值》，载《前线》2017 年第 2 期。

③ 参见张占斌、钱路波：《论构建中国特色社会主义政治经济学》，载《管理世界》2018 年第 7 期。

④ 参见邱海平：《中国特色社会主义政治经济学的重大现实价值》，载《改革》2017 年第 3 期。

⑤ 参见张占斌、钱路波：《论构建中国特色社会主义政治经济学》，载《管理世界》2018 年第 7 期。

⑥ 参见陈承明、刘翠燕：《论中国特色社会主义政治经济学的发展和创新》，载《毛泽东邓小平理论研究》2017 年第 3 期。

⑦ 参见王立胜：《中国特色社会主义政治经济学的时代意义》，载《河北经贸大学学报》2016 年第 6 期。

中国特色社会主义政治经济学也为世界经济发展贡献了中国智慧。王朝科（2017）①，张占斌、钱路波（2018）②，于书伟（2018）③认为，中国特色社会主义政治经济学的形成、发展不仅具有自身的本民族意义，还有全球性的科学社会主义意义。丁晓钦（2016）④，李晓、范欣（2019）⑤指出，中国特色社会主义政治经济学不仅适用于发展中国家推进工业化、实现现代化，也适用于转型国家的经济发展。丁晓钦（2016）特别指出中国特色社会主义政治经济学对其他发展中国家具有示范意义、对发达资本主义国家（地区）具有借鉴意义、对重塑世界政治经济体系具有理论意义。⑥ 逄锦聚（2016）总结归纳出中国特色社会主义政治经济学世界性的两重含义：一重含义是在中国特色社会主义政治经济学的民族性中包含着人类共同的价值追求，具有世界范围经济学理论的一般性和普遍性。另一重含义是中国特色社会主义政治经济学可以与别国经济理论与实践相互学习和借鉴。⑦

当前，要进一步提高对中国特色社会主义政治经济学重要性的认识，使其成为中国的主流经济学。简新华、余江（2016）强调，必须大力培养年轻的马克思主义政治经济学家，壮大研究队伍，提高研究能力，必须以中国改革和发展的重大问题为研究导向，紧跟中国改革开放和发展的实践，组织攻关探索中国改革发展的重大问题和世界性难题，科学总结中国经验，把实践经验上升为系统化的经济学说，为中国新阶段的改革和发展献计献策，提出更具有针对性和可操作性、更

---

① 参见王朝科：《关于新时代的中国特色社会主义政治经济学的解读》，载《毛泽东邓小平理论研究》2017 年第 12 期。

② 参见张占斌、钱路波：《论构建中国特色社会主义政治经济学》，载《管理世界》2018 年第 7 期。

③ 参见于书伟：《中国特色社会主义政治经济学的四重维度》，载《改革与战略》2018 年第 11 期。

④ 参见丁晓钦：《中国特色社会主义政治经济学的世界意义》，载《理论参考》2016 年第 6 期。

⑤ 参见李晓、范欣：《中国特色社会主义政治经济学理论体系的构建与包容性发展》，载《求是学刊》2019 年第 6 期。

⑥ 参见丁晓钦：《中国特色社会主义政治经济学的世界意义》，载《理论参考》2016 年第 6 期。

⑦ 参见逄锦聚：《中国特色社会主义政治经济学的民族性与世界性》，载《经济研究》2016 年第 10 期。

为正确合理的对策建议。① 逄锦聚(2016)②、张占斌(2016)③认为，中国特色社会主义政治经济学只有立足我国国情和实践，吸取优秀传统文化，同时又能认真吸取别国经济学的有益成分和实践经验，提出具有主体性、原创性的理论观点，构建具有自身特质的学术体系、话语体系，才能真正形成自己的特色和优势，并为世界经济和经济学理论的发展贡献中国智慧。程承坪(2017)指出中国特色社会主义政治经济学只有借鉴经济学的一切文明成果，兼收并蓄，才能形成无愧于时代和历史、充分体现中国特色，同时具有世界意义的新的经济学科。④ 逄锦聚(2018)认为，中国特色社会主义政治经济学要跟上时代和实践发展的步伐，反映时代和实践发展的要求，需要进一步拓展研究对象范围，在着力研究生产力与生产关系的同时，加强对社会发展和上层建筑的研究，充分阐释新时代、新矛盾、新思想、新目标和新举措，进一步贯彻以人民为中心的发展思想，加强对贯彻新发展理念、建设现代化经济体系的研究，为引领世界前进、推动构建人类命运共同体贡献中国智慧。⑤ 蒋南平和邹宇(2018)提出，新时代中国特色社会主义政治经济学应坚持反映以习近平同志为核心的党中央的大政方针，要关注映射中国当前重大问题，如社会主要矛盾转化、收入分配关系、新经济发展状况、就业失业问题以及当代中国对外经济关系问题的政策价值，并以此为基础，构建新时代中国特色社会主义政治经济学的完整体系。⑥

---

① 参见简新华、余江：《发展和运用中国特色社会主义政治经济学的若干问题》，载《中国高校社会科学》2016年第6期。

② 参见逄锦聚：《中国特色社会主义政治经济学的民族性与世界性》，载《经济研究》2016年第10期。

③ 参见张占斌：《中国特色社会主义政治经济学新拓展》，载《人民论坛》2016年第1期。

④ 参见程承坪：《中国特色社会主义政治经济学应提炼和总结六大经济实践经验》，载《经济纵横》2017年第10期。

⑤ 参见逄锦聚：《新时代新课题与中国特色社会主义政治经济学的新使命》，载《经济纵横》2018年第1期。

⑥ 参见蒋南平、邹宇：《人工智能与中国劳动力供给侧结构性改革》，载《四川大学学报(哲学社会科学版)》2018年第1期。

第十节 中国特色社会主义政治经济学的 范畴构建与话语体系

中国特色社会主义政治经济学的中心范畴是整个中国特色社会主义政治经济学理论逻辑结构和理论体系的关键。中国特色社会主义政治经济学范畴充当了中国经济学话语权建设的理论载体。中国特色社会主义进入新时代，建设具有中国特色、中国风格、中国气派的政治经济学话语体系比任何时候都更加迫切。近年来，学术界围绕范畴构建及话语体系等问题展开了讨论，涌现出了大量政治经济学研究成果，丰富和发展了中国特色社会主义政治经济学理论。

中国特色社会主义政治经济学的中心范畴是其理论所围绕的核心。张雄(2016)将当代中国马克思主义政治经济学范畴的内涵定义为中国共产党人追求全球经济正义、实现社会主义强国富民的经济学说。[1] 王朝科(2017)指出，一门学科的范畴大致有四种来源：直接继承前人的成果；对原有的范畴进行改造和发展以满足建立新的理论和解释新的问题；移植其他学科的范畴；根据研究需要提出新的范畴。[2] 文魁(2017)强调，中国特色社会主义政治经济学必须立足中国的实践，提出新观点、发现新范畴、构建新理论。[3] 顾海良(2016)认为社会主义市场经济的术语革命贯穿于中国经济体制改革的整个历程，成为中国特色社会主义政治经济学的主题范畴。[4] 贾后明、张得胜(2019)[5]，张方波(2019)指出，中国特色社会主义政治经济学的范畴构建要以《资本论》中经济学范畴为主体，借鉴和

---

① 参见张雄：《构建当代中国马克思主义政治经济学的哲学思考》，载《马克思主义与现实》2016年第3期。

② 参见王朝科：《中国特色社会主义政治经济学——逻辑·范畴·理论》，载《社会科学辑刊》2017年第4期。

③ 参见文魁：《社会主义国民经济论纲——试论中国特色社会主义政治经济学的上位范畴》，载《海派经济学》2017年第4期。

④ 参见顾海良：《马克思经济学"术语的革命"与中国特色"经济学说的系统化"》，载《中国社会科学》2016年第11期。

⑤ 参见贾后明、张得胜：《论中国特色社会主义政治经济学的范畴构建》，载《经济纵横》2019年第12期。

利用西方经济学的范畴与术语，从中国特色社会主义经济建设的实践出发，用科学的范畴体系奠定话语体系的坚实基础。①

关于中国特色社会主义政治经济学范畴的确定方面，目前学界存在诸多争论。李楠、崔霞（2016）将中国特色社会主义经济理论体系的基本范畴总结为人民主体地位、解放和发展生产力、社会主义初级阶段、社会主义初级阶段的基本经济制度、共同富裕、社会主义市场经济、科学发展、对外开放等八个基本范畴。② 李定、吴朝阳（2018）认为，中国特色社会主义政治经济学理论体系的中心范畴应当是以人民为中心，促进人的全面发展。③ 洪银兴（2020）指出，中国特色社会主义政治经济学把财富作为基本经济范畴并注重财富分析，其理论和实践价值都是价值范畴和价值分析无法替代的。④ 周文、刘少阳（2020）⑤，张方波（2019）强调新常态是社会主义初级阶段提炼出来的主要范畴，同时出现新的发展战略、新的发展理念，以及生产关系新的调整等改革和发展的实践，由此产生了许多重要的经济范畴，它们为中国特色社会主义政治经济学的系统性构建提供了充足的理论素材，是构建经济范畴体系需要继承和发展的理论品质。⑥ 此外，王朝科（2017）总结了构建中国特色社会主义政治经济学的范畴体系基本思路：第一，从中国特色社会主义经济发展的历史中抽象出中国特色社会主义经济的若干特征事实。第二，系统梳理马克思主义政治经济学的范畴体系，并与中国特色社会主义经济的若干典型特征事实进行比对。第三，基于中国特色社会主义的特征事实，把那些虽不能直接构成中国特色社会主义政治经济学范畴体系的马克思主

---

① 参见张方波：《构建新时代中国特色社会主义政治经济学的经济范畴体系》，载《学术探索》2019 年第 1 期。

② 参见李楠、崔霞：《中国特色社会主义经济理论体系基本范畴探析》，载《马克思主义理论学科研究》2016 年第 3 期。

③ 参见李定、吴朝阳：《中国特色社会主义政治经济学理论体系的构建方法》，载《经济问题》2018 年第 11 期。

④ 参见洪银兴：《中国特色社会主义政治经济学财富理论的探讨——基于马克思的财富理论的延展性思考》，载《经济研究》2020 年第 5 期。

⑤ 参见周文、刘少阳：《社会主义市场经济体制形成、发展与高水平构建》，载《长安大学学报(社会科学版)》2020 年第 4 期。

⑥ 参见张方波：《构建新时代中国特色社会主义政治经济学的经济范畴体系》，载《学术探索》2019 年第 1 期。

义政治经济学范畴，植入中国特色社会主义经济的实践素材加以发展，从而构成中国特色社会主义政治经济学范畴体系的一部分。第四，从西方经济学或其他学科批判性地吸收科学合理的范畴。第五，根据中国特色社会主义经济发展实践创造性地提出新的范畴。①

中国特色社会主义政治经济学的中心范畴是我国获得国际影响力和话语权的前提条件。刘灿（2016）②、黄泰岩（2016）③、付文军（2019）④指出构建中国特色社会主义政治经济学的理论体系要从我国经济发展的长期实践出发，形成中国自己的概念、范畴。把这些反映中国经验的新概念、新范畴、新规律系统化为一个完整的经济理论或经济学体系，即经济理论的"中国话语体系"。洪银兴（2017）⑤，贾后明、张得胜（2019）⑥认为，构建中国特色社会主义政治经济学话语体系需要从中国特色社会主义经济建设出发，不断构建富有中国原创性范畴和思想、解决中国经济问题的中国特色社会主义政治经济学话语体系。

创新发展中国特色社会主义政治经济学，需要用"中国话语"构建中国特色社会主义政治经济学话语体系。第一，构建中国特色社会主义政治经济学的新话语。丁晓钦、程恩富（2016）指出共享发展新理念，突出发展的根本目的是为了人民，发展的力量是依靠人民，发展的成果由人民共享，是具有中国特色社会主义政治经济学的新话语、新概念和新理论。⑦ 孟捷（2018）认为中国特色社会主义政治经济学包括政策—制度话语和学术—理论话语，这两种话语在类型上存在差

① 参见王朝科：《中国特色社会主义政治经济学——逻辑·范畴·理论》，载《社会科学辑刊》2017年第4期。

② 参见刘灿：《关于中国特色社会主义政治经济学研究的几点认识》，载《南京大学学报（哲学·人文科学·社会科学）》2016年第2期。

③ 参见黄泰岩：《构建当代中国马克思主义政治经济学》，载《政治经济学评论》2016年第1期。

④ 参见付文军：《时代的"叩问"与政治经济学的"应答"——兼论中国特色社会主义政治经济学的科学内涵与理论担当》，载《经济学家》2019年第5期。

⑤ 参见洪银兴：《中国特色政治经济学的体系构建和研究重点》，载《政治经济学评论》2019年第6期。

⑥ 参见贾后明、张得胜：《论中国特色社会主义政治经济学的范畴构建》，载《经济纵横》2019年第12期。

⑦ 参见丁晓钦、程恩富：《共享发展：中国特色社会主义政治经济学的新话语——兼论分享经济、劳动与资本的双修复》，载《理论导报》2016年第7期。

异，但共同构成了中国特色社会主义政治经济学的完整话语体系。① 顾海良（2019）强调"术语的革命"应该成为中国特色社会主义政治经济学学术话语体系建设的重要内涵。其间形成了诸如社会主义初级阶段及其基本路线、社会主义主要矛盾、社会主义市场经济小康社会、共同富裕、经济新常态、新发展理念、对外开放等原始创新性"术语的革命"。它们自然成为中国特色"系统化的经济学说"之"崭新的因素"，是中国特色社会主义政治经济学学术话语体系的重要标识。第二，构建中国特色社会主义政治经济学话语体系需要对经济学的西方概念进行"术语革命"。② 王立胜（2016）指出当前面临的理论问题不是中国自己的经济模式要不要上升到理论层次，而是中国经济模式的成功正在国际范围内面临不同主义、不同导向的理论解释。如果不形成自己的理论，我们必然会在现有各种理论的解释中失去话语权，甚至有在西方的话语体系中迷失方向的危险。③ 周文（2017）认为必须认真看待和高度重视中国经济学研究中存在的严重西化倾向及其产生的严重危害。④ 此外，周文、刘少阳（2020）强调用中国特色、中国风格的术语"创造性"重构经济学的基本理论和逻辑体系，为世界经济的发展贡献中国智慧和中国价值。⑤ 第三，构建中国特色社会主义政治经济学话语体系有多种途径。洪银兴（2017）⑥，贾后明、张得胜（2019）⑦指出，中国特色社会主义政治经济学话语体系包括三个方面：一是马克思主义政治经济学尤其是《资本论》提供

---

① 参见孟捷：《论中国特色社会主义政治经济学的政策—制度话语和学术—理论话语的相互关系》，载《西部论坛》2018 年第 5 期。

② 参见顾海良：《中国特色社会主义政治经济学的"导言"——习近平〈不断开拓当代中国马克思主义政治经济学新境界〉研究》，载《经济学家》2019 年第 3 期。

③ 参见王立胜：《中国特色社会主义政治经济学的时代意义》，载《河北经贸大学学报》2016 年第 6 期。

④ 参见周文：《当前中国经济学研究中的若干问题与反思》，载《当代经济研究》2017 年第 9 期。

⑤ 参见周文、刘少阳：《论中国特色社会主义政治经济学若干未定问题》，载《江汉论坛》2020 年第 9 期。

⑥ 参见洪银兴：《关于中国特色社会主义政治经济学理论体系建设的几个问题》，载《人文杂志》2017 年第 12 期。

⑦ 载贾后明、张得胜：《论中国特色社会主义政治经济学的范畴构建》，载《经济纵横》2019 年第 12 期。

的政治经济学话语体系；二是中国特色社会主义经济实践中创新的话语体系；三是批判地吸收世界成熟的经济学理论。贺卫华（2017）①、沈开艳（2017）②认为构建中国特色社会主义政治经济学话语体系要植根于中国改革开放和经济发展的丰厚土壤中，在学习借鉴西方经济学理论新成果和国外经济发展实践新成果的基础上，不断概括和总结我国改革开放实践中出现的新情况、新材料和新事实，构建中国特色社会主义政治经济学的话语体系。丁堡骏（2018）认为中国特色社会主义政治经济学话语体系建设包括：第一，从总体上充分肯定我们已有的建设成绩；第二，对于中国特色社会主义政治经济学教材建设，更加注意对于马克思主义经典作家对于社会主义经济关系的阐述，将他们的科学社会主义思想阐述清楚，然后再结合中国实际进行具体化；第三，科学地对待和系统科学地推广运用马克思主义研究和建设工程教材；第四，积极推进哲学社会科学规划和奖励；第五，大学教育教学要坚决扭转全盘西化的问题。③

本章小结

2015 年 11 月 23 日，中共中央政治局进行第 28 次集体学习，中共中央总书记习近平在主持学习时指出，马克思主义政治经济学是马克思主义的重要组成部分，也是坚持和发展马克思主义的必修课。2015 年 12 月召开的中央经济工作会议提出，做好当前和今后一个时期的经济工作，"要坚持中国特色社会主义政治经济学的重大原则"。这是"中国特色社会主义政治经济学"作为一个新的概念首次被提出，也是目前唯一一个由国家最高领导人亲自提出的学术范畴和学科体系。构建中国特色社会主义政治经济学，不仅是中国经济建设和改革实践提出的一种理论要求，也是中国经济学发展的重要机会。当前，在关于这门学科构建的

---

① 参见贺卫华：《在改革开放实践中创新和发展马克思主义政治经济学——兼论中国特色社会主义政治经济学的建构》，载《学习论坛》2017 年第 1 期。

② 参见沈开艳：《建设中国特色社会主义政治经济学理论体系的构想》，载《毛泽东邓小平理论研究》2017 年第 1 期。

③ 参见丁堡骏：《关于中国特色社会主义政治经济学的几个问题》，载《陕西师范大学学报（哲学社会科学版）》2018 年第 4 期。

一些重要问题上，学界尚存在很多不同的声音。因此，本章总结了十个专题，围绕每个专题，分别梳理归纳了当下主要的几种观点，以供参考。

中国特色社会主义政治经济学不是无源之水、无本之木，而是立足于社会主义中国经济发展的实践。中国特色社会主义政治经济学是马克思主义政治经济学理论逻辑与当代中国社会经济发展历史逻辑相结合的最新理论成果，是当代中国的马克思主义政治经济学。改革开放40多年来，我国经济社会发展成果斐然，中国特色社会主义政治经济学也在长期实践中不断创新发展，具体体现在其与时俱进的理论创新和"中国模式"的成功实践上。

在研究对象的界定上，当前学术界对于中国特色社会主义政治经济学的研究对象有以下几种代表性观点：生产关系；联系生产力研究生产关系；生产方式；中国特殊的经济基础与上层建筑；等等。本章提出，应当采用研究生产关系为主、结合研究生产力的社会生产方式。

中国特色社会主义政治经济学理论创新的首要问题是确立中国特色社会主义政治经济学的研究起点。本章针对中国特色社会主义政治经济学的逻辑起点问题进行文献梳理，概括出几种主要观点：商品论或"变形的商品"论；"基本经济制度"论；"国家"论；"现实的人"与"人民主体"论；"劳动生产力"论。

理论体系的核心是立论基础和实践要求的统一。中国特色社会主义政治经济学理论是一个具有明确指向和内涵的命题。马克思主义政治经济学的基本理论、基本方法、基本经济范畴是其研究的基础，中国社会主义实践是其产生的主要来源。学术界对于中国特色社会主义政治经济学核心理论和命题的定位主要有如下几种观点："市场经济理论"或"政府与市场的关系"；"所有制"；多元说，认为多个方面构成中国特色社会主义政治经济学理论体系的整体；也有的学者认为中国特色社会主义政治经济学的核心不是某一个或某几个观点，而是一种理念。本章提出，中国特色社会主义政治经济学理论体系的构建不能一蹴而就，必须采取局部突破策略，从每一个原理的论证和构建出发，经过从局部突破到系统整合，再最终完成理论体系的构建。

叙述主线将中国特色社会主义政治经济学的各个概念、范畴、理论串接为有机联系整体，是整个学科理论内容和逻辑体系的支撑。理论框架是中国特色社会主义政治经济学的枝干架构。总体来看，国内学术界针对中国特色社会主义政治经济学的叙述主线与理论框架这一课题进行了深入而广泛的探讨，涌现出一批具有影响力的学术成果。

中国特色社会主义政治经济学的研究方法是指研究过程中所持有的特定立场和观点，既包括最根本意义上的方法论，也包含针对某一具体问题采取的分析手段。对于中国特色社会主义政治经济学的研究方法，学界形成了两点共识：首先，中国特色社会主义政治经济学应当坚持以辩证唯物主义和历史唯物主义为指导。其次，对具体现象背后机理的叙述方法上可以多样化。

中国特色社会主义政治经济学的中心范畴是整个中国特色社会主义政治经济学理论逻辑结构和理论体系的关键。中国特色社会主义政治经济学范畴充当了中国经济学话语权建设的理论载体。近年来，学术界围绕范畴构建及话语体系等问题展开讨论，涌现出了大量政治经济学研究成果，丰富和发展了中国特色社会主义政治经济学理论。

中国特色社会主义政治经济学学科是相对独立的知识体系，它既是学术分类的名称，又是教学科目设置的基础。目前，高校中国特色社会主义政治经济学教学存在被边缘化的倾向。为此，一方面需要完善学科理论，明确学科性质；处理好与西方经济学的关系。另一方面，改进教学工作，明确教学方针，编写权威教材，壮大师资队伍，改进教学方法。

中国特色社会主义政治经济学是马克思主义政治经济学基本原理与当代中国实践相结合，同时吸取中国历史优秀文明成果，借鉴世界上别国优秀文明成果的产物，是马克思主义政治经济学的最新发展。中国特色社会主义政治经济学不仅有力指导了我国经济发展实践，也丰富了人类经济思想宝库。

第二章

中国特色社会主义政治经济学的研究对象

中国特色社会主义政治经济学，是对中华人民共和国成立以来社会主义经济建设的经验总结和理论升华。党的十八大以来，习近平总书记高度重视中国特色社会主义政治经济学的研究与发展，并作了一系列重要阐述，中国特色社会主义政治经济学的发展呈现出崭新的昂扬态势。在构建理论体系、推动学科发展的过程中，明确界定学科的研究对象是首要问题。界定的研究对象范围过窄，有可能导致研究内容空心化、学科萎缩；界定的研究对象范围过宽，研究内容便会过于庞杂，使得本学科与其他学科的边界不清晰，无法固定学科的研究范围，有可能导致学科的边缘化。

本章梳理了目前有关中国特色社会主义政治经济学研究对象的几种代表性观点，提炼了各种观点的共识，提出仍然要以马克思在《资本论》中有关政治经济学研究对象的经典表述为依据，准确把握"生产方式"的内在含义，以此界定中国特色社会主义政治经济学的研究对象。在此基础上，本章阐述了准确界定研究对象对于政治经济学学科体系建设的意义，提出了构建经济学"三层次"学科体系的设想。

第一节 有关中国特色社会主义政治经济学 研究对象的代表性观点

一、以"生产关系"作为研究对象

持这一观点的学者认为，中国特色社会主义政治经济学的研究对象应与经典马克思主义政治经济学的研究对象保持一致。周新城（2018）认为，中国特色社会主义政治经济学应该紧扣"新时代"主题，在开展理论研究的同时解决现实问题。由于我国正处于社会主义初级阶段，中国特色社会主义政治经济学研究对象应被界定为"包含多层次内容的生产关系"。[①] 程恩富（2021）提出，中国特色社会主义政治经济学的研究对象是社会主义初级阶段的物质和文化领域的经济关系或经济制度。[②] 杨继国、袁仁书（2018）提出，《资本论》的研究对象是"广义生产关系"，并且这种"广义生产关系"需要通过《资本论》三卷的整体逻辑来把握。[③] 简新华（2018）认为，中国特色社会主义政治经济学研究的仍然是社会主义生产关系和相应的社会主义经济制度，也就是社会主义社会中人与人之间的关系。[④]

二、联系生产力研究生产关系

持这一观点的学者认为：中国特色社会主义政治经济学的研究，一方面，要坚持和继承马克思主义政治经济学；另一方面，在新的社会历史条件下，要结合现实加以发展与创新。一些学者认为，中国特色社会主义政治经济学要联系生产力研究生产关系。卫兴华、聂大海（2017）指出，马克思主义政治经济学主要是革

---

① 参见周新城：《关于中国特色社会主义政治经济学的研究对象》，载《海派经济学》2018 年第 1 期。

② 参见程恩富：《中国特色社会主义政治经济学研究十大要义》，载《理论月刊》2021 年第 1 期。

③ 参见杨继国、袁仁书：《政治经济学研究对象的"难题"新解——兼论"中国特色社会主义政治经济学"研究对象》，载《厦门大学学报（哲学社会科学版）》2018 年第 4 期。

④ 参见简新华：《创新和发展中国特色社会主义政治经济学》，载《马克思主义研究》2018 年第 3 期。

命的经济学，而中国特色社会主义政治经济学则主要是建设的经济学。因此，两者的相同点是都将生产关系作为研究对象，不同点是后者还要从理论上探讨如何发展社会层面上的生产力。① 洪银兴（2016）认为，经济建设是中国的中心任务，经济发展问题是首要问题，继而从社会主义的发展任务、所处历史阶段以及中国特色社会主义的具体实践三个角度进行分析论证，指出生产力理应是中国特色社会主义政治经济学的研究对象之一。②

三、以"生产方式"作为研究对象

马克思提出，《资本论》的研究对象是资本主义生产方式以及与它相适应的生产关系和交换关系。据此，部分学者以"生产方式"这一概念为核心，对中国特色社会主义的研究对象进行界定和阐释。逄锦聚（2016）的提法是"中国社会主义初级阶段的生产方式及与之相适应的生产关系和交换关系"。③ 颜鹏飞（2018）则主张将"中国特色社会主义生产方式总体及其生产力和生产关系的运动规律"作为研究对象。④ 余斌（2017）认为，中国特色社会主义政治经济学的研究应当更好地服务于现阶段中国特色社会主义经济发展实践，因此其研究对象应该被界定为："处于社会主义初级阶段的具有中国特色的多种生产方式以及和它们相适应的生产关系和交换关系。"⑤

四、以"中国特色社会主义"作为研究对象

有学者强调中国特色社会主义政治经济学的国别性，提出这门学科不仅要研究一国特殊的经济基础，还要研究其特殊的上层建筑。邱海平（2017）指出，"中

---

① 参见卫兴华、聂大海：《马克思主义政治经济学的研究对象与生产力的关系》，载《经济纵横》2017 年第 1 期。

② 参见洪银兴：《以创新的经济发展理论阐释中国经济发展》，载《中国社会科学》2016 年第 11 期。

③ 参见逄锦聚：《中国特色社会主义政治经济学论纲》，载《政治经济学评论》2016 年第 5 期。

④ 参见颜鹏飞：《新时代中国特色社会主义政治经济学研究对象和逻辑起点：马克思〈资本论〉及其手稿再研究》，载《内蒙古社会科学（汉文版）》2018 年第 4 期。

⑤ 参见余斌：《〈资本论〉的研究对象与中国特色社会主义政治经济学的研究对象》，载《政治经济学评论》2017 年第 3 期。

国特色社会主义"是中国特色社会主义政治经济学的直接研究对象，中国特色社会主义政治经济学第一次被明确地确定为一门学科也体现了其理论范畴的独特性。① 张宇(2017)则认为，中国特色社会主义政治经济学既不是研究西方的经济学说，也不是单纯以社会主义作为研究对象，而是明确地将"中国特色社会主义经济形态"作为研究对象。② 蒋永穆、卢洋(2018)将中国特色社会主义政治经济学的研究对象划分为三个逻辑层次：以生产关系为首要研究对象，以生产力为必要研究对象，以上层建筑为重要研究对象。③

　　除以上四种代表性观点外，还有一些学者尝试避开生产力、生产方式、生产关系等概念，另辟蹊径地论证中国特色社会主义政治经济学的研究对象，如"利益关系说""剩余产品说"等④，但尚未形成严密的逻辑框架，故本节不详细介绍。总的来说，目前中国特色社会主义政治经济学研究对象围绕着"生产力""生产关系""生产方式""经济基础与上层建筑"几个核心概念展开。中国特色社会主义政治经济学的研究对象与政治经济学研究的对象之间是"特殊"与"一般"的关系，⑤因此，明确界定中国特色社会主义政治经济学研究对象仍然需要从政治经济学学科的"一般性"出发，对研究对象问题的演进历程进行梳理。

第二节　政治经济学研究对象的探索历程

　　围绕政治经济学研究对象，马克思主义经典作家在各个历史阶段都进行过阐述，并作出了一系列界定。在《1844年经济学哲学手稿》《德意志意识形态》等著作中，马克思、恩格斯已经阐发了有关政治经济学研究对象的初步想法，但第一

---

　　① 参见邱海平：《〈资本论〉与中国特色社会主义政治经济学》，载《财经问题研究》2017年第8期。

　　② 参见张宇：《中国特色社会主义政治经济学的科学内涵》，载《经济研究》2017年第5期。

　　③ 参见蒋永穆、卢洋：《新时代"强起来"的中国特色社会主义政治经济学体系构建》，载《社会科学战线》2018年第4期。

　　④ 参见周文、代红豆：《中国特色社会主义政治经济学研究对象：争论与成效》，载《人文杂志》2020年第2期。

　　⑤ 参见孙立冰：《论中国特色社会主义政治经济学的研究对象》，载《社会科学战线》2019年第7期。

次对这个问题进行明确阐述是在马克思写作于 1857 年 8 月的《〈政治经济学批判〉导言》(以下简称《导言》)中。《导言》一开始就写道:"面前的对象,首先是物质生产。"但需要注意的是,这里的"物质生产"不仅仅包括"生产一般"——技术形式的生产,还包括社会形式的生产和历史形式的生产。其一,"生产"是社会形式的生产。商品生产是使用价值生产与价值创造的统一,价值作为人类无差别劳动的凝结,体现了人与人之间交换劳动的社会关系。在这里,马克思提出了有关政治经济学研究对象的一个重要原理,即政治经济学不是"商品学"或"工艺学",不是以财富的物质内容或生产技术工艺为研究对象的,而应研究财富生产的特殊社会形式。其二,"生产"是历史形式的生产。这是因为不同历史时代的生产具有各自的特殊规定性和本质差别,"说到生产,总是指在一定社会发展阶段上的生产——社会个人的生产……例如,是现代资产阶级生产——这种生产事实上是我们研究的本题"①。

在《资本论》中,马克思对政治经济学的研究对象作了更为清晰的界定,"我要在本书研究的,是资本主义生产方式以及和它相适应的生产关系和交换关系"②。这个界定十分鲜明地体现了"社会形式的生产"和"历史形式的生产"两个关键点。一方面,《资本论》要研究的不是技术意义上的生产方式,而是生产方式的社会形式——生产关系和交换关系;另一方面,《资本论》要研究的也不是一般意义上的生产方式,而是具有特殊的历史规定性的"资本主义生产方式"。在这里,资本主义只是作为社会历史形态演进过程中的一个特殊形态而进入了马克思的研究视野。

至此,政治经济学研究对象在文本上已经得到了比较清晰的界定,按照《资本论》的表述,我们可以作出如下推断:社会主义政治经济学的研究对象应是"社会主义生产方式以及和它相适应的生产关系和交换关系"。但是,斯大林在《苏联社会主义经济问题》中却提出,政治经济学的对象是人们的生产关系,即经济关系。斯大林进一步将经济关系的内涵提炼为三个方面:第一是生产资料的所有制形式,第二是由此产生的各种不同社会集团在生产中的地位以及它

---

① 参见《马克思恩格斯全集》(第 46 卷上),人民出版社 1979 年版,第 22 页。

② 参见马克思:《资本论》(第 1 卷),人民出版社 2004 年版,第 8 页。

们的相互关系，第三是完全以前两者为转移的产品分配形式。① 在此，斯大林作出了一个与以往经典论断有所不同的界定。很明显，从字面上来看，斯大林将"生产方式"排除在政治经济学研究对象之外，重点突出了"生产关系"。在《苏联社会主义经济问题》的基础上，苏联组织编写了历史上第一本社会主义政治经济学教科书——《苏联政治经济学教科书》，仍然沿用了斯大林有关政治经济学研究对象的界定，这对社会主义政治经济学的后续发展产生了极其深远的影响。

中华人民共和国成立后，毛泽东对斯大林提出的政治经济学研究对象表达了一些不同看法。1959—1960 年，毛泽东组织读书小组系统地学习了《苏联政治经济学教科书》。关于政治经济学的研究对象，毛泽东说道："政治经济学研究的对象主要是生产关系，但是，政治经济学和唯物史观难得分家。不涉及上层建筑方面的问题，经济基础即生产关系的问题不容易说得清楚。"②"政治经济学研究的对象主要是生产关系，但是要研究清楚生产关系，就必须一方面联系研究生产力，另一方面联系研究上层建筑对生产关系的积极作用和消极作用。"③这就是社会主义政治经济学史上著名的"联系说"，即政治经济学要"联系生产力研究生产关系"，"联系上层建筑研究经济基础"。而且，值得注意的是，毛泽东把经济基础直接等同于生产关系，打通了唯物史观两对"矛盾"（生产力与生产关系、经济基础与上层建筑）的内在逻辑关系。

通过梳理政治经济学研究对象问题的发展历程，不难发现，马克思主要是围绕"生产方式和生产关系"来界定政治经济学的研究对象，斯大林突出了"生产关系"的核心地位，而毛泽东则补充了"生产力"和"上层建筑"。笔者认为，要准确把握政治经济学的研究对象和中国特色社会主义政治经济学的研究对象，核心问题还是在于如何理解"生产方式"以及如何理解"生产力""生产关系""生产方式"三者之间的关系。

---

① 参见斯大林：《苏联社会主义经济问题》，人民出版社 1961 年版，第 58 页。
② 参见《毛泽东文集》（第 8 卷），人民出版社 1999 年版，第 138~139 页。
③ 参见《毛泽东文集》（第 8 卷），人民出版社 1999 年版，第 131 页。

第三节　在深刻把握生产方式内涵的基础上界定政治经济学研究对象

一、生产方式是生产力和生产关系的矛盾统一体

根据唯物史观的观点，社会发展的主要力量在于人们生产各种物质资料的具体方式。唯物史观第一次鲜明地提出：决定社会发展的主要力量是人们谋得生存所必需的生活资料的方式。开展物质资料生产活动需要具备生产资料和劳动者两个要素，其中生产资料又包括劳动对象和生产工具。劳动者必须使用生产资料才能开展生产活动，因此，劳动者与生产资料的技术结合就成为生产力——人们利用生产资料改造自然的能力。但是，物质资料生产方式并不仅仅是一种技术关系。斯大林就曾指出，生产力和生产关系是生产的两个方面，也是生产方式的两个方面，生产力表现的是人们对于那些用来生产物质资料的自然对象和力量的关系。而生产关系就是人们在生产过程中的相互关系。[①] 也就是说，人们的物质资料生产活动本就是一种社会的生产，而在这种社会生产过程中彼此发生一定的相互关系，这种相互关系就是生产关系。因此，生产关系实际上就是生产方式的"社会形式"。

生产方式的技术形式和社会形式，从来就是历史地、作为一个整体而不断演进的。"手推磨产生的是封建主的社会，蒸汽磨产生的是工业资本家的社会。"[②] 不存在独立运行的生产力系统，也不存在独立运行的生产关系系统，两者统一于生产方式并分别作为其技术形式和社会形式而存在。毛泽东在 1948 年为《中共中央关于土地改革中各社会阶级的划分及其待遇的规定（草案）》撰写了第一章和第二章内容，在这篇文献中，他指出："社会的生产力和社会的生产关系相结合，

[①] 参见联共（布）中央特设委员会：《联共（布）党史简明教程》，中央编译局译，人民出版社 1975 年版，第 134 页。

[②] 参见《马克思恩格斯文集》（第 1 卷），人民出版社 2009 年版，第 602 页。

就是社会的生产方式。社会的生产方式是一切社会制度、政治制度和精神生活的基础。"①既然生产力和生产关系是统一于生产方式的，那么，把生产力、生产方式、生产关系中的任何一个概念剥离出来，将其作为独立的政治经济学研究对象，在逻辑上是违背矛盾统一规律的。

因此，需要从"一般"和"特殊"两个维度来理解生产方式。生产方式是指劳动力和生产资料结合起来进行生产的方式。因此，在"一般"意义上，生产力是生产方式的技术形式，是在不考虑社会经济制度前提下的"生产方式"。从这个角度来看，生产力实际上就是指生产方式（一般）。但在现实中，在任何一种劳动过程中，劳动力和生产资料都是在特定的社会经济制度下结合起来的，在这种特定的社会经济制度下结合起来的生产方式即生产方式（特殊），这实际上也就是生产方式的社会形式——生产关系。对于生产方式的双重属性，马克思在《政治经济学批判》（1857—1858 年手稿）中指出："生产方式既表现为个人之间的相互关系，又表现为他们对无机自然的一定的能动关系，表现为一定的劳动方式。"②生产方式的双重属性并不妨碍马克思在不同的场合为了强调其中的一个方面而改变其表述方式。譬如，马克思将《资本论》的研究对象界定为"资本主义生产方式以及和它相适应的生产关系和交换关系"，这就凸显生产方式的特殊性。

将生产力理解为生产方式的技术形式，将生产关系理解为生产方式的社会形式，将生产方式看作生产力和生产关系的矛盾统一体，有关政治经济学研究对象问题的种种疑难便迎刃而解了，同时，也为把"中国特色社会主义生产方式"界定为中国特色社会主义政治经济学的研究对象奠定了学理基础。

二、中国特色社会主义政治经济学要"联系生产力研究生产关系"

任何一种生产力都是在特定生产关系中的生产力，任何一种生产关系都不可能脱离生产力单独存在，生产力和生产关系是"生产方式"这一矛盾统一体内部两个不可分割的组成部分。因此，中国特色社会主义政治经济学的研究对象是

---

① 参见《建党以来重要文献选编（1921—1949）》（第 25 册），中央文献出版社 2011 年版，第 99~100 页。

② 参见《马克思恩格斯全集》（第 30 卷），人民出版社 1995 年版，第 488 页。

"中国特色社会主义生产方式"。这可以从微观、中观和宏观三个层面来理解。

（一）微观层面

从微观层面来看，中国特色社会主义生产方式主要包括两个方面。第一个方面，在企业内部，劳动力和生产资料是以何种形式进行结合的。在企业内部，劳动力和生产资料可以通过多种不同形式组合和搭配起来，如可以采用"总部—职能部门—车间—班组"的形式，也可以采用"事业部—总部"的结构，还可以采用母公司与子公司、分公司等架构。在这些组织形式中，包含了各岗位之间的关系、各工种之间的关系、各部门之间的关系、管理层与一线劳动者的关系、管理层内部的关系，以及股东与董事会、监事会、管理层、工会之间的关系，等等。但是，以上这些劳动力和生产资料的组合搭配方式，又是在特定的人与人之间经济关系的基础上形成的，特别是在特定的生产资料所有制关系和产品分配关系的基础上形成的。[①] 因此，中国特色社会主义政治经济学在微观层面还应研究公有制、非公有制以及混合所有制企业各自特有的所有制和分配关系。

第二个方面，中国特色社会主义政治经济学在微观层面上还要研究劳动力的再生产活动。除物质资料的生产和再生产之外，广义的生产活动还包括劳动力的再生产，也即人本身的再生产。因此，在微观层面，生产方式还包括人们在市场交易过程中比较和交换个别劳动的方式，也就是劳动者通过各种消费和休闲活动重新生产出劳动能力的方式，涵盖了生活资料的流通和消费过程。从特殊性来看，由于公有制经济和国有企业的参与，劳动力再生产活动呈现出显著的"中国特色"。在公有制经济内部，劳动力再生产呈现出介于完全商品化和完全社会化之间的混合特征，这种富有柔韧性的劳动力再生产模式塑造了公有制经济强大的凝聚力和独特的竞争优势。在社会层面，公立医疗卫生、教育和社会保障事业的发展，为劳动力再生产提供了根本性保障。中国特色社会主义政治经济学理应把这些微观层面的劳动力再生产活动纳入研究范围，并着力提炼其中国特色。

---

① 参见何干强：《全民所有制是中国特色社会主义经济的主要特征》，载《改革与战略》2019 年第 6 期。

（二）中观层面

从中观层面来看，中国特色社会主义生产方式主要包括四个方面的内容，也即劳动力和生产资料在产业间、区域间、城乡间和国内外的组合和搭配方式。从产业方面来看，劳动力和生产资料在不同产业、产业链条的不同环节以及产业网络的不同节点进行组合和搭配，并由此形成产业间经济关系、产业内经济关系和产品内经济关系。从区域方面来看，劳动力和生产资料在不同地区之间，在省、市、县、乡镇等各个纵向层级之间进行组合和搭配，并由此形成省际、市际、县际、各种经济区、都市圈和城市群内部的经济关系。从城乡方面来看，劳动力和生产资料在城乡之间流动并进行形式各样的组合和搭配，并由此形成城乡经济关系。从对外经济来看，劳动力既可以选择在国内就业，也可以进行劳务输出，使各种生产资料在全球范围内进行配置，由此形成劳动力和生产资料在国内外的各种组合和搭配，形成对外经济关系。当然，以上这四个方面的劳动力和生产资料组合搭配方式，又是在特定的人与人之间经济关系的基础上形成的，特别是在特定的生产资料所有制关系和产品分配关系的基础上形成的。因此，中国特色社会主义生产方式在中观层面还应研究产业间、区域间、城乡间以及国内外的特有所有制关系和分配关系，譬如公有制经济在不同产业的比例结构问题，非公有制经济和私有资本在东、中、西不同区域流动的问题，集体经济在城乡的布局和发展问题，央企如何把"引进来"和"走出去"结合起来的问题，等等。

（三）宏观层面

从宏观层面来看，中国特色社会主义生产方式主要是指市场与政府相结合的劳动力和生产资料组合搭配方式。劳动力和生产资料通过两种方式结合进行生产活动，一是市场调节，二是政府宏观调控政策的指导。在中国特色社会主义生产方式中，政府与市场的关系不能简单地用西方经济学的"二分法"来理解，社会主义市场经济也不能简单地用"小政府大市场""大政府小市场"这种概念来理解。[1] 在处

---

[1]　参见刘凤义：《论社会主义市场经济中政府和市场的关系》，载《马克思主义研究》2020 年第 3 期。

理市场与政府关系时，针对把市场作用绝对化的观点，习近平指出："市场起决定性作用，是从总体上讲的，不能盲目绝对讲市场起决定性作用，而是既要使市场在配置资源中起决定性作用，又要更好发挥政府作用。"①因此，在处理市场与政府关系时，要讲辩证法、两点论，市场这只"看不见的手"和政府这只"看得见的手"都要用好，促进市场作用和政府作用互为补充、统筹协调。在中国特色社会主义生产方式中，政府在调节劳动力和生产资料的组合搭配时既要体现技术形式的"一般性"，又要体现社会形式的"特殊性"。政府既可以作为市场秩序的管理者，对各种所有制企业雇佣劳动力和使用生产资料的市场行为进行一视同仁的规制管理。同时，又代表国家行使全民所有制经济的出资人职能，通过发展公有制经济和国有企业，优化这些经济主体的劳动力和生产资料的组合搭配方式，实现国家战略意图。因此，中国特色社会主义宏观调控政策的目的，就是要在市场调节劳动力和生产资料组合搭配的决定性作用的基础上，更好地发挥政府作用，实现劳动力和生产资料在各行业、各区域、城乡间、国内外的结构平衡，并进一步实现国民经济宏观上的总量平衡。

三、中国特色社会主义政治经济学要"联系上层建筑研究经济基础"

中国特色社会主义是社会主义发展历史中的一种特殊社会形态，其所建立的生产力基础要远远落后于资本主义发达国家，这也与马克思主义经典作家所设想的历史发展进程不相符。通过长期的革命斗争，中国共产党在上层建筑领域先建立起人民民主专政的国家政权，进而改造社会经济基础，形成了中国特色社会主义的特殊生产方式。因此，中国特色社会主义政治经济学作为对这种特殊生产方式的客观反映，就必须"联系上层建筑研究经济基础"，特别是要重点研究国家的经济职能。

马克思主义认为，国家是人类社会发展到一定阶段的产物，是阶级矛盾不可调和的产物。因此，国家的出现主要有两方面的作用。其一是作为阶级统治工具，调节阶级矛盾；其二则是维护其所代表阶级的利益。国家是上层建筑的一种

---

① 参见《习近平关于社会主义经济建设论述摘编》，中央文献出版社 2017 年版，第 57~58 页。

主要形式，不仅参与社会生产和再生产的过程，而且发挥着保护经济基础和社会生产关系的作用。与西方经济学不同，中国特色社会主义政治经济学把"政府"上升到国家层面，把政党和政府区分开来，通过对国家和政党本质的深刻剖析来理解和把握社会主义初级阶段"经济与政治的关系"。中国特色社会主义政治经济学从以下两个方面"联系上层建筑研究经济基础"。

第一个方面，中国特色社会主义政治经济学建立和发展了中国特色社会主义宏观调控理论。中国特色社会主义宏观调控的优势不仅体现在调控社会总需求和总供给的平衡上，而且对调控导向、调控目标和调控手段提出了更明确的要求。在调控导向方面，党的领导在中国特色宏观调控过程中发挥着重要作用。以制定国民经济和社会发展五年规划为例，五年规划是我国经济社会发展的重要指导性文件。党中央牵头起草五年规划建议稿，听取多方意见和建议，发扬民主、开门问策、集思广益，把加强顶层设计和坚持问计于民统一起来，党的领导保证了中国特色宏观调控始终在正确的轨道上实行。在调控目标方面，中国特色社会主义宏观调控充分协调经济增长、价格稳定、充分就业、国际收支平衡等目标之间的关系，注重处理好长期和短期之间的关系、改革与发展之间的关系、效率与公平之间的关系；在调控手段方面，中国特色社会主义宏观调控不仅实施总量性的财政政策和货币政策，还通过制定经济计划、中长期发展规划、国民经济和社会发展重大战略，实施结构性的产业政策、区域政策、价格政策、收入政策以及对外开放政策，通过开展差异性的精准调控，着力解决发展的不平衡与不充足问题。

第二个方面，中国特色社会主义政治经济学重视和强调党对经济工作的集中统一领导。对于经济管理工作和企业运营而言，其专业性和技术性都比较强，要确保业务工作保持正确的政治方向，就必须对具体的业务程序、技术细节、工作流程、管理要求和规章制度十分熟悉。也就是说，在经济管理工作和企业运营层面，根本就不存在无政治方向的纯经济决策和技术决策。因此，要变"党政分开"为"党政分工"，完善党委内部组织结构，落实党对经济工作的领导。第一，中国特色社会主义政治经济学强调进一步加强党委对专业工作的指导能力。在中央和地方党委内部，要根据不同需要，设立专门的经济管理内部机构，如在中央和省市一级党委设立财经委员会办公室。一方面，统筹党委内部各有关机构的经济管理职能(包括农办、网信办、国安办、军民办等);另一方面,协调同级政府的经济管理部门和相关部门的经济管理业务工作(包括发改委、经信委、农业局、科技局、一行三会等)。第二,中国特色社会主义政治经济学强调进一步加强党对事业单位和国有企业的业务领导。在经济类事业单位和国有企业内部,要进一步提升党委(党组)成员的专业技术素养,在加强专职政工干部队伍建设的同时,吸收更多的专业技术型干部进入党委会,确保"三重一大"事项决策能够建立在正确政治方向和科学专业评价的基础上。

总之,中国特色社会主义政治经济学联系上层建筑研究经济基础,就是要体现国家通过党的政治号召力量和政府的政治组织能力,综合运用货币政策、财政政策、收入政策、价格政策、经济计划、中长期规划、重大发展战略等手段和工具,创造性地实施中国特色社会主义宏观调控政策,加强党委对经济工作的集中统一领导,把市场和政府在资源配置中的作用结合起来,体现我国市场经济体制的社会主义本质。

第四节　在准确界定研究对象的基础上推动经济学学科体系建设

准确把握学科研究对象对于学科体系建设具有重要意义。哲学社会科学体系是由学术体系、学科体系、话语体系组成的整体。其中,学术体系是研究内容,学科体系是理论载体,话语体系是表达形式。研究对象本身属于学术体系范畴,研究对象的界定为构建学科体系和话语体系提供了理论依据。从目前我国经济学学科体系设置来看,包括理论经济学和应用经济学两个一级学科,理论经济学由政治经济学、西方经济学、世界经济学、经济史、经济思想史,以及人口、资源与环境经济学等六个二级学科组成。应用经济学由国民经济学、区域经济学、财政学、金融学、产业经济学、国际贸易、劳动经济学、数量经济学、国防经济学等九个二级学科组成。这一学科体系的主要问题是:政治经济学在理论经济学学科中的核心地位无法得到体现,对应用经济学各学科的指导作用也比较薄弱。课程体系是学科体系设置在教学中的反映,从目前高校的经济学课程设置来看,普遍存在政治经济学的课程门数少、课时少，而西方经济学或接受西方经济学指导的应用经济学的课程门数多、课时多。① 整个经济学学科体系并未围绕"中国特色社会主义政治经济学"这一核心学科逻辑性地展开，导致马克思主义指导经济学发展的作用被削弱。

要解决目前经济学学科体系设置中的问题，有必要对经济学研究对象进行逻辑分解，并在此基础上设计学科体系。笔者认为，应把中国特色社会主义政治经济学作为经济学体系的核心学科，通过对"中国特色社会主义生产方式"这一研究对象进行逻辑性分解，设计经济学学科体系。据此，应按照三个层次进行设计。一是理论型学科，包括中国特色社会主义政治经济学、资本主义政治经济学、西方经济学、经济史、经济思想史等。这些学科勾勒出学科的整体框架，概括了学科的知识边界。理论型学科设置要求体现三个特点：政治经济学资本主义部分和政治经济学社会主义部分的打通（资社打通），中国经济学与西方经济学的比较（中西比较），经济学、经济史与经济学历史的有机结合（史论结合）。② 二是"理论—应用"结合型学科。这些学科的安排是根据"中国特色社会主义生产方式"的内涵逐层设置的。微观层面上，可设置企业经济学、管理经济学、劳动经济学以及消费经济学等。中观层面上，可设置产业经济学、区域经济学、城市经济学、发展经济学、国际经济学、流通经济学，以及人口、资源与环境经济学等学科门类。宏观层面上，可设置国民经济学、公共经济学等学科门类。三是应用型学科，主要是指接受中国特色社会主义政治经济学指导，在学科体系上对理论学科发挥支撑作用，与实践的结合更加紧密，可以直接运用于现实工作中的学科，包括且不限于金融学、财政学、经济统计学、国防经济学等。

根据学科研究对象来设计经济学学科体系，将有助于解决长期以来理论经济学与应用经济学缺乏对话和沟通的局面，可以打破政治经济学与现实经济问题之间的割裂状态。将"中国特色社会主义政治经济学"设置为经济学学科体系的核

---

① 参见逄锦聚：《构建以马克思主义政治经济学为指导的经济学学科体系、课程体系和教材体系》，载《中国大学教学》2016 年第 8 期。

② 参见胡怀国：《探寻中国特色社会主义政治经济学的思想史基础："新时代"如何改进我们的经济思想史研究》，载《经济思想史研究》2019 年第 1 期。

心学科，有助于增强马克思主义在经济学学科体系中的指导地位，提高其话语权。将"中国特色社会主义生产方式"按照微观、中观、宏观的顺序展开并据此安排学科的主干科目，有助于提升经济学学科体系的内在联系和整体性。同时，逻辑上贯通一致的学术体系和学科体系，为建设中国特色经济学话语体系、教材体系和评价体系奠定了基础。

本章小结

中国特色社会主义政治经济学，是对中华人民共和国成立以来社会主义经济建设的经验总结和理论升华，同时也是对"中国特色社会主义"这一客观存在的反映。党的十八大以来，习近平总书记高度重视中国特色社会主义政治经济学的研究与发展，并作了一系列重要阐述，中国特色社会主义政治经济学的发展呈现出崭新的昂扬态势。在构建理论体系、推动学科发展的过程中，明确界定学科的研究对象是首要问题。本章梳理了目前有关中国特色社会主义政治经济学研究对象的几种代表性观点，提炼了各种观点的共识，提出仍然要以马克思在《资本论》中有关政治经济学研究对象的经典表述为依据，准确把握"生产方式"的内在含义，既联系生产力研究生产关系，又联系上层建筑研究经济基础，以此界定中国特色社会主义政治经济学的研究对象。在此基础上，本章阐述了准确界定研究对象对于政治经济学学科体系建设的意义。通过对"中国特色社会主义生产方式"这一研究对象进行逻辑分解，可考虑构建由理论型学科、理论—应用结合型学科和应用型学科组成的三层次经济学学科体系。在这一学科体系中，中国特色社会主义政治经济学应占据指导地位。

第三章

中国共产党经济政策话语的百年变迁和创新成果

　　话语活动是人类社会重要的文化现象，人们通过话语信息的发出、传递、理解和回应，进行着彼此之间的交流和交往，话语是人类社会在不同层面、不同领域和不同范围形成人际整合的基本标志。对于政党来说，其话语主要表现为一种"政策话语体系"。中国共产党的"政策话语体系"包括两个方面内容：一是党颁布的各类政策文件，包括会议决议、调查报告、档案资料等；二是党的主要领导人有关某项政策的讲话和文字性材料。经济政策话语是中国共产党政策话语体系的重要组成部分之一，回望百年，中国共产党在深刻理解和领悟马克思主义政治经济学基本原理的基础上不断推动理论创新，进而在政策文件和主要领导人著述中形成了"政策话语体系"，并用以指导中国革命和社会主义经济建设实践。这些政策话语创新是在密切结合中国现实国情，积极借鉴国外经济政策经验，批判吸收西方经济学说的基础上，在中国革命和社会主义经济建设实践中不断地"破"与"立"而实现的。

第一节　新民主主义经济纲领

　　从 1921 年建党到 1949 年中华人民共和国成立的 28 年间，中国共产党领导了波澜壮阔的新民主主义革命。在这一时期，战争是中心任务，经济建设事业是围绕着战争工作展开的，是服从于战争工作的。不进行经济建设，革命战争的物质条件就不能有保障，人民在长期的战争中就会感觉到疲惫。中国共产党的经济政策是在经济建设实践过程中产生的、用以指导根据地经济建设的政策方针和思想方法，在土地革命战争、抗日战争和解放战争过程中，中国共产党在根据地建设过程中积累了大量宝贵经验，这为中华人民共和国成立后领导大规模经济建设活动奠定了重要的政策基础。在这期间，中国共产党在经济理论上的主要创新成果是形成了新民主主义经济理论，在政策上又通过"新民主主义三大经济纲领"的形式表达出来。

在 1940 年的《新民主主义论》中，毛泽东第一次比较完整地阐述了新民主主义的经济。在这个论述中，"新民主主义经济"是与孙中山"新三民主义"的内容保持一致，这就是"节制资本"和"平均地权"。毛泽东指出，一方面，"在无产阶级领导下的新民主主义共和国的国营经济是社会主义的性质，是整个国民经济的领导力量，但这个共和国并不没收其他资本主义的私有财产，并不禁止'不能操纵国民生计'的资本主义生产的发展，这是因为中国经济还十分落后的缘故"。另一方面，"这个共和国将采取某种必要的方法，没收地主的土地，分配给无地和少地的农民，实行中山先生'耕者有其田'的口号，扫除农村中的封建关系，把土地变成农民的私产。农村的富农经济，也是容许其存在的。这就是'平均地权'的方针"①。

1947 年，毛泽东在《目前的形势与任务》中重申了新民主主义三大经济纲领，"没收封建阶级的土地归农民所有，没收蒋介石、宋子文、孔祥熙、陈立夫为首的垄断资本归新民主主义的国家所有，保护民族工商业。这就是新民主主义革命的三大经济纲领"②。与《新民主主义论》中的表述不同，毛泽东将三大经济纲领进一步概括为两个方面的重点：一是突出了平均地权的重要性，强调建立土地的农民个人所有制；二是把"资本"分为垄断资本和民族资本两类，并对这两类资本采取不同的对策。

新民主主义三大经济纲领是新民主主义革命理论的重要组成部分，同时又是

---

① 参见《建党以来重要文献选编(1921—1949)》(第 17 册)，中央文献出版社 2011 年版，第 26 页。

② 参见《建党以来重要文献选编(1921—1949)》(第 24 册)，中央文献出版社 2011 年版，第 533 页。

对马克思主义唯物史观的鲜活运用和实践创新。马克思主义政治经济学认为，生产力是决定生产关系变化和发展的根本因素，要促进生产力发展，就必须变革不符合生产力要求的生产关系。这一基本原理揭示了这一事实：要改变近代中国的落后面貌和半封建半殖民地的社会形态，必须瓦解土地的封建地主所有制，解放农村生产力，同时，必须利用资本力量较快地促进经济发展。但是，中国特有的经济政治条件又决定了资产阶级内部存在着两个差异性很大的阶层：官僚垄断资本家和民族资产阶级，前者缺乏领导中国进行深刻的民主主义革命的动力，后者则不具备领导中国革命的能力。这就意味着：中国的民主主义革命在经济上既要利用资本，又要约束和控制资本。因此，中国的民主主义革命从一战爆发和俄国十月革命开始就发生变化，特别是从1919年五四运动开始，中国的民主主义革命已经不再是旧的、由资产阶级领导的、以建立资本主义的社会和资产阶级专政为目的的革命，而是新的、由无产阶级领导的、以建立新民主主义的社会和建立各个革命阶级联合专政的国家为目的的革命了。这也就不难理解，中国共产党在表述其经济政策话语时鲜明地提出"没收封建阶级的土地归农民所有，没收蒋介石、宋子文、孔祥熙、陈立夫为首的垄断资本归新民主主义的国家所有，保护民族工商业"的纲领，这个纲领也可以被总结为"两个没收、一个保护"。这个纲领是把马克思主义政治经济学原理与中国半封建半殖民地的社会现实紧密结合起来的理论产物，而作为政策话语创新，"两个没收、一个保护"的口号鲜明，易于理解，体现了中国的新民主主义革命在变革生产关系方面的显著特点和突出要求，一直沿用至中华人民共和国成立后的社会主义过渡时期。

第二节　社会主义计划经济政策

中华人民共和国成立后，经济建设成为党和国家的中心工作。一方面，在经济体制上，逐步建立起社会主义计划经济体制，将整个社会的劳动力和生产资料纳入国家计划管理的框架。不仅建立起适应计划经济体制的国民经济管理机构，还相应地形成了一整套国民经济计划编制、执行、检查、修订的规章制度。另一方面，在经济制度上，在经过中华人民共和国成立之初短暂的国民经济恢复和整顿期后，从 1953 年开始，我国开展了社会主义三大改造运动。其内容是：在逐步实现社会主义工业化的同时，通过合作化运动将个体小农经济转变为社会主义集体经济，通过自愿互利原则引导个体手工业走合作化道路，对资本主义工商业进行利用、限制和改造，逐步把生产资料资本主义所有制改造成社会主义公有制。至 1957 年，基本实现了生产资料私有制转变为社会主义公有制的改造，初步建立起社会主义基本经济制度。

客观上说，这一时期中国共产党制定和执行的经济政策是在学习借鉴苏联经验的基础上，结合我国过渡时期和社会主义改造的具体实际而形成的。1954 年，苏联科学院经济研究所编写出版了《政治经济学教科书》（第一版）。该书 1955 年翻译引入国内后立即掀起了一股学习政治经济学的热潮。1959 年 12 月 10 日到 1960 年 2 月 9 日，毛泽东与胡绳、邓力群、田家英、陈伯达等组成读书小组，先后在杭州、上海和广州读苏联《政治经济学教科书》（第三版）。毛泽东采取边读边议的方法，分析了教科书及其反映的苏联经验，肯定了应该肯定的，批判了需要批判的。同时结合我国实际，对怎么样搞社会主义经济建设，怎么样制定切实有效的经济政策，发表了很多颇具创造性的具体意见，作出了许多具体指导。通过扎实的理论准备，在 20 世纪五六十年代，中国共产党总结了中华人民共和国成立以来正反两方面的经济建设经验，创造性地提出了诸多经济政策话语，主要包括以下几个方面。

第一，有计划按比例发展与国民经济综合平衡。在这一时期，形成了一个比较完整的社会主义计划经济体制，主要包括三方面内容。一是成立各种计划管理机构。在纵向上，建立起从中央到地方的各级计划经济管理部门，1952 年成立了中央人民政府国家计划委员会，并于 1954 年改为中华人民共和国国家计划委员会。在横向上建立了分管各种生产活动的计划经济管理机构。譬如，1952—1965 年，在机械工业领域先后成立了八个"机械工业部"，分别主管机电工业、原子能、航空工业、无线电工业、兵器工业、造船工业、航天工业和农机等八个重要的工业领域。二是计划编制和执行方式逐步成熟，并以法律法规的形式固定下来。其中，又特别以国民经济核算体系的建立作为重要的统计基础。三是以计划方式对劳动力和生产资料进行统一配置。为实现有计划按比例地进行生产和交易活动制定了生产资料计划调拨、人口户籍管理和商品统购统销等一系列政策措施。通过这些完备的计划经济管理机构、部门、法律法规和规章制度，把国民经济运行纳入"有计划按比例发展"轨道，为实现国民经济综合平衡奠定了重要的组织基础和现实条件。

第二，"以农业为基础，以工业为主导"的国民经济发展总方针。在《论十大关系》中，毛泽东指出，重工业是我国建设的重点，必须优先发展生产资料的生产，但是决不可以因此忽视生活资料尤其是粮食的生产。中华人民共和国成立后，尽管对于农业、轻工业是比较注重的，但是还要适当地调整重工业和农业、轻工业的投资比例，更多地发展农业、轻工业。在《关于正确处理人民内部矛盾的问题》中，毛泽东明确地提出了中国工业化道路的问题。他指出，工业化道路的问题主要是指重工业、轻工业和农业的发展关系问题。我国的经济建设是以重工业为中心，这一点必须肯定，但是同时必须充分注意发展农业和轻工业。发展工业必须和发展农业同时并举，工业才有原料和市场，才有可能为建立强大的重工业积累较多的资金。① 在此基础上，中国共产党提炼和总结了"以农业为基础、以工业为主导"的国民经济发展总方针，并通过一系列政策措施落实这一总方针。

第三，社会主义改造中的民族资本"和平赎买"政策。在过渡时期，资本主义工商业改造逐步推进，从原来主要的国家资本主义初、中级形式，推进到高级形式，最终在全行业公私合营和改组合并的条件下，企业的生产资料直接掌握在国家手里，经营管理按照社会主义原则进行。通过公私合营的形式，私有制工商业被消灭，建立起社会主义的公有制工商业体系，资本家在企业决策和管理中的作用逐渐减小，仅从企业拿到一定数额的定息，少部分资本家对企业的管理也是以服从国家的经济计划为基础。"和平赎买"是中国共产党依据中国国情作出的决策，对民族资本采取"利用、限制、改造"政策，进行"和平赎买"，实现了马克思、列宁提出的以和平赎买方法解决资产阶级的伟大设想，也是中国共产党政策话语的重大创新。

第四，以"两参一改三结合"为核心的"鞍钢宪法"。1960 年 3 月，毛泽东在

① 参见《毛泽东文集》(第 7 卷)，人民出版社 1999 年版，第 241 页。

中共中央批转《鞍山市委关于工业战线上的技术革新和技术革命运动开展情况的报告》的批示中，以苏联经济为鉴戒，对我国的社会主义企业的管理工作作了科学的总结，强调要实行民主管理，实行干部参加劳动、工人参加管理，改革不合理的规章制度，工人群众、领导干部和技术员三结合，即"两参一改三结合"的制度。当时，为了与苏联的"马钢宪法"（指以马格尼托哥尔斯克冶金联合工厂经验为代表的苏联一长制管理方法）相对照，毛泽东把"两参一改三结合"的管理制度称为"鞍钢宪法"。具体来说，"鞍钢宪法"包含"坚持政治挂帅、加强党的领导、大搞群众运动、实行两参一改三结合（'两参一改三结合'，即干部参加集体生产劳动，工人参加企业管理，改革不合理的规章制度，在生产、技术、管理等改革和改进上实行领导干部、技术人员和工人相结合）、大搞技术革新和技术革命"五项基本原则。针对"鞍钢宪法"五大原则，毛泽东在《读苏联〈政治经济学教科书〉的谈话》中指出："在劳动生产中人与人的关系，也是一种生产关系。在这里，例如领导人员以普通劳动者姿态出现，以平等态度待人，改进规章制度，干部参加劳动，工人参加管理，领导人员、工人和技术人员三结合，等等，有很多文章可做。"①"鞍钢宪法"与具体企业的管理实践相结合，还产生了很多社会主义工业企业建设发展的典型政策话语，如"独立自主、自力更生、艰苦奋斗、勤俭建国"的"工业学大庆"群众运动。

第三节　社会主义市场经济体制

党的十一届三中全会以来，我国进入了改革开放的历史新阶段，计划经济体制逐步向商品经济体制转型。在这一过程中，中国共产党与经济理论界紧密配合，把马克思主义政治经济学基本原理同社会主义初级阶段的具体国情和改革开放实践相结合，取得了一系列理论创新成果，主要包括：社会主义基本经济制度理论、社会主义初级阶段收入分配理论、中国特色市场与政府关系理论、中国特色经济发展理论、中国特色宏观调控理论、国有企业改革和混合所有制经济理

---

① 参见《毛泽东文集》（第8卷），人民出版社1999年版，第135页。

论、农村集体经济和土地制度改革理论、中国特色区域协调发展理论、中国特色城镇化理论、中国特色对外开放理论等。这些成果汇集起来，构成了"中国特色社会主义政治经济学"的理论框架，正如党的十二届三中全会《中共中央关于经济体制改革的决定》通过后邓小平同志所作的评价："我的印象是写出了一个政治经济学的初稿，是马克思主义基本原理和中国社会主义实践相结合的政治经济学。"①

　　这一时期，中国共产党经济理论创新的实践背景是社会主义市场经济体制的建立和完善，这些创新理论在实践中形成了一系列新的政策话语。党的十一届三中全会提出要改革僵化的计划经济体制，加大"放权让利"力度；1982 年党的十二大确立"计划经济为主，市场调节为辅"的改革目标；1984 年党的十二届三中全会提出建立公有制基础上的"有计划商品经济体制"；党的十三大提出"国家调节市场，市场引导企业"这一改革模式。经过 1988—1991 年的徘徊、争论和探索后，1992 年党的十四大最终明确我国经济体制改革的目标是建立社会主义市场经济体制。在明确这一改革目标后，如何处理市场与政府的关系，如何划分政府与市场的功能边界，就成为一个重大的研究课题。从党的十四大到十八大，围绕经济体制改革的核心问题——市场与政府的关系问题，又提出了"发挥市场在资源配置中的基础性作用"这一创新话语。十五大提出"使市场在国家宏观调控下对资源配置起基础性作用"；十六大提出"在更大程度上发挥市场在资源配置中的基础性作用"；十七大提出"从制度上更好发挥市场在资源配置中的基础性作用"；十八大提出"更大程度更广范围发挥市场在资源配置中的基础性作用"。

　　可以发现，这一时期中国共产党经济政策话语创新的重大意义在于突破了西方新自由主义的"市场经济定性论"和"市场与政府对立论"。社会主义市场经济体制突破了市场经济与社会主义不可结合的"禁区"，也突破了市场与政府的"二分法"。在新自由主义者看来，市场经济天然地与私有制特别是资本主义私有制联系在一起，市场经济在制度属性上就是一种"资本主义市场经济"。政府在现代市场经济中只是作为一个宏观调控执行者、产权制度保护者和国家安全保护者

---

　　①　参见《邓小平文选》（第 3 卷），人民出版社 1993 年版，第 83 页。

的角色出现，市场配置资源和政府配置资源是非此即彼的关系。按照西方新自由主义的思路，"社会主义市场经济体制"这个政策话语是不成立的，市场和政府在资源配置中的作用是不可能协调的。

20世纪80年代，西方主流经济学进入中国，在理论界对传统马克思主义政治经济学产生了很大的冲击，同时也对当时的经济决策产生了很大影响。在学术界，关于社会主义与市场经济能否结合以及如何结合也存在着比较大的争议，陆续出现了板块结合论、双向渗透与有机结合论、"制度—体制"一体化结合论、"主体—非主体"结合论、指令性计划与指导性计划结合论、"市场—政府"二次调节论等很多学术观点。争论在80年代末达到了顶点。围绕市场经济与社会经济制度关系的问题，邓小平指出："计划多一点还是市场多一点，不是社会主义与资本主义的本质区别。计划经济不等于社会主义，资本主义也有计划；市场经济不等于资本主义，社会主义也有市场。计划和市场都是经济手段。"①邓小平的这个阐述为旷日持久的学术争论作出了一个根本判断，这个判断的核心内容是：计划和市场同属于经济运行层面，都是配置资源的手段，市场经济完全可以与社会主义相结合，"社会主义市场经济体制"这个政策话语也是可以成立的，可以在发挥市场在资源配置中基础性作用的同时，积极塑造"有为政府"。

总的来看，从20世纪80年代到21世纪的最初十年，中国共产党在实践中建立起了一个比较完整的现代市场经济体系，商品市场和要素市场蓬勃发展，由此也形成了"社会主义市场经济体制"这个处于核心位置的政策话语。通过贯彻这一核心话语，在中国共产党的领导下，推动了农村家庭联产承包责任制改革、国有企业和城市集体所有制改革，实现了国民经济管理机构改革和国民经济核算体系转轨。同时，明确了市场和政府在资源配置中的分工角色，建立了社会主义宏观调控体系、适应现代市场经济要求的产业体系、区域协调发展体系、城乡协调发展体系和对外开放格局。表现在理论创新上，社会主义市场经济体制实践促成了中华人民共和国成立后社会主义政治经济学的第二次发展高潮，"中国特色社会主义政治经济学"逐步走向成熟。

---

① 参见《邓小平文选》(第3卷)，人民出版社1993年版，第373页。

第四节　新时代中国特色社会主义经济政策话语创新

党的十八大以来，以习近平同志为核心的党中央以巨大的政治勇气和强烈的责任担当，举旗定向、谋篇布局、迎难而上、砥砺奋进，统揽改革发展稳定、内政外交国防、治党治国治军，统筹推进"五位一体"总体布局、协调推进"四个全面"战略布局，推出一系列重大战略举措，出台一系列重大方针政策，推进一系列重大工作。在社会主义经济建设方面，党中央提出了一系列新理念、新思想、新战略，实现了党的经济政策话语的重大创新。表现在理论上，这些政策话语创新集中地体现为习近平新时代中国特色社会主义经济思想。作为马克思主义政治经济学理论与新时代中国特色社会主义经济实践相结合的产物，习近平新时代中国特色社会主义经济思想是中国特色社会主义政治经济学的最新成果。从剖析新时代我国社会经济发展的深刻变化，做出"经济新常态"的重要判断，到提出新发展理念，并以此指导我国经济社会发展全局。从实施供给侧结构性改革，推动经济高质量发展，到依据实践变化做出"构建新发展格局"的战略选择，习近平总书记指出："这个历程很不平凡，是一个实践—认识—再实践—再认识的过程，也是一个不断探索规律、深化认识、统一思想、正确决策的过程。"①

一、"经济新常态"的重要判断

2008 年以来，肇始于美国的次贷危机造成了世界性的经济衰退，中国也相应地被波及。也正是在这一时期，在经过 30 多年的经济高速增长后，2010—2012 年我国经济出现了连续 11 个季度的下滑，2012—2013 年更是连续两年跌破 8%。② 为了尽快地从全球性经济衰退中恢复过来，中国政府采取了一系列强有力的宏观调控手段，推出了包括"四万亿"在内的扩大内需、促进经济平稳较快增长的多项措施。但从总体上来看，我国改革开放以来所形成的经济高速增长态势，已经随着全球经济收缩期的到来而发生了根本性的变化。

---

① 参见《习近平谈治国理政》(第 3 卷)，外文出版社 2020 年版，第 232 页。
② 根据国家统计局官方网站"国家数据"整理得出(https://data.stats.gov.cn/)。

针对经济运行、改革和发展过程中出现的新情况、新问题，以习近平同志为核心的党中央进行了综合研判，将这些新情况、新问题从现象层面提升到概念层面。在 2013 年中央经济工作会议中，习近平总书记用"我国经济增长速度换挡期、结构调整阵痛期、前期刺激政策消化期'三期叠加'的状况"来形容"经济新常态"。① 这实际上是对我国经济运行和发展中的新现象"去粗存精、去伪存真、由此及彼、由表及里"，从中找出内在联系和规律性事实。第一，经济新常态的直观表现是经济增速的下降，从 8% 甚至更高的年增长率下降到 5%～7% 的中高速增长率。第二，经济增长率下降是经济新常态的现象，其内在实质是经济体系内部结构的深刻调整，是产业结构、区域经济结构、城乡经济结构和对外经济结构的大幅度变化，是经济增长模式从粗放型向集约型转换的必然表现。第三，其既是经济增长态势的自发性变化，也是经济政策主动调整的结果。2008 年全球性经济衰退以来，内需拉动政策在刺激经济复苏过程中发挥了重要作用，但随着短期政策效应的消逝，微观经济主体仍然面临着严峻的经济下行压力。这就需要我们重新思考资源配置过程中市场和政府双方角色的重新定位，因此，经济新常态同时也是市场与政府关系的新常态。

二、"新发展理念"的精辟论断

从根本上应对新常态的变化趋势，要求树立新的发展理念。中国共产党历来重视对发展理念和发展观的提炼和总结，形成了一系列围绕"发展理念"的政策话语。20 世纪 50 年代，就提出了"鼓足干劲、力争上游、多快好省地建设社会主义"的总路线，成为党的历史上较早使用的发展理念话语。改革开放后，又先后提出"发展是硬道理""可持续发展""发展是执政兴国的第一要务""科学发展观"等一系列发展理念，形成了中国共产党特有的经济发展政策话语体系。

党的十八大以来，围绕发展理念的政策话语进一步创新，并提炼总结为五大新发展理念。党的十八届五中全会上通过了《中共中央关于制定国民经济和社会发展第十三个五年规划的建议》，首次提出创新、协调、绿色、开放和共享的发

---

① 参见中共中央文献研究室编：《习近平关于社会主义经济建设论述摘编》，中央文献出版社2017 年版，第 73 页。

展理念。其中，创新发展就是要解决经济新常态的增长动力切换问题，提高创新对经济社会发展的支撑力度，打造引领经济社会发展的强劲动力。协调发展就是要解决经济新常态的结构调整问题，兼顾发展的系统性和同步性，实现总体发展的均衡协调和协同带动。绿色发展就是要解决经济新常态的目标定位问题，通过处理好人与生态环境之间的"经济关系"，将经济建设和生态文明建设从根本上统一起来。开放发展就是要解决经济新常态的市场空间问题，通过发展更高水平的开放型经济，拓展合作共赢的国际空间。共享发展就是要解决经济新常态的分配格局问题，调整各微观经济主体的利益关系，实现全民福祉的共同增进。总而言之，五大发展理念的提出，就是对如何应对经济新常态作出的回答——必须坚持创新、协调、绿色、开放、共享地发展，推动供给侧结构性改革，实现中国经济高质量发展。

三、在贯彻新发展理念的过程中构建"新发展格局"

当前，世界正面临着"百年未有之大变局"，特别是 2020 年新冠疫情以来，人类经济社会发展格局发生了巨大变化。面对经济全球化进程受阻、内顾倾向有所上升、保护主义重新抬头等新情况新变化，党中央审时度势，在对以往经济政策进行全面总结和系统考量的基础上，提出了"新发展格局"这一政策话语，实现了党的经济政策话语的又一次重大创新。

2020 年 2 月 21 日召开的中央政治局会议明确提出了"畅通经济社会循环"的要求，在随后召开的中央财经委员会第七次会议上，习近平总书记明确提出"构建以国内大循环为主体、国内国际双循环相互促进的新发展格局"的重大战略构想。党的十九届五中全会进一步做出了加快构建新发展格局的重大战略部署，这是对"十四五"期间以及未来更长时期我国经济发展战略、路径做出的重大战略调整。所谓国内大循环，是指"生产、分配、流通、消费各环节更多依托国内市场实现良性循环"，把供给侧结构性改革和需求侧管理结合起来；而"双循环"则是以"内循环"为主，"内循环"与"外循环"相互促进、联动发展的发展格局。新发展格局的提出，不仅是在新冠疫情冲击影响下适应国内国际经济复杂格局的现实需要，更是以习近平同志为核心的党中央应对逆全球化趋势和我国经济发展转型主动做出的重大战略决策。可以从贯彻五大新发展理念的视角解读这一政策话语创新的重要意义。

一是要以创新作为构建新发展格局的第一动力。进入 21 世纪以来，全球科技创新空前活跃，新一轮科技革命和产业变革正在引发全球经济格局和创新格局的调整重塑。改革开放以来的很长一段时间，我国采用的是基于"比较优势"理论的出口导向型经济增长模式，在不少领域形成了"造不如买、买不如租"的认识误区，这导致一些自主研发和制造项目停滞不前，国内市场丧失，本土企业创新能力受到削弱。随着经济全球化进程的深入发展，一些本土企业被锁定在全球价值链低端，产品附加值比重持续走低，贸易条件日益恶化。这些问题都表明，要真正实现"国内大循环为主"，就必须颠覆"造不如买、买不如租"的传统认识，把产业链条中的高附加值环节留在国内，把自主创新作为构建新发展格局的第一动力。习近平总书记指出："实践反复告诉我们，关键核心技术是要不来、买不来、讨不来的。只有把关键核心技术掌握在自己手中，才能从根本上保障国家经济安全、国防安全和其他安全。"①因此，必须致力于实现共性技术、前沿技术、颠覆性技术等关键核心技术的创新，努力实现关键核心技术自主可控，因为只有掌握创新的主动权，才能将发展主动权牢牢掌握在自己手中。

二是要以协调作为构建新发展格局的内生特点。协调发展的目的是实现顺畅的产业经济循环、区域经济循环和城乡经济循环。从产业经济循环来看，引导普通劳动密集型产业根据东西部区域发展差距、南北方区域发展差距进行梯度转移，也可以向周边人力资源丰富的国家和地区有序转移；巩固我国在重化工业、装备制造、基础设施建设等技能劳动密集型产业的既有优势，在保证国家经济安全的前提下放开行业管制，以庞大的国内市场吸引国外资金进入这些行业；以全球化视野积极引进高水平人才，促使高端技术劳动力与生产资料在国内结合，提升本土产业的竞争力。从区域协调来看，要在有条件的区域率先探索形成新发展格局，打造国内区域大循环。近年来，我国相继实施了京津冀一体化、长三角一体化、长江经济带、粤港澳大湾区、黄河流域生态保护和高质量发展示范区、东

---

① 参见《习近平谈治国理政》(第 3 卷)，外文出版社 2020 年版，第 248 页。

北全方位振兴、海南自贸港等一系列重大区域协调发展战略，有效推动了区域协调发展。新发展格局的构建要同国家区域协调发展战略有机结合，与连接东西、贯通南北的新型区域发展格局有机兼容，在区域内部实现劳动力和生产资料的多样化结合，有效推动分工的广度和深度。从城乡协调来看，劳动力和生产资料在城乡之间流动、组合和搭配，由此形成城乡经济循环。构建国内城乡大循环，就是要改变传统的城乡分工格局，让劳动力、技术、资金甚至土地（指标）在城乡间顺畅流动，在城市和农村形成更为多样化的组合和搭配方式，创造更为丰富的经营模式和载体，让城乡居民的生产行为和消费行为真正地融为一体。

三是要以绿色作为构建新发展格局的普遍形态。在第七十五届联合国大会一般性辩论上，习近平发表重要讲话，中国将提高国家自主贡献力度，采取更加有力的政策和措施，二氧化碳排放力争于 2030 年前达到峰值，努力争取 2060 年前实现碳中和。[①] 当前，在我国能源结构中，化石能源占 85%，非化石能源占 15%。到 2060 年实现"碳中和"时，这个比例必须变为化石能源占 15%。[②] 就我国这种无论是经济体量还是能耗体量都十分巨大的国家而言，要实现这样的目标，就必须把碳减排权力牢牢掌握在自己手中。长期以来，资源和能源密集型产品在我国出口贸易中占据了很大份额，由于这些产品严重依赖国际市场，对国内的资源保护、能源降耗以及污染减排工作产生了很大影响。因此，构建以国内大循环为主体、国内国际双循环相互促进的新发展格局，就必须贯彻"绿水青山就是金山银山"的理念，把绿色作为构建新发展格局的普遍形态，着力推动生产方式和生活方式的生态转向，开发新的节能减排技术，通过提高国内市场份额，掌握优化生态环境的主动权，避免成为西方发达国家转移碳排放的目标地。

四是要以开放作为构建新发展格局的必由之路。新发展格局提出"以国内大循环为主"，并不是要关起门来搞封闭经济。当今世界，尽管面临着反全球化、逆全球化浪潮，各国内顾倾向有所上升，贸易保护主义有所抬头，但总的来看，

---

① 参见《习近平在第七十五届联合国大会一般性辩论上发表重要讲话》，载《人民日报》2020 年 9 月 23 日第 2 版。

② 参见解振华：《坚持积极应对气候变化战略定力　继续做全球生态文明建设的重要参与者、贡献者和引领者》，载《中国环境报》2020 年 12 月 14 日第 2 版。

经济全球化仍是历史潮流，分工合作、互利共赢是长期趋势，各个国家的经济联系只会加深，不会削弱，"开放"已成为各国的必然选择和内生性要求。在博鳌亚洲论坛2018年年会的开幕式上，习近平总书记指出："综合研判世界发展大势，经济全球化是不可逆转的时代潮流。正是基于这样的判断，我在中共十九大报告中强调，中国坚持对外开放的基本国策，坚持打开国门搞建设。"①党的十八大以来，我们陆续实施了"一带一路"倡议、自贸区自贸港建设等开放战略，连续多次自主降低关税水平，继续放宽国内市场准入条件，有序推进人民币和资本市场的国际化进程，正式签署《区域全面经济伙伴关系协定》（RCEP）。展望"十四五"以及未来更长一段时期的中国经济，更有必要把对外开放和对内开放结合起来考虑，把跨境发展和内向发展统筹起来推进，这是构建"新发展格局"的必由之路。

五是要以共享作为构建新发展格局的根本目的。"以人民为中心"是习近平中国特色社会主义经济思想的根本立场。贯彻新发展理念，推动经济高质量发展，其根本目的就是解决社会主要矛盾，满足人民需要。正如习近平总书记所指出的："以前我们要解决'有没有'的问题，现在则要解决'好不好'的问题。我们要着力提升发展质量和效益，更好满足人民多方面日益增长的需要，更好促进人的全面发展、全体人民共同富裕。"②以国内大循环为主，就是要把出口导向战略转变为内需导向战略，将更多更大更好的生产要素投入国内市场，从国情社情民情出发，设计和制造符合广大人民群众需要的产品和服务。国内国际双循环相互促进，就是要以全球化的视野配置劳动力生产资料，寻找成本洼地、利润高地、资源富地，更好地满足人民群众对美好生活的需要。

本章小结

经济政策话语是中国共产党政策话语体系的重要组成部分之一。百年以来，中国共产党在深刻理解和领悟马克思主义政治经济学基本原理的基础上不断推动理论创新，进而在政策文件和主要领导人著述中形成了"政策话语体系"，并用

---

① 参见《习近平谈治国理政》（第3卷），外文出版社2020年版，第194页。
② 参见《习近平谈治国理政》（第3卷），外文出版社2020年版，第133页。

以指导中国革命和社会主义经济建设实践。在新民主主义革命时期，中国共产党在经济理论上的主要创新成果是形成了新民主主义经济理论，在政策上又通过"新民主主义三大经济纲领"的形式表达出来，解放和发展了生产力，为革命的胜利提供了经济保证。中华人民共和国成立后，经济建设成为党和国家的中心工作。一方面，在经济体制上，逐步建立起社会主义计划经济体制，将整个社会的劳动力和生产资料纳入国家计划管理的框架；另一方面，我国开展了社会主义三大改造运动，最终实现了生产资料私有制转变为社会主义公有制的改造，初步建立起社会主义基本经济制度。党的十一届三中全会以来，我国进入了改革开放的历史新阶段，计划经济体制逐步向商品经济体制转型。在这一过程中，中国共产党与经济理论界紧密配合，把马克思主义政治经济学基本原理同社会主义初级阶段的具体国情和改革开放实践相结合，取得了一系列理论创新成果，主要包括：社会主义基本经济制度理论、社会主义初级阶段收入分配理论、中国特色市场与政府关系理论、中国特色经济发展理论、中国特色宏观调控理论、国有企业改革和混合所有制经济理论、农村集体经济和土地制度改革理论、中国特色区域协调发展理论、中国特色城镇化理论、中国特色对外开放理论等。党的十八大以来，在社会主义经济建设方面，党中央提出了一系列新理念、新思想、新战略，实现了党的经济政策话语的重大创新。表现在理论上，这些政策话语创新集中地体现为习近平新时代中国特色社会主义经济思想。作出"经济新常态"的重要判断，提出新发展理念，实施供给侧结构性改革，依据实践变化做出"构建新发展格局"的战略选择，作为马克思主义政治经济学理论与新时代中国特色社会主义经济实践相结合的产物，习近平新时代中国特色社会主义经济思想是中国特色社会主义政治经济学的最新成果。

百年来，中国共产党先后形成了新民主主义经济纲领、社会主义计划经济政策、社会主义市场经济体制和新时代中国特色社会主义经济政策等四种政策话语，在深刻理解和领悟马克思主义政治经济学基本原理的基础上，密切结合我国经济建设实践，积极借鉴国外经济政策经验，批判吸收西方经济学说，在持续"破"与"立"过程中推动了党的经济政策话语体系的创新。

第四章

"中国经济学"的一般与特殊

近代以来，各种流派的经济思想传入中国，对传统中国社会造成了前所未有的冲击，随即引发了是否存在"中国经济学"这一元问题。中华人民共和国成立后，马克思主义政治经济学和西方主流经济学先后占据了经济学研究的主导地位，并对经济决策产生了巨大影响。在两种学说"中国化"的过程中，学界也展开了有关"中国经济学"的热烈讨论。进入 21 世纪，中国在全球经济疲软的大背景下一枝独秀，在 2008 年次贷危机的严重冲击下，中国经济仍然保持快速增长势头并一跃成为世界第二大经济体，向理论界提出了总结和概括经济发展"中国道路"的重大课题，"中国经济学"也再次成为热门话题，一大批经济学者就此话题提出了自己的观点，特别是围绕着"中国经济学"的概念、属性和内容等问题展开了探讨。譬如，程恩富教授较早地提出，"以中外经济实践为思想源泉，以马克思经济学和新创的主要假设为基点，积极吸纳古今中外各种经济思想的合理成分，广泛借鉴相关社会科学和自然科学的可用方法，构造既超越马克思经济学范式，又超越西方经济学范式的新范式，即新建在世界经济大环境中主要反映中国初级社会主义市场经济独特性的经济学范式"[1]。周文教授提出"中国经济学必须要掌握自己的话语权"。他关注了中国经济学的"本体论"问题，强调"中国经济学家们当下所面临的极其迫切的历史任务就是立足中国实践，回答中国问题，进而形成具有中国特色、中国气派、中国风格的中国经济学"[2]。党的十八大以

---

[1] 参见程恩富:《中国经济学理论模式的缺陷与全面重建》，载《红旗文稿》2008 年第 18 期。

[2] 参见周文、谭芝灵:《中国经济学:回顾、总结与展望》，载《海派经济学》2013 年第 4 期。

来，中国特色社会主义进入新时代，出现了一系列新的经济政策话语和理论话语，特别是提出了"中国特色社会主义政治经济学"这一特定学科范畴。因此，系统地总结和概括改革开放40年、新中国成立70年、中国共产党成立100年以来"中国经济学"的发展历程，厘清什么是"中国经济学"，如何构建"中国经济学"等重大问题，就成为摆在经济理论界面前的迫切任务。在这个工作中，首要解决的问题是：是否存在适用于各个社会形态和各个历史阶段的"一般"经济学？如何理解经济学是"一般"与"特殊"的结合？就此，本章拟就中国经济学的一般性和特殊性进行分析。

第一节 中国经济学的发展历程

中国经济学是在中国经济发展的实践中创立形成的，经历了萌芽、探索到逐步走向成熟的过程。中华人民共和国成立前，在各种外来复杂学说的影响下，"中国经济学"概念开始萌发。中华人民共和国成立后，由于我国在经济发展实践中长期处于一个"追赶者"的角色，因此，不可避免地出现了把相对发达经济体的经济学说奉为圭臬的倾向。这在"前三十年"主要表现为对苏联政治经济学的教条式借鉴，在改革开放后主要表现为对西方主流经济学的盲目崇拜。

一、中国经济学的萌芽

近代以来，西方经济学与马克思主义政治经济学初入国门，与此同时，中国经济学便已萌芽。诸多有志之士在探寻强国之路中力图突破传统重农思想的禁锢，一方面倡导创立中国经济学，另一方面将外来经济理论引入国门。正因为此，中国经济学自创立伊始，便存在着中国经济学思想、西方经济学与马克思主义政治经济学三方交互影响的局面。可以说，这一时期的中国，"在同一空间同一时间竞兼容了各国和各时代各派的思想，以致从封建观念到共产主义，无所不有，内容纷歧庞杂达于极度"①。

20 世纪 30 年代，随着经济发展而觉醒的经济思想与经济文化开始向经济学理论体系发展，并随之提出了"中国经济学"概念。唐庆增先生在《中国经济思想史》中明确了创立中国经济学的重要原则，强调经济知识之重要已为国人所公认，在"国势贫弱刺激""欧风美雨之沾染""经济制度之变化"的背景下，"欲创造适合我国之经济科学"，需从两方面出发，一是"必以不背乎国情为尚"，二是"审度本国思想上之背景"，如此才能符合我国特殊环境，建设系统的经济科学。②1946 年，《中国经济原论》出版，王亚南明确提出了"中国经济学"这一概念，并强调要以中国人的资格来研究政治经济学。③

20 世纪二三十年代，随着马克思主义影响力的提升，马克思主义政治经济学渐入研究视野。新文化运动为马克思主义的传播提供了有利条件，在这一时期，陈独秀、李大钊等人积极传播马克思主义及其经济思想，使马克思主义政治经济学在指导中国经济发展实践中占据一席之地。20 世纪 40 年代末，许涤新著《广义政治经济学》，力图将其作为"马克思列宁主义的普遍真理与中国经济的具体情况相结合的政治经济学读本"④，有力推动了政治经济学的中国化进程。

西方经济学于 19 世纪末 20 世纪初传入中国，其标志性事件为 1902 年严复所译的《原富》出版。五四运动后，一批留学归国的经济学家翻译了大量西方经济学著作，尤其"以 1930 年为最高峰，1 年出版了 63 本译著"⑤。遗憾的是，囿于经济实践经验不足，即使经济学家多强调立足国本、自行创造，但中国经济学中仍多见西方经济学痕迹，也未能走出"述而不作"的阶段。

①　参见夏炎德：《中国近百年经济思想》，商务印书馆 1948 年版，第 146 页。

②　参见唐庆增：《中国经济思想史》（上卷），商务印书馆 1936 年版，第 1 页。

③　参见王亚南：《中国经济原论》，中国大百科全书出版社 2011 年版，第 404 页。

④　参见许涤新：《广义政治经济学》（上卷），人民出版社 1984 年版，第 1 页。

⑤　参见赵晓阳：《西方经济学的传入与中国经济思想史研究的产生与发展》，载《经济科学》2000 年第 1 期。

二、道路抉择中的中国经济学探索

中华人民共和国成立后,中国共产党的主要任务转变为恢复国民经济发展、开展社会主义经济建设。在这一过程中,中国经济理论体系雏形渐现,但也表现出了两种绝对化的倾向性。20 世纪 50—60 年代,中国经济学以马克思主义政治经济学为绝对重心,且受苏联影响较大。改革开放以来,西方经济学大量涌入,一时间成为经济学主流,尤其在 90 年代初期,经济学"全盘西化"论调甚嚣尘上。

(一)中华人民共和国成立初期以苏联为范本的研究倾向

在社会主义建设初期,我国在经济实践与理论建设上多以苏联为参照。苏联作为社会主义国家的领头羊,其经济发展模式成为社会主义国家建设效仿的模板。与之相应,在理论研究层面,我国经济学界掀起了研究马克思主义政治经济学与苏联政治经济学的热潮。但囿于理论发展所需的实践经验不足,毛泽东谈道,"讲社会主义政治经济学的,除了斯大林的《苏联社会主义经济问题》和这本《政治经济学(教科书)》,成系统的东西还没有"①。这一时期,经济学研究尤以苏联为重要参照,这一现象在该时期经济学类期刊论文中也有所体现。1955 年《经济研究》创刊,在发刊词中明确提出应将学习借鉴苏联理论成果、研究政治经济学与部门经济学、解决现实经济问题、整合近代经济资料等作为该时期经济研究的主要任务。1960 年创刊的《经济学动态》也大量刊登了苏联经济学家的研究成果,着重探讨苏联、波兰、匈牙利等国的经济实践。仅就 1961 年《经济学动态》刊文情况来看,出版文献总量为 79 篇,其中与苏联相关文章的数量就达到46 篇,而对我国经济问题进行探讨的文献比较少。

(二)改革开放后奉西方经济学为圭臬的研究倾向

改革开放以来,我国经济学研究呈现出了马克思主义政治经济学与西方经济学此消彼长的态势。由于西方经济学有关市场经济运行的研究较为成熟,一时

---

① 参见龚育之、石仲泉:《毛泽东的读书生活》,人民出版社 1996 年版,第 143 页。

间，大批经济学家开始尝试从西方经济学范式出发，以其理论概念阐释中国经济现象。由此，西方经济学的概念、方法、术语渗入中国的经济学界，甚至有部分学者提出，应以西方现代经济学范式取代传统政治经济学，即借鉴西方模式以构建中国经济学。①

中华人民共和国成立以来的经济学研究虽表现出苏化或西化的研究倾向，但是，从总体研究趋势来看，构建"以我为主"中国经济学的努力从未停止。1956年，毛泽东在中央政治局扩大会议上强调：要"独立自主，调查研究，摸清本国国情，把马克思列宁主义的基本原理同我国革命和建设的具体实际结合起来，制定我们的路线、方针、政策"。② 即使在 20 世纪 80 年代的经济学西化浪潮中，基于"马克思主义基本原理和中国社会主义实践相结合"，仍然形成了"政治经济学的初稿"——党的十二届三中全会作出的《中共中央关于经济体制改革的决定》（邓小平语）。尤其是在 1998 年亚洲金融危机爆发后，西方主流经济学受到质疑，"全盘西化"的倾向在一定程度上得以扭转，中国经济学界提出了"重建中国经济学"的研究任务。

三、进入 21 世纪以来的中国经济学

进入 21 世纪以来，我国经济迅猛发展，为中国经济学的创新发展提供了实践基础。实践表明，我国既不能直接照搬传统经济学原理以阐释中国问题，也无法直接在西方经济学范式中创造中国经济理论。在这一认识下，学界纠正了一段时间以来对马克思主义政治经济学的忽视，重申了其在经济学教学与研究中的指导地位。正如刘国光所言，应"用与时俱进的、发展的马克思主义政治经济学作为经济学教学的主体、经济研究的指导思想和经济政策的导向"③。同一时期，中央马克思主义理论研究和建设工程启动。作为马克思主义的重要组成部分之一，马克思主义政治经济学研究也取得了很大进展。21 世纪初的"正轨"之路进

---

① 参见周文、赵果庆、周明明：《中国经济学研究范式转变与阶段特征——基于〈经济研究〉(1980—2019) 刊载论文分析》，载《中国社会科学评价》2020 年第 2 期。

② 参见中共中央文献研究室：《十七大以来重要文献选编》（上），中央文献出版社 2009 年版，第 253 页。

③ 参见刘国光：《经济学教学和研究中的一些问题》，载《经济研究》2005 年第 10 期。

一步厘清了各种经济学思潮之间的关系，明确了"马学为体，西学为用，国学为根，世情为鉴，国情为据，综合创新"的中国经济学创建原则。[①]

党的十八大以来，中国特色社会主义进入新时代，中国经济学建设的方向更为明晰，中国特色社会主义政治经济学建设初具成效。2015年，习近平总书记在"不断开拓当代中国马克思主义政治经济学新境界"为题的中央政治局第二十八次集体学习中明确指出，于"马"而言，"要讲马克思主义政治经济学，当代中国社会主义政治经济学要大讲特讲，不能被边缘化"；于"西"而言，我们并不排斥其中的合理成分，但也应明确"经济学虽然是研究经济问题，但不可能脱离社会政治，纯而又纯"，因此，"对国外特别是西方经济学，我们要坚持去粗取精、去伪存真，坚持以我为主、为我所用"。[②] 沿着纠偏的道路，中国经济学突破西方经济学的理论范式和话语体系，尝试在对中国经济发展实践进行学理性阐述的基础上塑造创新性理论体系。在这一阶段，学界对中国特色社会主义政治经济学的关注度显著提升，通过在中国知网数据库中进行主题词检索，从2015年12月到2021年7月，以"中国特色社会主义政治经济学"为主题的学术文献已经多达1650篇。

综上，近代以来，中国经济学的发展经历了曲折的道路，也正面临着重大的机遇和挑战。从最初中国经济学概念的提出，到中华人民共和国成立后以苏联政治经济学为范本，再到改革开放后引入和借鉴现代西方经济学，中国经济学研究中始终存在马克思主义政治经济学、西方经济学与中国传统经济思想三方交互影响的局面。在这一过程中，不可避免地出现过单纯倚重某一种经济学思想的绝对化倾向，而这一倾向实则与我国经济建设的实践经验不足密切相关。随着社会主义市场经济体制的确立和完善，我国经济突飞猛进，中国特色社会主义呈现出勃勃生机，创立或重构中国经济学的呼声渐涨，"现在是中国历史上最为恢宏、最为波澜壮阔的时刻，也是繁荣发展哲学社会科学最好的时代。因此中国经济学建

---

① 参见程恩富、何干强：《论推进中国经济学现代化的学术原则——主析"马学"、"西学"与"国学"之关系》，载《马克思主义研究》2009年第4期。

② 参见中共中央党史和文献研究院：《十八大以来重要文献选编》(下)，中央文献出版社2018年版，第6页。

设时机已经成熟"①。也正是在这个意义上，中国经济学的建设必须"在指导思想、学科体系、学术体系、话语体系等方面充分体现中国特色、中国风格、中国气派"②。

第二节　一般与特殊的经济学

构建"中国经济学"，首先要回答的是：经济学是一门"一般"科学还是具有特殊性的科学？经济学作为随着历史的发展而发展的科学，其理论认识在本质上是相对的。这一相对性表现在两个方面。一方面，经济学理论始终存在着历史局限性，并不存在永恒适用的经济学原理。"它只限于了解只存在于一定时代和一定民族中的、而且按其本性来说是暂时的一定社会形式和国家形式的联系和结果。"③因而，经济学实则是一种"特殊的"经济学。另一方面，在社会经济形态演进的一定阶段上，往往存在一些具有普遍适用性的经济学原理，因而经济学也是"一般的"经济学，当然，这种"一般"也是相对意义上的"一般"。

一、"一般的"经济学

从社会形态演进的视角来看，可将商品经济作为现阶段各种经济学门类的立足点。这集中表现在：各类经济学研究都无法绕开商品经济这一现实，不论是萨缪尔森定义的"经济学研究的是一个社会如何利用稀缺的资源生产有价值的商品"④，还是马克思强调的"劳动产品的商品形式……就是经济的细胞形式"⑤，其中都包含着商品这一基本因素，并且，这些理论学说都围绕着商品的生产、流通、分配和消费这一全过程展开。因而，围绕商品展开研究成为西方经济学与政治经济学的共通之处，商品经济也因此成为"经济学一般"存在的社会条件。

① 参见周文：《关于中国经济学建设的几个问题》，载《教学与研究》2020年第7期。
② 参见中共中央党史和文献研究院：《十八大以来重要文献选编》（下），中央文献出版社2018年版，第322页。
③ 参见《马克思恩格斯选集》（第3卷），人民出版社2012年版，第466页。
④ 参见萨缪尔森、诺德豪斯：《经济学》（上册），萧琛译，商务印书馆2012年版，第2页。
⑤ 参见马克思：《资本论》（第1卷），人民出版社2018年版，第8页。

(一)资本主义生产关系立足于商品经济

资本主义生产关系本身就是商品经济发展到一定阶段的产物,西方经济学始终围绕着商品经济的运行而展开。在以自然经济为主的前资本主义社会,产品仅作为维持人类生存的消耗品而存在,多数产品就地消费,商品经济被排挤在角落,对社会经济生活产生的影响甚微。在资本主义生产方式产生、确立的过程中,绝大部分产品成为商品,甚至劳动力也成为能够自由买卖的商品,商品贸易在世界各个角落都得以展开。由于受到资本主义生产方式的冲击,依托于自然经济的旧的政治制度被打破,适应商品经济发展的上层建筑得以建立和完善。在这一过程中,商品经济逐步取代自然经济,资本主义生产方式得到了前所未有的发展。随着商品经济同步兴起的是资产阶级经济学,17、18世纪古典经济学所倡导的交易自由主张,正是商品经济发展所需的关键条件。此后的新古典经济学、凯恩斯主义经济学、新自由主义经济学等,都是基于商品经济发展中的新问题而产生的。总而言之,在资本主义制度下所产生的经济学理论,必然是基于商品经济的理论。

(二)社会主义初级阶段仍处于商品经济社会

马克思将共产主义分为"第一阶段"与"高级阶段",列宁进一步提出"在第一阶段,共产主义在经济上还不可能完全成熟,完全摆脱资本主义的传统或痕迹"[1],这意味着,共产主义两个阶段中的经济学研究存在一定的差异。在马克思主义经典作家所设想的共产主义社会中,私有制已被消灭,商品、货币等范畴随之消失。但是,消灭了商品经济并不代表消灭了经济学,共产主义阶段同样需要经济学。部分苏联经济学家曾陷入误区,布哈林认为,政治经济学研究的就是商品经济,因而"资本主义商品社会的末日也就是政治经济学的告终"[2]。对此,列宁指出,在纯粹的共产主义社会里,也还有第Ⅰ部类和Ⅱ部类的关系问题,也

---

① 参见列宁:《列宁选集》(第3卷),人民出版社2012年版,第200页。
② 参见布哈林:《过渡时期经济学》,郑异凡、余大章译,重庆出版社2015年版,第6页。

还有积累问题，也就是说还有生产关系，因而也还有政治经济学。[①] 斯大林也就该问题对雅罗申柯所坚持的"取消社会主义政治经济学"进行了批判。在马克思主义经典作家所设想的共产主义社会中，经济学研究的立足点从商品经济转向产品经济，经济学也就随之从一种"一般性"转向另一种"一般性"。

但是，与马克思主义经典作家所设想的共产主义社会第一阶段——社会主义社会不同，现阶段的社会主义尚未突破商品经济发展阶段，其经济学理论同样与商品经济密不可分。从现实条件来看，社会主义初级阶段生产力的发展程度尚未达到共产主义所需的极度丰裕状态，因而无法达到共产主义社会各尽所能、按需分配的发展程度。因此，现实中的社会主义社会不得不继续利用商品、货币等杠杆以促进生产力的发展。这意味着，社会主义经济学同样需要以商品经济为立足点。苏联经济学家就曾指出："将来苏联过渡到共产主义以后的一定时期内仍然可能保留商品货币关系，因为那时社会主义阵营的其他国家还存在社会主义所有制。另外同资本主义国家之间的经济联系也需要通过商品货币关系来实现。"[②]在经济学研究中，即使是在社会主义向共产主义的过渡阶段，商品经济这一立足点和出发点也将是长期存在的。从这个意义上讲，资本主义与过渡阶段的社会主义同处于商品经济发展阶段，资本主义经济学与社会主义经济学都需要对商品经济发展做出阐释，这便成为"一般的"经济学存在的基础。

二、"特殊的"经济学

肯定经济学一般性原理的存在并不是抹杀其特殊性。现代经济学虽然采用了一些自然科学的方法和工具，但总体上仍属于人文社会科学，而凡属于人文社会科学，必然体现着一定的特殊性。在具体的经济学研究中，不论西方经济学或马克思主义政治经济学，都是基于一定的阶级立场和现实背景形成的。正如马克思所强调的，"占统治地位的思想不过是占统治地位的物质关系在观念上的表现"[③]。由此出发，在实际中所呈现的经济学理论都并非经济学一般，而是经济

---

① 参见列宁：《对布哈林〈过渡时期的经济〉一书的评论》，人民出版社 1976 年版，第 2~3 页。
② 参见东林：《介绍〈苏联经济学家论共产主义建设问题〉》，载《读书》第 10 期。
③ 参见《马克思恩格斯选集》(第 1 卷)，人民出版社 2012 年版，第 178 页。

学的特殊性体现，这主要表现在阶级特殊性、历史特殊性和国别特殊性三方面。

（一）阶级特殊性

西方经济学与马克思主义政治经济学都包含着阶级特殊性。首先，就西方资本主义经济学来看，它始终以维护资产阶级利益为目的，并伴之以辩护性特征。自古典经济学以来，西方资产阶级经济学都试图回避资产阶级剥削问题，将商品、市场、私有产权作为客观存在，并"有意识地忽视社会经济形态的历史演变规律"①，以打造"资本主义制度永恒"的神话。甚至诸多西方经济学家也并不避讳其阶级立场。凯恩斯提出，"如果我当真要追求阶级利益，那我就得追求属于我自己那个阶级的利益。……在阶级斗争中会发现，我是站在有教养的资产阶级一边的"②。由此可见资本主义经济学中所包含的鲜明的阶级性与辩护性。其次，马克思主义政治经济学同样有其阶级立场和理论特征。马克思主义政治经济学站在无产阶级立场上，批判地揭示了资本主义社会的本质特征。《资本论》将研究对象界定为资本主义的生产方式及与之相适应的生产关系和交换关系，从这个研究对象出发，马克思站在无产阶级的立场上，揭露了资产剥削劳动的实质，批判了资本主义生产方式，总结了资本主义必然走向灭亡的历史趋势。因而，马克思主义政治经济学也体现出了极其鲜明的阶级性。

（二）历史特殊性

经济学的特殊性还表现在历史性上。毫无疑问，"政治经济学在本质上是历史科学，它所研究的是一定社会历史阶段上的社会生产方式，它的概念范畴不过是一定社会生产方式的反映"③。以马克思主义政治经济学为代表，马克思、恩格斯极为强调经济学的唯物史观基础，注重从历史发展进程出发研究经济现实问

---

① 参见颜鹏飞、周绍东：《述评结合：〈西方经济学〉教材编写思路和结构安排》，载《中国大学教学》2020年第4期。

② 参见[英]约翰·梅纳德·凯恩斯：《劝说集》，商务印书馆1962年版，第244~245页。

③ 参见丁堡骏：《马克思主义政治经济学必须随着中国社会主义经济建设的实践发展而与时俱进——学习习近平总书记"不断开拓当代中国马克思主义政治经济学新境界"》，载《当代经济研究》2021年第2期。

题，即将经济发展作为一个"自然史"的过程。以此为基础，经济学理论也必然有着"应时"与"过时"之分。马克思在《资本论》第二版跋中对资本主义政治经济学进行了准确定位，指出以 1830 年为节点，资产阶级在法国和英国取得了政权，便"敲响了科学的资产阶级经济学的丧钟"①，出于维护其阶级利益与统治地位的目的，资产阶级经济学在 1830 年后的历史发展阶段里便成为马克思笔下的"庸俗经济学"。恩格斯同样强调经济学中所包含的历史性因素。从历史性出发，恩格斯划分了广义政治经济学与狭义政治经济学。在《反杜林论》中，恩格斯强调，"人们在生产和交换时所处的条件，各个国家各不相同，而在每一个国家里，各个世代又各不相同。因此，政治经济学不可能对一切国家和一切历史时代都是一样的"②。因而，基于不同历史发展阶段中的社会生产方式特殊，必然产生不同的狭义政治经济学。

（三）国别特殊性

经济学的特殊性还体现为国别特殊性。经济学理论生于现实，通常都与某个特定经济体系的现实问题相联系，不可避免地带有国家的烙印。从历史考察来看，自经济学诞生以来，具有国际影响力的主流经济学，通常是生于某国或以某国为典型对象，并随该国经济实力的提升而向世界扩展。如《资本论》便是以英国为典型，马克思在序言中强调，"到现在为止，这种生产方式的典型地点是英国。因此，我在理论阐述上主要用英国作为例证"③。其原因在于，马克思《资本论》的研究对象为资本主义的生产方式和生产关系，英国在当时是最发达的资本主义国家，以其为典型对象，便是通过"猴体解剖"方法对资本主义的最佳理解方式。伴随着第二次工业革命浪潮，德国等作为后发国家兴起，以德国为典型的经济学诞生。在《政治经济学的国民体系》中，李斯特更加强调经济学的国家性质，即"我要说明一点，作为我的学说体系中一个主要特征的是国家"④。

---

① 参见马克思：《资本论》（第 1 卷），人民出版社 2018 年版，第 17 页。
② 参见《马克思恩格斯选集》（第 3 卷），人民出版社 2012 年版，第 525 页。
③ 参见马克思：《资本论》（第 1 卷），人民出版社 2018 年版，第 8 页。
④ 参见［德］弗里德里希·李斯特：《政治经济学的国民体系》，陈万煦译，商务印书馆 1961 年版，第 7 页。

以此为基础，李斯特便将德国作为主要研究对象，探讨了后发国家如何保护本土产业。

随着资本主义危机的爆发与社会主义国家的兴起，经济学研究的典型对象再次发生转移。凯恩斯的《就业、利息和货币通论》应 1929—1933 年资本主义世界大危机而生，其典型对象是美国以及欧洲的一些采取政府干预经济措施的国家。十月革命后，苏联在比较短的时间里一跃成为世界经济强国，苏联的马克思主义政治经济学研究也得到了长足发展。以苏联经济建设为蓝本，《苏联政治经济学教科书》的出版成为社会主义政治经济学发展史上的里程碑。二战后，美国成为唯一的超级大国，其经济学理论的国际影响力迅速提升。萨缪尔森、曼昆等人编写的经济学教材在世界范围内广泛传播。通过对其著作的考察，同样能够发现其美国社会制度烙印。曼昆在《经济学原理》中运用了大量案例，尤其是在微观经济学分册中，探讨具体经济运行问题时所举案例多为美国经济问题。总而言之，各个时期具有代表性的经济学理论虽未提及国别与地区，未将自身命名为英国经济学、苏联经济学、美国经济学，但其中所体现的均为经济学的国别特殊性，都是从典型国家出发进行的理论研究。

第三节　准确把握中国经济学的一般性和特殊性

经济学一般以商品经济为立足点，经济学特殊是在一般性基础上增加了制度属性，中国经济学既体现了商品经济这一一般性出发点，也包含着阶级特殊性、历史特殊性与国别特殊性，由此构成了中国经济学的理论立场、基本框架与核心内容。进一步而言，在国别这个"个别"层面，中国经济学与中国特色社会主义政治经济学、当代中国马克思主义政治经济学是具有同一性的，它是"一个关于中国经济发展的一般化、规律化的理论总结和系统化学说"[①]。因而，"中国特色社会主义政治经济学肩负着提炼和总结中国经济发展实践的规律性成果、把实践

---

① 参见周文：《关于中国经济学建设的几个问题》，载《教学与研究》2020 年第 7 期。

经验上升为系统化经济学说的时代使命"①。在此基础上，可进一步对中国经济学的理论性质进行判定。

一、中国经济学树立了"以人民为中心"的根本立场

经济学不是纯而又纯的科学理论，它包含着社会的制度烙印和阶级属性。中国经济学的实践基础是社会主义经济建设工作和社会主义基本经济制度。正如习近平总书记所强调的，"世界上没有纯而又纯的哲学社会科学……研究者生活在现实社会中，研究什么，主张什么，都会打下社会烙印"②。从这一逻辑出发，中国经济学作为思想上层建筑的重要组成部分，也深刻体现着政治上层建筑特别是"国家"的本质属性。我国是工人阶级领导的、以工农联盟为基础的、人民民主专政的社会主义国家，因此，在这一前提下产生的中国经济学兼具批判资本主义生产方式和维护无产阶级利益的双重使命。

基于所负使命，应在坚定阶级立场的前提下创建中国经济学。一方面，必须采取正确的态度对待西方经济学。在借鉴西方经济学有关市场经济一般规律时，不应照搬照抄其体现资本主义制度属性和价值观念的内容，以避免西方经济学的意识形态因素渗入中国经济学。另一方面，继续推动有关社会主义市场经济的开创性研究。从经济学一般规定来看，中国经济学与西方经济学都是以研究商品经济为立足点，而从经济学特殊出发，中国经济学包含着社会主义的制度属性，研究的是社会主义市场经济。相对于新古典经济学所强调的自由放任和个人理性选择，社会主义市场经济更多地从集体利益出发，赋予了生产活动以更为明确的目的性，即"生产将以所有人的富裕为目的"，也正是在这一基础上，邓小平提出了社会主义本质论。党的十八届五中全会进一步提出了"以人民为中心"的发展思想，并将"增进人民福祉、促进人的全面发展、朝着共同富裕方向稳步前进作为经济发展的出发点和落脚点"③。这不仅成为我们部署经济工作、制定经济政

①　参见周文：《新中国 70 年中国经济学的理论贡献与新时代历史使命》，载《东北财经大学学报》2020 年第 3 期。

②　参见习近平：《在哲学社会科学工作座谈会上的讲话》，人民出版社 2016 年版，第 12 页。

③　参见《十八大以来重要文献选编》(下)，中央文献出版社 2018 年版，第 4 页。

策、推动经济发展的根本立场，也深刻体现了中国经济学的阶级特殊性，明确了中国经济学的价值取向是"以人民为中心，这一根本立场决定了中国特色社会主义政治经济学是为人民服务的经济学"①。

二、中国经济学的基本框架是社会主义市场经济理论

中国经济学以我国所处的特定历史阶段作为研究的出发点。1981年党的十一届六中全会首次提出，"我们的社会主义制度还是处于初级的阶段"②，这一判定并非泛指所有社会主义国家都需经历的阶段，而是特指我国在生产力落后、商品经济不发达条件下进行社会主义建设所必经的阶段。因而，在这一历史定位下，中国经济学将商品经济而不是产品经济作为研究出发点，着重探究推动生产力发展和生产关系变革的中国道路，为达到向共产主义过渡的物质条件进行理论准备。这也是中国经济学具有经济学"一般性"的根本原因。

也正是在这个意义上，中国经济学与传统政治经济学有着较大区别。马克思主义经典作家所设想的未来社会，是已经消灭私有制、消灭商品货币关系并实行按需分配的社会。苏联依照这一思路，在短时间内建立起公有制和计划调节占绝对主体地位的经济体制，但这一生产关系的变革并未建立在相应的生产力基础之上，未与当时的历史阶段相适应，因而在经济运行中暴露出较大的弊端。可见，苏联虽承认共产主义要经历"两个阶段"，但并未在实践中遵循历史发展的规律。改革开放以来，我们从现阶段生产力和生产关系的客观国情出发，提出我国将长期处在社会主义初级阶段，承认社会主义社会发展的长期性和复杂性。在此基础上，制定了适应社会主义初级阶段的基本经济制度，建立并完善了具有鲜明中国特色的社会主义市场经济体制，中国经济学由此搭建起了理论体系的基本框架。

社会主义市场经济理论作为中国经济学的基本框架，主要包括三个方面内容。一是社会主义制度可以与市场经济体制结合起来的基本判断。计划和市场同

---

① 参见何自力：《以人民为中心是中国特色社会主义政治经济学的逻辑主线》，载《当代经济研究》2021年第2期。

② 参见中共中央文献研究室：《三中全会以来重要文献选编》（下），人民出版社1982年版，第838页。

属于经济体制层面，都是配置资源的手段，市场经济体制完全可以与社会主义制度结合起来。二是计划体制向市场体制的转型理论。党的十一届三中全会提出要改革僵化的计划经济体制，加大"放权让利"力度；党的十二大提出要以"计划经济为主，市场调节为辅"；党的十二届三中全会提出建立公有制基础上的"有计划商品经济体制"；党的十三大提出"国家调节市场，市场引导企业"；党的十四大明确我国经济体制改革的目标是建立社会主义市场经济体制。三是正确处理市场与政府的关系。党的十五大提出"使市场在国家宏观调控下对资源配置起基础性作用"；党的十六大提出"在更大程度上发挥市场在资源配置中的基础性作用"；党的十七大提出"从制度上更好发挥市场在资源配置中的基础性作用"；党的十八大提出"更大程度更广范围发挥市场在资源配置中的基础性作用"，并明确正确处理市场与政府关系是我国经济体制改革的核心问题。

三、在"两个结合"的基础上彰显中国特色

在庆祝中国共产党成立 100 周年大会上，习近平总书记明确指出，"坚持把马克思主义基本原理同中国具体实际相结合、同中华优秀传统文化相结合，用马克思主义观察时代、把握时代、引领时代，继续发展当代中国马克思主义、21世纪马克思主义"。[①] 中国经济学是马克思主义政治经济学基本原理与中国实际相结合的产物，也是马克思主义政治经济学基本原理与中华优秀传统文化相结合的产物。

一方面，中国经济学的国别特殊性体现在与中国实际的结合上。中国经济建设成就是在解决中国经济实际问题的过程中取得的，对社会主义建设成就的经验总结是中国经济学理论区别于他国理论所在。就中国经济研究历程来看，这种国别特殊性在三个历史阶段各有不同的表现。一是与苏联社会主义政治经济学的国别差异性。在中华人民共和国成立初期一穷二白的条件下，我国与苏联虽同为社会主义国家，但其经济建设经验并不适应我国的发展实际。毛泽东在读苏联《政治经济学教科书》时始终联系中国问题，在肯定其积极意义的同时，也指出其中

---

① 参见习近平：《在庆祝中国共产党成立 100 周年大会上的讲话》，人民出版社 2021 年版，第 13 页。

存在的严重缺点和原则错误。基于这一认识，毛泽东主张将马克思主义基本原理与中国实际进行"第二次结合"，并提出了独创性的理论成果。譬如，毛泽东在《论十大关系》中就围绕如何正确处理重工业、轻工业、农业的发展关系，经济建设和国防建设的关系，国家、生产单位和生产者个人的关系等等做了丰富的阐述，这一系列经济思想都体现出区别于苏联社会主义政治经济学的特殊之处。二是与西方主流经济学的国别差异性。20世纪八九十年代，我国实现了由计划体制向市场体制、计划经济向商品经济的转轨。但是，与西方资本主义国家的市场不同，我国建立起来的是社会主义市场经济体制，其中所强调的中国特色主要体现在与中国实际的结合上，尤其是马克思主义基本原理与中国实际结合的理论创新。正如邓小平在看完十二届三中全会《中共中央关于经济体制改革的决定》后的评价："我的印象是写出了一个政治经济学的初稿，是马克思主义基本原理和中国社会主义实践相结合的政治经济学……这次经济体制改革的文件好，就是解释了什么是社会主义，有些是我们老祖宗没有说过的话，有些新话。"①党的十二届三中全会明确提出，我国社会主义经济是建立在公有制基础上的"有计划的商品经济"，这不仅体现了我国经济研究与苏联经济学的区别，也体现了不同于西方国家市场经济理论的中国特色。三是与西方发展经济学的国别差异性。党的十八大以来，我国成为世界第二大经济体，即将整体上进入高收入经济体行列。20世纪下半叶，西方经济学界出现了以发展中国家的发展问题为主要研究对象的"发展经济学"，但这些发展理论多适用于经济社会发展程度十分落后、尚未实现经济腾飞的经济体，针对整体上处于中上等收入水平的"大国经济"尚缺乏分析框架。因此，在中国经济学研究中，应秉承习近平总书记所强调的，"解决中国的问题，提出解决人类问题的中国方案，要坚持中国人的世界观、方法论"②。在这一原则下构建起来的中国经济学是借鉴西方发展经济学的分析方法和工具，充分考虑中国现实经济发展状况的经济学，它充分体现了中国立场、中国智慧和中国价值。

另一方面，中国经济学的国别特殊性还体现在它延续着中华文明的精神血

---

① 参见邓小平：《邓小平文选》(第3卷)，人民出版社1993年版，第83、91页。

② 参见习近平：《在哲学社会科学工作座谈会上的讲话》，人民出版社2016年版，第19页。

脉。经济理论承载着文化基因，可以说，中国经济学是在中华优秀文化指引下产生的，同时推动着传统文化的创造性转化和创新性发展。譬如，较之西方文明思维中的"非此即彼"，中华文明有着与之不同的思维方式，即"亦此亦彼"，由此所产生的解决经济问题的方式也有较大区别。在处理政府与市场关系的问题上，新自由主义经济学认为政府与市场是二元对立的，要么是"大政府、小市场"，要么是"小政府、大市场"。而中国经济学既不将市场看作是"万能之手"，也不将政府作为唯一权威，而是提出二者都是推动经济发展的手段，市场和政府的资源配置功能可以进行有机结合，双方的合理分工可以保证经济的健康运行。既要发挥市场在资源配置中的决定性作用，也要更好地发挥政府作用，实现"看不见的手"和"看得见的手"的握手。从这个意义上讲，具有中国特色的政府与市场关系彰显了中国经济学的国别性，也成为中国经济学的核心研究内容之一。

第四节　在明确研究对象的基础上构建"中国经济学"学科体系

构建"中国经济学"，不仅仅是建设一门课程、编写一部教材，而是要构建一个完整的经济学学科体系。目前，我国经济学学科门类包括理论经济学和应用经济学两个一级学科，理论经济学由政治经济学、西方经济学、世界经济学、经济史、经济思想史，以及人口·资源与环境经济学六个二级学科组成。应用经济学由国民经济学、区域经济学、财政学、金融学、产业经济学、国际贸易、劳动经济学、数量经济学、国防经济学九个二级学科组成。这一学科体系存在的主要问题是：政治经济学，特别是马克思主义政治经济学在理论经济学学科中的核心地位难以得到体现，其对应用经济学学科的指导作用显得比较薄弱。反映在课程设置上，在现有经济学学科体系中，"中国特色社会主义政治经济学"这门核心课程的位置不明显，不突出。在不少高校，这门课程还没有与"马克思主义政治经济学"区分开来形成一门独立的课程，更遑论独立的学科。

在明确学科研究对象的基础上，可重新设计经济学门类的总体构架。马克思主义政治经济学认为：物质资料生产活动是人类最重要的实践活动，在生产活动中，劳动者与生产资料结合起来成为生产方式，也是在这一过程中，形成了各种经济关系。因此，政治经济学的研究对象可以被界定为生产方式及与之相适应的经济关系。中国特色社会主义政治经济学研究的是中国特色社会主义生产方式及与之相适应的经济关系。进一步来看，生产方式可以分解为宏观、中观和微观三个层面内容。从宏观上来看，经济学要研究政府与市场在配置劳动力和生产资料进行生产的过程中所发挥的不同作用，以及两者由此形成的经济关系。从中观上来看，经济学要研究劳动力和生产资料在区域之间、产业之间、城乡之间和国内外的结合方式，以及由此形成的区域经济关系、产业经济关系、城乡经济关系和对外经济关系。从微观上来看，经济学要研究劳动力和生产资料在企业内部的结合方式，以及由此形成的经济关系。①

通过界定政治经济学的研究对象，可从四个方面着手设计"中国经济学"学科体系。

第一，在经济学门类中设置政治经济学和应用经济学两个一级学科。明确马克思主义政治经济学在经济学门类中的指导地位，并在学科设置中突出体现其指导地位。将政治经济学独立出来，单独设置为一级学科，下设中国特色社会主义政治经济学、国民经济学、经济思想史、经济史四个二级学科。政治经济学一级学科与"一论二史"的系统化经济学学术体系相对应，侧重于从宏观层面刻画中国特色社会主义生产方式。在政治经济学的四个二级学科中，中国特色社会主义政治经济学二级学科占据主导地位，其不仅对政治经济学其他二级学科和应用经济学发挥着重要的理论指导作用。

第二，中国特色社会主义政治经济学二级学科以中国特色市场与政府关系为主要研究对象。中国经济学的任务是对中华人民共和国成立以来，特别是改革开放以来社会主义经济建设实践进行系统的归纳与总结。社会主义制度与市场经济的有机结合是中国特色社会主义经济最显著的特征，而两者的有机结合突出地表现为形成了一种具有鲜明特色的"市场与政府关系"。因而，中国特色社会主义政治经济学最主要的研究对象就是中国特色政府与市场关系。不论是亚当·斯密

①　参见周绍东、陈艺丹：《中国特色社会主义政治经济学的哲学基础》，载《政治经济学研究》2020 年第 2 期。

对"看不见的手"的神化，还是凯恩斯主义所主张的国家干预，都将政府与市场看作是对立的两个方面，且政府被矮化为实施宏观调控的工具或手段。而中国特色社会主义经济之所以能够实现市场功能与政府职能的有机结合，正是在于它超越了西方经济学市场与政府关系的"二元对立论"。在中国特色社会主义市场与政府关系中，马克思主义国家观赋予了政府以新的角色，政府职能得以上升至国家层面，在发挥经济调控作用的同时，也代表着国家与人民的整体利益，发挥了维护社会公共利益的作用。政府在这一过程中的作用区别于西方国家，它不仅仅是市场失灵之后的"亡羊补牢"者，还是市场巨轮的总舵手，引导着经济发展的方向。

第三，调整应用经济学一级学科内部结构。应用经济学一级学科的设置要注意与政治经济学一级学科进行对接，可考虑根据中国特色社会主义生产方式的微观层面和中观层面进行设置。在微观层面，设立管理经济学、劳动经济学、消费经济学等应用经济学二级学科；在中观层面，设立区域经济学、产业经济学、城市经济学、发展经济学、国际经济学、人口·资源与环境经济学等二级学科。此外，设立部门经济类学科，如金融学、财政学、国防经济学等二级学科。

第四，根据理法融合、中西比较和史论结合等原则设置课程。课程体系不仅反映了学科发展的目标要求，同时也是学科研究对象的具体体现。首先，课程设置要体现理论体系本身与经济学方法的融合，可考虑在各二级学科开设经济学学科导论、广义政治经济学、经济学研究方法论、经济思想史等专业基础课。其次，在中西比较中开展课程设置，彰显"中国经济学"的鲜明特色。譬如，可在经济思想史学科中开设马克思主义经济思想史、西方经济学思想史等课程；在应用经济学中，开设具有比较性质的专业课程，如中国特色管理经济学/西方管理学、中国特色城镇化理论/西方城市化理论、中国特色财政学/西方财政理论等。最后，课程设置要体现史论结合的原则。譬如，除经济史学科外，在应用经济学各二级学科，都开设阐述学科发展历史的课程，如管理思想史、中国区域经济发展史、产业经济思想史、金融史、财政史等。

根据学科研究对象设计经济学学科体系，将有助于解决长期以来理论经济学与应用经济学缺乏对话和沟通的局面，可以打破政治经济学与现实经济问题之间的割裂状态。将"政治经济学"设置为经济学一级学科，有助于增强马克思主义在经济学学科体系中的指导地位。将"中国特色社会主义生产方式"按照微观、中观、宏观的顺序展开，并据此安排学科的主干课程，有利于增强经济学学科体系的内在联系。在此基础上，逻辑上贯通一致的学术体系和学科体系，将为建设中国特色经济学话语体系、教材体系和评价体系奠定基础。

本章小结

学科的根本性质是由其研究对象的一般性和特殊性共同决定的，在这个意义上，经济科学的一般性、阶级特殊性、历史特殊性和国别特殊性共同决定了"中国经济学"的本质属性。在一般性上，中国经济学研究的出发点和立足点仍然是商品经济。在阶级特殊性上，中国经济学兼具批判资本主义生产方式和维护无产阶级利益的双重使命。其研究目的与社会主义本质要求相一致，即实现广大人民的共同富裕，这也就决定了中国经济学"以人民为中心"的根本立场。在历史特殊性上，中国经济学从社会主义初级阶段这个具体国情出发，制定了适应社会主义初级阶段的基本经济制度，建立并完善了具有鲜明中国特色的社会主义市场经济体制，中国经济学由此搭建起了理论体系的基本框架。在国别特殊性上，中国经济学与苏联社会主义政治经济学、西方经济学以及发展经济学都体现出很大的国别差异，特别是在市场与政府关系的研究上，中国经济学提出了鲜明的理论观点，这也就构成了中国经济学的核心内容之一。进一步而言，中国经济学还是一种"个别"的经济学，其实质就是中国特色社会主义政治经济学，也就是当代中国的马克思主义政治经济学。总而言之，中国经济学是以中国特色社会主义生产方式为研究对象的，以商品经济为一般立足点的，具有阶级性、历史性和国别性的经济学。中国经济学的创建过程，也就是一个在经济学研究中凸显中国立场、中国特色与中国气派的过程。

话语创新篇

第五章

从"经济新常态"到"新发展格局"认识论解读

习近平新时代中国特色社会主义经济思想是马克思主义政治经济学理论与新时代中国特色社会主义经济实践相结合的产物，是中国特色社会主义政治经济学的最新成果。厘清习近平新时代中国特色社会主义经济思想的生成逻辑，提炼其发展线索，对于更好地理解和把握这一思想体系，发挥其指导经济建设的作用，具有十分重要的意义。习近平新时代中国特色社会主义思想包含着一系列关系我国经济发展全局的重大判断和论断。从剖析新时代我国社会经济发展的深刻变化，做出"经济新常态"的重要判断，到提出新发展理念，并以此指导生产关系的调整。从推动经济高质量发展，到依据实践的深化做出"构建新发展格局"的战略选择。"这个历程很不平凡，是一个实践—认识—再实践—再认识的过程，也是一个不断探索规律、深化认识、统一思想、正确决策的过程。"①

从生成逻辑来看，"经济新常态—新发展理念—新发展格局"是一脉相承、与时俱进的。② 习近平新时代中国特色社会主义经济思想是源于实践又回到实践的科学创造③，从发展阶段、发展理念、发展战略、全球化思想和发展格局五个

---

① 参见《习近平谈治国理政》（第3卷），外文出版社2020年版，第232页。
② 参见贾俊生：《习近平关于新发展格局的论述》，载《上海经济研究》2020年第12期。
③ 参见刘伟：《当代中国马克思主义政治经济学新境界——学习习近平中国特色社会主义政治经济学》，载《政治经济学评论》2021年第1期。

方面，将"如何实现发展"的思想推向了历史新高度。①

　　作为我国经济发展实践的理论结晶，习近平新时代中国特色社会主义经济思想呈现出一条清晰的认识发展轨迹，在实践与认识辩证转换的多次反复中，其实现了对我国经济社会发展规律的正确认识。换言之，这一思想在生成逻辑上遵循着以实践为基础的认识发展规律。那么，这就为本章的研究提供了一个认识论的分析视角，即在"实践—认识—再实践—再认识"的框架中提炼这一思想的发展线索，在"抽象—具体—再抽象—再具体"的辩证转化中揭示各个范畴之间的内在逻辑关系。因此，本章以马克思主义认识论为遵循，着力刻画习近平新时代中国特色社会主义经济思想"从实践到认识，从再实践到再认识"的完整过程，尝试把握习近平新时代中国特色社会主义经济思想"从具体到抽象，从再具体到再抽象"的辩证法特征，以期在实践中更好地运用这一思想体系，以指导我国社会主义经济建设。

第一节　在理解和把握经济新常态的基础上提炼新发展理念

　　依据马克思主义认识论原理，认识过程经历着从感性认识到理性认识，再由理性认识到实践的"两次飞跃"，通过认识过程的无限反复，认识主体逐渐获得关于事物本质和规律的认识。正如毛泽东所指出的，正确的认识往往要经过"由实践到认识，由认识到实践这样多次的反复"才能形成。② 这意味着，认识活动既是"实践—认识—再实践—再认识"的过程，同时也是"具体—抽象—再具体—再抽象"的辩证运动过程。作为对我国经济发展实践的客观认识，习近平新时代中国特色社会主义经济思想的产生和发展同样也遵循着实践与认识辩证转换的认识发展轨迹。那么，准确把握其产生的实践背景，刻画从"实践—认识""具体—抽象"的运动轨迹，就成了研究的起点。

---

　　① 参见王立胜、刘刚：《从"为什么不能发展"到"如何实现发展"：马克思主义经济发展思想的历史跨越》，载《经济纵横》2020年第10期。

　　② 参见《毛泽东文集》（第8卷），人民出版社1999年版，第321页。

一、认识和把握"经济新常态"

2008 年以来，肇始于美国的次贷危机造成了世界性的经济衰退，中国也相应地受到波及。也正是在这一时期，在经过 30 多年的经济高速增长后，2010—2012 年我国经济出现了连续 11 个季度的下滑，2012—2013 年更是连续两年跌破8%。[①] 为了尽快地从全球性经济衰退中恢复过来，中国政府采取了一系列强有力的宏观调控手段，推出了包括"四万亿"在内的扩大内需、促进经济平稳较快增长的多项措施。但从总体上来看，我国改革开放以来所形成的经济高速增长态势已经随着全球经济收缩期的到来而发生了根本性的变化。

针对经济运行、改革和发展过程中出现的新情况、新问题，以习近平同志为核心的党中央进行了综合研判，将这些新情况、新问题从现象层面提升到概念层面。在 2013 年中央经济工作会议中，习近平总书记用"我国经济增长速度换挡期、结构调整阵痛期、前期刺激政策消化期'三期叠加'的状况"来形容"经济新常态"。[②] 这实际上是对我国经济运行和发展中的新现象"去粗存精、去伪存真、由此及彼、由表及里"，从中找出内在联系和规律性事实。第一，经济新常态的直观表现是经济增速的下降，从 8% 甚至更高的年增长率下降到 5%~7% 的中高速增长率。第二，经济增长率下降是经济新常态的现象，其内在实质是经济体系内部结构的深刻调整，是产业结构、区域经济结构、城乡经济结构和对外经济结构的大幅度变化，是经济增长模式从粗放型向集约型转换的必然表现。第三，其既是经济增长态势的自发性变化，也是经济政策主动调整的结果。2008 年全球性经济衰退以来，内需拉动政策在刺激经济复苏过程中发挥了重要作用，但随着短期政策效应的消逝，微观经济主体仍然面临着严峻的经济下行压力。这就需要我们重新思考资源配置过程中市场和政府双方角色的重新定位，因此，经济新常态同时也是市场与政府关系的新常态。

经济新常态是全方位优化升级的经济态势。2014 年 11 月，习近平总书记系

---

① 根据国家统计局官方网站"国家数据"整理得出（https://data.stats.gov.cn/）。

② 参见中共中央文献研究室编：《习近平关于社会主义经济建设论述摘编》，中央文献出版社2017 年版，第 73 页。

统阐述了"经济新常态"的特点：一是从高速增长转为中高速增长。二是经济结构不断优化升级，第三产业、消费需求逐步成为主体，城乡区域差距逐步缩小，居民收入占比上升，发展成果惠及更广大民众。三是从要素驱动、投资驱动转向创新驱动。[①] 从这里的表述来看，中国经济新常态已经涵盖了增长速度下调、经济结构调整、驱动力量切换、分配体系优化等多个方面的特征。同年 12 月，在中央经济工作会议的讲话中，习近平总书记从消费需求、投资需求、出口和国际收支、生产能力和产业组织方式、生产要素相对优势、市场竞争特点、资源环境约束、经济风险积累和化解以及资源配置模式和宏观调控方式九个方面分析了我国经济特征的变化趋势，从而对经济新常态的概念范畴做出了完整的界定。此时，"经济新常态"作为概念形象已经十分饱满了。

二、从具体到抽象：新发展理念的提出

概念的形成只是感性认识上升为理性认识的第一步，如果要加深对事物本质的认识，还需要在概念的基础上作进一步的判断和推理，这就要求我们不仅仅理解和把握经济新常态，还要设计出应对新常态的政策举措。

新发展理念的提出，正是基于对我们当前所处发展阶段的认识。[②] 中国共产党一贯重视发展理念问题。早在 20 世纪 50 年代，党的第一代领导集体就提出了"鼓足干劲，力争上游，多快好省地建设社会主义"的总路线。这条社会主义建设总路线具有丰富的辩证法内涵，强调要把"多、快"与"好、省"统一起来，在推动经济快速发展的同时保证经济发展的质量。这实质上是我们党关于社会主义经济建设形成的第一个"理念性认识"。改革开放后，我们面临在较短时间内实现快速经济增长的任务，"发展是硬道理"成为这一时期的共识性理念。进入 20世纪 90 年代以来，我国经济在实现快速增长的同时，也暴露出劳动效率低下、生态环境破坏、能源消耗巨大、产能无序扩张等问题，为此，中国共产党提出了

---

① 参见中共中央文献研究室编：《习近平关于社会主义经济建设论述摘编》，中央文献出版社 2017 年版，第 74 页。

② 参见吴阳松：《十八大以来习近平治国理政新思想的理论体系》，载《安徽师范大学学报(人文社会科学版)》2017 年第 2 期。

以"科学发展观"为代表的新的发展理念，推动着粗放型经济增长方式向集约型经济增长方式转变，着力建设资源节约型、环境友好型社会。

党的十八届五中全会上通过了《中共中央关于制定国民经济和社会发展第十三个五年规划的建议》，首次提出"创新、协调、绿色、开放、共享"的新发展理念。在2015年的中央经济工作会议上，习近平总书记以此为指导方针对经济改革发展的"工作总基调"作了阐释。其中，创新发展就是要解决经济新常态的增长动力切换问题，提高创新对经济社会发展的支撑力度，打造引领经济社会发展的强劲动力。协调发展就是要解决经济新常态的结构调整问题，兼顾发展的系统性和同步性，实现总体发展的均衡协调和协同带动。绿色发展就是要解决经济新常态的目标定位问题，通过处理好人与生态环境之间的"经济关系"，将经济建设和生态文明建设从根本上统一起来。开放发展就是要解决经济新常态的市场空间问题，通过发展更高水平的开放型经济，拓展合作共赢的国际空间。共享发展就是要解决经济新常态的分配格局问题，调整各微观经济主体的利益关系，实现全民福祉的共同增进。总而言之，五大发展理念的提出，就是对如何应对经济新常态作出回答——必须坚持创新、协调、绿色、开放、共享地发展。

新发展理念的提出把"经济新常态"这一概念向前推进了一大步，这个过程是对经济新常态各种具体表现的理论抽象，是对适应和应对经济新常态的政策举措的提炼和升华，习近平新时代中国特色社会主义经济思想由此实现了认识过程的"第一次飞跃"。

第二节　在贯彻新发展理念的过程中
推动社会生产关系的调整

新发展理念作为一种从经济实践中抽象出来的理论认识，将回到经济实践中并发挥指导作用，从而实现认识过程的"第二次飞跃"。在习近平新时代中国特色社会主义经济思想的发展过程中，理性认识的作用是通过贯彻新发展理念，理解和把握社会主要矛盾的转化，着力调整社会生产关系以促进生产力的发展。正是在这一过程中，习近平新时代中国特色社会主义经济思想实现了从认识到"再实践"以及抽象到"再具体"的辩证转化。

一、唯物史观视野的社会主要矛盾转化

党的十九大报告指出，中国特色社会主义进入新时代，我国社会主要矛盾已经转化为人民日益增长的美好生活需要和不平衡不充分的发展之间的矛盾。[①] 当前历史阶段，我国已经基本解决了人民温饱问题，全面建成小康社会的发展目标初步实现。随之而来的是人民日益广泛的生活需求，这种需求不仅体现在物质文化方面，还表现在政治、文化、社会和生态等多个方面。与之相对的是，尽管当前我国经济实力已经明显提高，可与此同时，发展不平衡和不充分的问题依然显著，而这些问题则恰恰构成了满足人民当前需要的主要制约因素。

分析社会主要矛盾的转化不能脱离社会基本矛盾而展开。在马克思主义唯物史观看来，社会主要矛盾以及其他一切社会中的矛盾都受到社会基本矛盾，也就是生产力与生产关系、经济基础与上层建筑之间矛盾的制约。而在社会基本矛盾内部，也存在着决定与被决定、作用与反作用的关系。马克思在《〈政治经济学批判〉序言》中指出："社会的物质生产力发展到一定阶段，便同它们一直在其中运动的现存生产关系或财产关系（这只是生产关系的法律用语）发生矛盾。于是这些关系便由生产力的发展形式变成生产力的桎梏。那时社会革命的时代就到来了。随着经济基础的变更，全部庞大的上层建筑也或慢或快地发生变革。"[②]因此，要准确地把握社会主要矛盾，就必须从社会基本矛盾出发来理解问题，这也就提出了改革和调整生产关系和上层建筑，以促进生产力发展和经济基础完善的要求。

二、从抽象到"再具体"：以新发展理念指导生产关系调整

社会主义主要矛盾的转化表明当前我国社会生产关系仍然需要不断改善，为此必须以新发展理念为指导对其着力进行调整，从而推动生产力水平的进一步提

---

① 参见习近平：《决胜全面建成小康社会　夺取新时代中国特色社会主义伟大胜利——在中国共产党第十九次全国代表大会上的报告》，人民出版社 2017 年版，第 11 页。

② 参见《马克思恩格斯选集》（第 2 卷），人民出版社 2012 年版，第 2~3 页。

升。从广义来看，人类的生产活动包括三个方面的内容，物质资料生产活动、人本身的生产和再生产、受到人类影响的自然界的生产和再生产。在这些生产活动中，产生了形形色色的生产关系，主要包括生产活动中劳动者与生产资料以及劳动者之间的关系，人自身的生产和再生产中所形成的分配、交换和消费关系，受到人类影响的自然界生产和再生产中所形成的人类与自然界的关系，以及宏观层面上市场与政府在调整生产、分配、交换和消费活动时所形成的关系。习近平总书记指出："以人民为中心的发展思想，不是一个抽象的、玄奥的概念，不能只停留在口头上、止步于思想环节，而要体现在经济社会发展的各个环节。"①人民是新发展理念的实践主体，人民利益是贯彻新发展理念的根本归宿。贯彻新发展理念，就是将"以人民为中心"的发展思想作为主线，着眼于这些生产关系的调整，发挥其作为"理性认识"指导实践的功能。

在经济领域，创新发展旨在调整生产活动中劳动者（主体）与生产资料（客体）的关系，要求在发展动力层面将人民群众作为创新的源泉。当前，我国自主创新能力不强，不少核心技术还依赖外部供给，更重要的是科技对我国经济发展的支撑力和贡献率较低，这已经成为我国发展的"阿喀琉斯之踵"。在马克思主义政治经济学看来，物质资料生产活动是人类生存和发展的首要活动，劳动界定了人的类本质，使得人类第一次与动物区分开来。劳动是通过劳动者与生产资料相结合进行的，这就产生了劳动过程的三要素：作为主体的人、作为客体的生产资料以及劳动者和生产资料结合的方式。因此，贯彻创新发展理念就是要着力推动以上三个方面的调整和优化。一是劳动主体自身劳动能力的不断提升；二是劳动客体的改进、优化和创新；三是劳动者与生产资料组合和搭配方式的改进、优化和创新。从这个意义上来说，创新发展不仅仅要求调整劳动者与生产资料之间的关系，还要着眼于调整劳动者之间在生产过程中的关系，也即推动制度创新。而无论哪个方面的调整，都不能忽视人民群众作为历史主体的决定性作用。一方面，人民群众是创新的主体和根本力量。另一方面，人民的需要为创新指明方向。为此，我们在以创新作为引领经济社会发展强劲动力的同时，必须发挥人民

---

① 参见《习近平谈治国理政》（第 2 卷），外文出版社 2017 年版，第 213~214 页。

在创新中的主体作用，把人民群众作为创新的源泉和动力，充分尊重人民群众的首创精神，以人民群众的需求为创新导向。

在经济领域，协调发展理念旨在调整物质资料生产活动中形成的各种经济关系，要求在发展结构层面将人民对美好生活的需要作为价值指向。在物质资料生产活动中，劳动者和生产资料在产业间、区域间和城乡间进行组合和搭配，由此形成产业经济关系、区域经济关系和城乡经济关系。从产业方面来看，劳动力和生产资料在不同产业、产业链条的不同环节以及产业网络的不同节点进行组合和搭配，并由此形成产业间经济关系、产业内经济关系和产品内经济关系。从区域方面来看，劳动力和生产资料在不同地区之间，在省、市、县、乡镇等各个纵向层级之间进行组合和搭配，并由此形成省际、市际、县际、各种经济区、都市圈和城市群内部的经济关系。从城乡方面来看，劳动力和生产资料在城乡之间流动并进行形式各样的组合和搭配，并由此形成城乡之间的经济关系。党的十八大以来，我国实施了一系列协调发展战略。在产业协调方面，把发展经济的着力点更多地放在实体经济上，加快发展先进制造业、现代服务业，加快建设基础设施网络。坚持去产能、去库存、去杠杆、降成本、补短板，调整产业结构，促进我国产业迈向全球价值链中高端。在区域协调方面，实施了共建"一带一路"、京津冀协同发展、长江经济带、粤港澳大湾区、黄河流域生态保护和高质量发展示范区等一系列重大区域战略，加大力度支持落后贫困地区加快发展，打造连接东西、贯通南北的新型区域发展格局，强化举措不断缩小地区发展差距。在城乡协调方面，坚持工业反哺农业、城市支持农村和多予少取放活方针，推动城乡公共资源均衡优化配置，加快形成工业促进农业、城市带动乡村、城乡互惠一体的城乡经济发展态势，不断缩小城乡发展差距。制定和实施以上这些协调发展战略，都深刻体现了坚持"以人民为中心"发展思想的内在指向：大力消除发展差距，满足人民追求美好生活、实现共同富裕的需求，不断促进人的全面发展。

绿色发展理念旨在调整人与生态环境之间的"经济关系"，要求在发展标准层面将人与自然和谐共生纳入评价范围。与人类物质资料生产活动相似，自然界也在不断生产出自身，但自然界的生产和再生产受到人类活动的深刻影响。改革开放以来，我国在经济发展上取得了历史性成就，但是也积累了大量生态环境问题，这些问题已经成为经济社会发展过程中明显的短板。从根源上来看，就在于没有处理好人与生态环境之间的关系，特别是没有准确地认识和把握两者之间的"经济关系"。习近平总书记指出："生态环境没有替代品，用之不觉，失之难存。我讲过，环境就是民生，青山就是美丽，蓝天也是幸福，绿水青山就是金山银山；保护环境就是保护生产力，改善环境就是发展生产力。"①"两山论"转变了长期以来把生态环境保护看作是一种支出和投入的思维定式，将生态环境本身看作是一种收入和财富，深刻地调整了人与生态环境之间的"经济关系"。当前，中国特色社会主义进入新时代，生态需要已经日益成为人民美好生活需要的重要组成部分，正如习近平总书记所指出的，人民群众对优美生态环境需要已经成为"矛盾的重要方面"，提高生态环境质量符合人民群众的热切期盼。② 因此，我们必须坚持绿色发展，把生态文明建设纳入制度化、法治化的轨道，把经济建设和生态文明建设从根本上统一起来，从各个层面满足人民对美好生活的需要。

开放发展理念旨在调整对外经济关系，要求在发展路径层面将构建人类命运共同体作为目标指向。在开放型经济中，一国劳动力既可以选择在国内就业，也可以选择劳务输出，各种生产资料根据成本和收益的比较权衡在全球范围内进行配置。劳动力和生产资料在国内外各种不同的组合和搭配方式形成了一国的对外经济关系。各国对外经济关系的总和就构成了经济全球化的完整图景。2008 年全球金融危机以来，经济全球化遭遇波折，贸易保护主义有所抬头，"逆全球化"思潮暗流涌动。习近平总书记指出：经济全球化是一把"双刃剑"，具有积极和消极两方面的效应。当世界经济处于复苏和繁荣时期，经济全球化为各国带来了显著的经济效益，经济全球化的推进就比较顺利。当世界经济处于下行期的时候，全球经济"蛋糕"不容易做大，甚至变小了，增长和分配、资本和劳动、效率和公平的矛盾就会更加突出，发达国家和发展中国家都会感受到压力和冲击。③ 以开放发展理念调整对外经济关系，就是着眼于推动建立人与人之间更

---

①　参见《习近平谈治国理政》（第 2 卷），外文出版社 2017 年版，第 209 页。

②　参见习近平：《论把握新发展阶段、贯彻新发展理念、构建新发展格局》，中央文献出版社 2021 年版，第 153 页。

③　参见习近平：《共担时代责任 共促全球发展——在世界经济论坛 2017 年年会开幕式上的主旨演讲》，载《人民日报》2017 年 1 月 18 日。

加普遍、平等、包容的国际关系，这恰恰是"以人民为中心"思想在国际空间的进一步延伸。这要求我们准确把握经济全球化的客观必然性和新特点、新趋势，科学认识经济全球化的双面效应，引导经济全球化健康发展。要着力增强发展的内外联动性，发展更高水平的开放型经济，为提高人民群众生活水平夯实基础。准确把握和平、发展、合作、共赢的时代潮流，以"共商共建共享"为原则，实施"一带一路"倡议，完善全球经济治理体系，共同构建人类命运共同体。

共享发展理念旨在调整劳动力再生产过程中的经济关系，要求在发展目标层面将全体人民确立为共享主体。除物质资料的生产和再生产之外，广义的生产活动还包括劳动力的再生产，也即人本身的再生产。共享发展理念是最能体现"以人民为中心"发展思想的理念。经济活动包括生产、分配、交换和消费四个环节，在狭义的生产活动结束后，为了补充在生产中消耗掉的劳动力，参与生产的经济主体需要进行分配、交换和消费活动。在这些活动中即形成了复杂的分配关系、交换关系和消费关系。贯彻共享发展理念，就是要调整各微观经济主体在分配中形成的利益关系，调整买卖双方、买方与买方、卖方与卖方在交换中形成的利益关系，调整消费者之间的利益关系，使这些主体获得与之劳动相称的收益和报酬，共享经济发展带来的福利。

特别需要指出的是，以新发展理念为指导调整各类生产关系，从宏观层面上来看，还要求处理好市场和政府在资源配置中的关系。经济出现"新常态"，其根源在于社会主义市场经济建立起来后，经济运行、改革和发展的过程中暴露出一些深层次的矛盾。要解决这些深层次矛盾，从根本上来看就是要处理好市场和政府关系。把握并适应经济新常态，就是要让各种资源在产业间、区域间、城乡间、国内外进行重新配置，改变经济运行中的各种比例结构关系，调整经济发展的动力机制和创新路径。由于调节资源配置主要有市场和计划两种方式，而政府是制定和执行计划的主体，因此，必须让市场和政府各行其道、各居其位，构建"有效市场+有为政府"的国家经济治理体系。也正是在这个意义上，党的十八届三中全会提出，要发挥市场在资源配置中的决定性作用，同时更好地发挥政府的作用。对于这一表述，习近平总书记指出，市场作用和政府作用的发挥是"有机统一的，不是相互否定的"①，不能将二者割裂对立，更不能相互替代。

第三节　在推动经济高质量发展的实践中构建新发展格局

随着理性认识回到实践并发挥指导实践的作用，认识过程的两次飞跃已经实现，但认识过程到此并没有结束。实践仍在进一步发展，这就要求从新的实践中提炼出新的认识，实现认识的升华。这种新认识的形成，并不意味着推翻原先形成的认识，而是在原有认识的基础上，根据实践结果进行修正、完善和提升。结合现实来看，推动经济高质量发展的实践提出了修改完善既有认识的新要求，正是在"再实践—再认识"和"再具体—再抽象"的过程中，习近平新时代中国特色社会主义经济思想实现了从新发展理念到新发展格局的理论升华。正是在这个意义上，列宁指出："辩证法也就是(黑格尔和)马克思主义的认识论。"②

一、新发展理念在推动经济高质量发展实践中实现升华

中国特色社会主义进入了新时代，我国经济发展也进入了新发展阶段，也即由高速增长阶段转向高质量发展阶段。高质量发展是经济活力、创新力和竞争力更强的经济发展，人民能够更好地参与经济建设和分享经济发展成果。③ 当前，中华民族伟大复兴的历史进程迎来了世界百年未有之大变局，我国面临发展环境错综复杂，发展任务艰巨繁重，机遇挑战前所未有。在这一重要的历史关口，结合我国新的经济建设实践，提出了"推动经济高质量发展"的新判断。正如习近平总书记所指出的："高质量发展，就是能够很好满足人民日益增长的美好生活需要的发展，是体现新发展理念的发展，是创新成为第一动力、协调成为内生特点、绿色成为普遍形态、开放成为必由之路、共享成为根本目的的发展。"④这一

---

① 参见中共中央文献研究室编：《习近平关于社会主义经济建设论述摘编》，中央文献出版社2017年版，第59页。

② 参见《列宁选集》(第2卷)，人民出版社1995年版，第559页。

③ 参见刘金鑫：《习近平新时代中国特色社会主义经济思想的科学内涵和政策主张》，载《改革与战略》2020年第8期。

④ 参见《习近平谈治国理政》(第3卷)，外文出版社2020年版，第238页。

论述表明：抽象的"新发展理念"具体化为"推动经济高质量发展"的实践，换言之，经济高质量发展作为一种实践上的行动，集中体现了五大理念"合五为一"的蕴意。

经济高质量发展实践不断深化，在新的发展阶段催生出关于我国经济运行和发展模式的新认识，这同时也是新发展理念的进一步提炼和升华。2020 年 2 月 21 日召开的中央政治局会议明确提出了"畅通经济社会循环"的要求。4 月 10 日，习近平总书记在中央财经委员会第七次会议上明确提出"构建以国内大循环为主体、国内国际双循环相互促进的新发展格局"的重大战略构想。党的十九届五中全会进一步做出了加快构建新发展格局的重大战略部署，这既是对"十四五"期间以及未来更长时期我国经济发展战略、路径做出的因时而变的重大战略调整，也是对中国经济发展模式大变革历史趋势的准确概括。① 这提出了一个全新的社会再生产和经济发展分析框架，把国内市场和扩大内需作为战略基点，改变了长期以来把内需作为总需求次要成分和应对外需不足补充手段的局面。② 所谓国内大循环，是指"生产、分配、流通、消费各环节更多依托国内市场实现良性循环"，而"双循环"则是以"内循环"为主，"内循环"与"外循环"相互促进、联动发展的发展格局。新发展格局的提出，不仅是在新冠疫情冲击影响下适应国内国际经济复杂格局的现实需要③，更是以习近平同志为核心的党中央为了应对逆全球化趋势和我国经济发展转型主动做出的重大战略决策。④ 新发展格局与新发展理念同属于理性认识，但在各方面又体现了更高的凝练度和更好的概括性，体现了认识的螺旋式上升形态，因此，可以分别从创新、协调、绿色、开放和共享五个方面认识新发展格局与新发展理念之间的关系。

---

① 参见贾根良：《"国内大循环为主、国内国际双循环"的战略选择》，载《政治经济学研究》2020 年第 2 期。

② 参见赵凌云：《双循环新发展格局是中国社会主义政治经济学发展的新成果》，载《理论月刊》2021 年第 1 期。

③ 参见黄群慧：《"双循环"新发展格局：深刻内涵、时代背景与形成建议》，载《北京工业大学学报(社会科学版)》2021 年第 1 期。

④ 参见蒲清平、杨聪林：《构建"双循环"新发展格局的现实逻辑、实施路径与时代价值》，载《重庆大学学报(社会科学版)》2020 年第 6 期。

二、以创新作为构建新发展格局的第一动力

进入 21 世纪以来，全球科技创新空前活跃，新一轮科技革命和产业变革正在引发全球经济格局和创新格局的调整重塑。以信息革命带来的信息技术为引领，制造技术、能源技术、生命技术等原创技术突破为突破口，更多颠覆性科技创新不断涌现，科学技术的研发应用对国家经济社会发展的支撑力度和对人民幸福生活的贡献程度日益提升，自然科学和人文社会科学之间、不同学科之间、学科内部的交叉融合趋势明显。改革开放以来的很长一段时间，我国采用的是基于"比较优势"理论的出口导向型经济增长模式，在不少领域形成了"造不如买、买不如租"的认识误区，这导致一些自主研发和制造项目停滞不前，国内市场丧失，本土企业创新能力受到削弱。随着经济全球化进程的深入发展，一些本土企业被锁定在全球价值链低端，产品附加值比重持续走低，贸易条件日益恶化，陷入"八亿件衬衫换一架波音 747 飞机"的困境。这些问题都表明，要真正实现"国内大循环为主"，就必须颠覆"造不如买、买不如租"的传统认识，把产业链条中的高附加值环节留在国内，把自主创新作为构建新发展格局的第一动力。习近平总书记指出："实践反复告诉我们，关键核心技术是要不来、买不来、讨不来的。只有把关键核心技术掌握在自己手中，才能从根本上保障国家经济安全、国防安全和其他安全。"[①]因此，必须致力于实现共性技术、前沿技术、颠覆性技术等关键核心技术的创新，努力实现关键核心技术自主可控，因为只有掌握创新的主动权，才能将发展主动权牢牢掌握在自己手中。

三、以协调作为构建新发展格局的内生特点

协调具有多个层面的含义，从经济层面来看，主要包括产业经济协调、区域经济协调和城乡经济协调，协调的目的是实现顺畅的产业经济循环、区域经济循环和城乡经济循环。从产业经济循环来看，引导普通劳动密集型产业根据东西部区域发展差距、南北方区域发展差距进行梯度转移，也可以向周边人力资源丰富

---

① 参见《习近平谈治国理政》(第 3 卷)，外文出版社 2020 年版，第 248 页。

的国家和地区有序转移；巩固我国在重化工业、装备制造、基础设施建设等技能劳动密集型产业的既有优势，在保证国家经济安全的前提下放开行业管制，以庞大的国内市场吸引国外资金进入这些行业；以全球化视野积极引进高水平人才，促使高端技术劳动力与生产资料在国内结合，提升本土产业的竞争力。从区域协调来看，要在有条件的区域率先探索形成新发展格局，打造国内区域大循环。近年来，我国相继实施了京津冀一体化、长三角一体化、长江经济带、粤港澳大湾区、黄河流域生态保护和高质量发展示范区、东北全方位振兴、海南自贸港等一系列重大区域协调发展战略，有效推动了区域协调发展。新发展格局的构建要同国家区域协调发展战略有机结合，与连接东西、贯通南北的新型区域发展格局有机兼容，在区域内部实现劳动力和生产资料的多样化结合，有效推动分工的广度和深度。从城乡协调来看，劳动力和生产资料在城乡之间流动、组合和搭配，由此形成城乡经济循环。构建国内城乡大循环，就是要改变传统的城乡分工格局，让劳动力、技术、资金甚至土地（指标）在城乡间顺畅流动，在城市和农村形成更为多样化的组合和搭配方式，创造更为丰富的经营模式和载体，让城乡居民的生产行为和消费行为真正地融为一体。

四、以绿色作为构建新发展格局的普遍形态

在第七十五届联合国大会一般性辩论上，习近平发表重要讲话指出，中国将提高国家自主贡献力度，采取更加有力的政策和措施，二氧化碳排放力争于2030年前达到峰值，努力争取2060年前实现碳中和。① 欧盟此前提出计划，到2050年实现碳中和，而中国计划碳中和的时间仅仅比欧盟晚十年。并且，中国从碳达峰到碳中和需要的时间是30年，比发达国家缩短了30年左右。当前，在我国能源结构中，化石能源占85%，非化石占15%。到2060年实现"碳中和"时，这个比例必须变为化石能源占15%。② 就我国这种无论是经济体量还是能耗体量都十

---

① 参见《习近平在第七十五届联合国大会一般性辩论上发展重要讲话》，载《人民日报》2020年9月23日第2版。

② 参见解振华：《坚持积极应对气候变化战略定力　继续做全球生态文明建设的重要参与者、贡献者和引领者》，载《中国环境报》2020年12月14日第2版。

分巨大的国家而言，要实现这样的目标，就必须把碳减排权力牢牢掌握在自己手中。长期以来，资源和能源密集型产品在我国出口贸易中占据了很大份额，由于这些产品严重依赖国际市场，对国内的资源保护、能源降耗以及污染减排工作产生了很大影响。以光伏产业为例，2010 年以来，国内光伏产业借助欧盟庞大的进口需求和国内出口退税政策，实现了一轮快速发展。但是，由于我国光伏产业主要集中在太阳能电池生产、晶硅生产和组件制造等产业链环节，附加值低，竞争力弱，随着欧债危机爆发，出口退税政策力度降低，产业很快陷入困境，出现严重的产能过剩。光伏产业的恶性膨胀带来的是高企的能源消耗、环境污染以及资源浪费。因此，构建以国内大循环为主体、国内国际双循环相互促进的新发展格局，就必须贯彻"绿水青山就是金山银山"的理念，把绿色作为构建新发展格局的普遍形态，着力推动生产方式和生活方式的生态转向，开发新的节能减排技术，通过提高国内市场份额，掌握优化生态环境的主动权，避免成为西方发达国家转移碳排放的目标地。

五、以开放作为构建新发展格局的必由之路

新发展格局提出"以国内大循环为主"，并不是要关起门来搞封闭经济。当今世界，尽管面临着反全球化、逆全球化浪潮，各国内顾倾向有所上升，贸易保护主义有所抬头，但总的来看，经济全球化仍是历史潮流，分工合作、互利共赢是长期趋势，各个国家的经济联系只会加深，不会削弱，"开放"已成为各国的必然选择和内生性要求。在博鳌亚洲论坛 2018 年年会开幕式上，习近平总书记指出："综合研判世界发展大势，经济全球化是不可逆转的时代潮流。正是基于这样的判断，我在中共十九大报告中强调，中国坚持对外开放的基本国策，坚持打开国门搞建设。"①党的十八大以来，我们陆续实施了"一带一路"倡议、自贸区自贸港建设等开放战略，连续多次自主降低关税水平，继续放宽国内市场准入条件，有序推进人民币和资本市场的国际化进程，正式签署《区域全面经济伙伴关系协定》（RCEP）。展望"十四五"以及未来更长一段时期的中国经济，更有必要

---

①　参见《习近平谈治国理政》（第 3 卷），外文出版社 2020 年版，第 194 页。

把对外开放和对内开放结合起来考虑，把跨境发展和内向发展统筹起来推进，这是构建"新发展格局"的必由之路。

六、以共享作为构建新发展格局的根本目的

"以人民为中心"是习近平新时代中国特色社会主义经济思想的根本立场。贯彻新发展理念，推动经济高质量发展，其根本目的就是解决社会主要矛盾，满足人民需要。正如习近平总书记所指出的："以前我们要解决'有没有'的问题，现在则要解决'好不好'的问题。我们要着力提升发展质量和效益，更好满足人民多方面日益增长的需要，更好促进人的全面发展、全体人民共同富裕。"①以国内大循环为主，就是要把出口导向战略转变为内需导向战略，将更多、更大、更好的生产要素投入国内市场，从国情、社情、民情出发，设计和制造符合广大人民群众需要的产品和服务。国内国际双循环相互促进，就是要以全球化的视野配置劳动力生产资料，寻找成本洼地、利润高地、资源富地，更好地满足人民群众对美好生活的需要。

本章小结

习近平新时代中国特色社会主义经济思想是马克思主义政治经济学理论与新时代中国特色社会主义经济实践相结合的产物，是中国特色社会主义政治经济学的最新成果。习近平新时代中国特色社会主义经济思想的发展是一个从实践到认识、再实践、再认识的过程，同时也是一个具体到抽象、再具体、再抽象的过程，呈现出螺旋式的上升状态。通过对我国经济运行、发展和改革中出现的新特点进行提炼总结，"经济新常态"成为感性认识向理性认识飞跃中的重要概念。理解、把握和适应经济新常态，必须贯彻"创新、协调、绿色、开放、共享"的新发展理念，这也是从具体实践到抽象认识的重要环节。新发展理念着力调整社会生产关系以促进生产力发展，这些社会生产关系包括生产活动中劳动者与生产

---

① 参见《习近平谈治国理政》（第3卷），外文出版社2020年版，第133页。

资料的关系、劳动者与劳动者的关系，自然界生产和再生产中所形成的人与自然的关系，人自身的生产和再生产中所形成的分配、交换和消费关系，以及宏观层面上市场与政府在调整生产、分配、交换和消费活动时所形成的关系。

通过调整这些生产关系，新发展理念在应对和解决我国社会主要矛盾过程中发挥着重要的指导作用。在实践中，新发展理念"合五为一"地表现为"推动经济高质量发展"，而这一实践的不断深化，在新的发展阶段催生出关于我国经济运行和发展模式的新认识——构建新发展格局，这是新发展理念的进一步提炼和升华。新发展格局要在形态上成型、功能上成熟、运行上成势，最关键也是最根本的就是坚定不移地把新发展理念贯穿发展的全过程和各领域。从经济新常态到新发展理念，从经济高质量发展到新发展格局，习近平新时代中国特色社会主义经济思想呈现出一条清晰的认识发展的逻辑线索，完成了一个相对比较完整的"实践—认识—再实践—再认识"过程，这在理论上是"具体—抽象—再具体—再抽象"的辩证运动过程，在实践上是中国共产党领导全国人民开展社会主义经济建设的过程。

第六章

"五大发展理念"的时代品质和实践要求
——马克思主义政治经济学视角的研究

围绕经济发展，通常有三个思维层次：第一层次是工程或技术层面的思维，第二层次是逻辑或设计层面的思维，第三层次是哲学或理念层面的思维。推动经济发展，三种思维缺一不可。党的十八届五中全会强调：实现"十三五"时期发展目标，破解发展难题，厚植发展优势，必须牢固树立并切实贯彻创新、协调、绿色、开放、共享的新发展理念。以"五大发展理念"为主要内容的发展新理念，属于哲学或理念思维层次，具有前瞻性、整体性、统领性。马克思主义政治经济学需要系统分析"五大发展理念"的基本内涵和根本要求，并以此引领重大经济现实问题研究。

第一节 经济发展阶段的划分与"五大发展理念"
提出的时代背景

马克思主义政治经济学中，经济发展阶段往往被视为社会制度发展阶段的同义词。因此，政治经济学视野中的发展阶段就被习惯性地理解为"原始社会—奴隶社会—封建社会—资本主义社会—共产主义社会"。实际上，早在《政治经济学批判(1857—1858年手稿)》中，马克思就将人类发展历史划分为三个阶段："人的依赖关系(起初完全是自然发生的)，是最初的社会形态……以物的依赖性为基础的人的独立性，是第二大形态……建立在个人全面发展和他们共同的社会生产能力成为他们的社会财富这一基础上的自由个性，是第三个阶段。第二个阶段为第三个阶段创造条件。"①

以私有制和家庭的出现为界线，第一个历史发展阶段可分为两个历史时期，原始社会人的依赖性体现在个体对氏族和部落的依赖性，当私有制、家庭出现后，这种依赖性转而成为家庭成员之间的依赖性。第一个历史发展阶段的特点是个人和家庭以原子状形态存在，自给自足地从事生产生活，社会分工和专业化水平极低，商品交易的发展处在萌芽状态。第二个历史阶段恰恰相反，商品经济迅猛发展，把所有个体都卷入商品货币关系的网络，任何人都无法脱离这张网络而独立生存，每个人通过分工和专业化实现自身的独立性，但这种独立性在商品经济网络面前又严重依赖其他商品生产者。第三个历史阶段，伴随生产力的极大提高，人的全面发展已打破原有的分工和专业化限制，个体劳动转化为社会劳动已不需再依赖商品货币关系，此时人向自身的类本质复归，获得真正意义上的自由个性。在第三个历史发展阶段，整个社会的物质生产条件达到这样的程度："这里已经不再是工人把改变了形态的自然物作为中间环节放在自己和对象之间；而是工人把由他改变为工业过程的自然过程作为中介放在自己和被他支配的无机自然界之间。工人不再是生产过程的主要作用者，而是站在生产过程的旁边。"②这表明，在第三个历史发展阶段，工人不仅运用生产工具作用于生产对象，而且对整体生产过程进行控制。将自然过程改变为工业过程，实质上是实现工业过程的系统化、自动化和智能化，工人将不再被局限在某一特定生产工序和劳动部门。由于个人能力得到极大提高，工人能在不同工作岗位和部门之间自由流动，强加在工人身上的分工枷锁开始松动。

中华人民共和国成立以来，经过社会主义改造运动，我国初步建立起社会主义制度。经过改革开放30多年来的快速发展，我国生产力的巨大飞跃正在为人的全面发展提供重要契机。新科技革命涌现的人工智能、3D制造、工业机器人"互联网+"等先进技术手段，已开始将"站在生产过程旁边"由理论上的可能性变为现实的可行性，以"物的依赖性"为基础的第二个历史发展阶段已呈现向"自由

---

①　参见《马克思恩格斯全集》(第46卷上)，人民出版社1979年版，第104页。

②　参见《马克思恩格斯全集》(第31卷)，人民出版社1998年版，第100页。

个性"的第三个阶段过渡的某些先兆特征。① 这个过渡的完成将标志着一个新的历史时期的开启,即经济发展由第二个历史阶段向第三个历史阶段转变。而从"十三五"到21世纪中叶的30年,是为这一历史转变进行积极准备的关键时期。

正是在以上时代背景下,党中央提出坚持创新发展、协调发展、绿色发展、开放发展、共享发展,明确我国发展的根本理念。"五大发展理念"不仅在治国理政的思路上形成了适应时代发展、直面现实问题的全新理念,而且在事关当代中国经济社会发展的一系列重大问题上,坚持目标导向和问题导向相统一、坚持立足国内和全球视野相统筹、坚持全面规划和突出重点相协调、坚持战略性和操作性相结合,实现了马克思主义发展理论的丰富和发展。而从经济发展的现实状况看,发展理念对现实的指导作用愈发凸显。在中国特色社会主义发展实践中涌现出的大量现实案例,既是发展理念的鲜活体现,也是发展理念的落地生根。因此,迫切需要从马克思主义政治经济学视角对"五大发展理念"进行认识和把握,并加强对重大经济现实问题的政治经济学研究,将"五大发展理念"落实到实现伟大复兴中国梦的方方面面。

第二节 如何理解发展理念:历史路标视角

理念是对事物本质性认识的升华、提炼和概括。先进、科学、充满张力的发展理念往往具有活力和生命力,对发展实践具有指导和推动作用,而落后、僵化、封闭的发展理念往往具有保守性和教条性,对发展实践起到阻滞作用。在理论上对发展理念的本质进行准确认识,进而厘清中华人民共和国成立以来发展理念一脉相承的内在特征,就成为理解和阐释"五大发展理念"的前置性工作。

一、发展理念是经济发展思想的历史路标

在《1861—1863年经济学手稿》中,马克思提出:"按照我的写作计划,社会

---

① 参见王立胜、王清涛:《平等、富裕、公平正义:中国共产党核心执政理念的时代转换》,载《东岳论丛》2015年第1期。

主义的和共产主义的著作家都不包括在历史的评论之内。这种历史的评论不过是要指出，一方面，政治经济学家们以怎样的形式自行批判，另一方面，政治经济学规律最先以怎样的历史路标的形式被揭示出来并得到进一步发展。"①探索经济学发展的"自我批判"和"历史路标"，是马克思经济学的"历史的评论"即经济思想史学的基本内容和主要形式，也是马克思实现经济科学革命的两个重要方面。"自我批判"和"历史路标"可被分别界定为叙述的经济思想史和研究的经济思想史，两者的差别在于："自我批判"的经济思想史是运用抽象上升到具体的方法对经济学体系进行叙述，这也是惯常进行的经济学分析方法。而以"历史路标"为主要内容的经济思想史是"研究的经济学"所要求的，无论是在方法上还是在经济学问题的研究上，所依据的是探索经济思想在"历史上走过的道路"，是以经济学范畴、重要理论和规律以及经济学派研究为主题的。②

马克思主义政治经济学对产业资本、商业资本和借贷资本的研究，是理解"叙述的经济思想史"和"研究的经济思想史"两者差异性的经典案例。马克思主义政治经济学采用从抽象到具体的分析方法，探讨了资本主义生产方式中产业资本的循环和周转问题。产业资本在资本周转过程中依次采取货币资本、生产资本和商品资本三种形式，但随着社会分工的发展，货币资本和商品资本逐渐从生产过程中独立出来，分别成为借贷资本和商业资本。这种严谨的经济分析体现在各种马克思主义政治经济学教科书中。但在真正的历史进程中，借贷资本和商业资本的出现却是远远早于产业资本的。也就是说，尽管在叙述的经济思想史中，三者出现的顺序是"产业资本—商业资本—借贷资本"，但在研究的经济思想史中，研究三者经济思想出现的顺序却是"商业资本—借贷资本—产业资本"，研究商业和借贷行为的经济思想早在封建社会和奴隶社会就已出现，而对产业资本的研究却是在资本主义生产方式确立后才出现的。因此，研究资本就有必要按照"商业资本思想史—借贷资本思想史—产业资本思想史"的顺序来展开。

研究的经济思想史在本质上是依据经济学历史发展本身的脉络展开的，是随

---

① 参见《马克思恩格斯全集》（第 26 卷第 1 册），人民出版社 1972 年版，第 367 页。
② 参见顾海良：《经济思想历史的"自我批判"与"历史路标"》，载《经济学家》2013 年第 8 期。

着经济思想历史的发展而接续延伸的。① 其特征表现在：一是以经济思想历史中范畴、理论和规律及各经济学派的形成和发展为主题。二是注重对经济思想史的连续性和间断性研究，特别是以经济学形式和流派的形成与发展及其比较研究为主题，注重对经济学演进具有"历史路标"意义的经济范畴、经济理论、经济规律和经济学派的研究。三是研究的经济思想史也是叙述的经济思想史的前提。四是研究的经济思想史是独立形态的经济思想史。因此，要找到经济社会发展的规律，不仅要重视由抽象到一般的分析方法和叙述的经济思想史，更为重要的是，必须从研究的经济思想史出发，从经济思想在"历史上走过的道路"中找出"历史路标"。发展理念是发展思路的集中体现，是发展行动的理论先导，是发展方向的内在轨迹，因此，经济发展思想的历史路标正是发展理念。

二、中华人民共和国成立以来我国发展理念的演进脉络

历史路标揭示的是历史、现实与未来连接的内在逻辑。② 我国的基本国情决定我国将长期处在社会主义初级阶段。在这个阶段，商品货币关系仍然广泛存在，市场在资源配置中发挥决定性作用。因此，从总体上来说，我国还处在以物的依赖关系为特征的第二个经济发展阶段。但社会主义生产方式和生产关系的根本性质，决定我国经济发展的方向是向第三个历史阶段迈进。这个历史发展阶段的根本特征是劳动者"自由个性"得到满足、强制性分工转变为自觉分工。历史路标的重要意义恰恰在于：在经济发展过程中，历史路标始终指明了经济发展的根本方向，特别是在历史转折时期和重大历史事件发生之际，把握历史路标就能坚定发展方向，理解历史路标就能保持制度本色，遵从历史路标就能获得发展先机。

（一）创新发展理念的演进脉络

创新通常被认为是在近年来特别是 21 世纪以来才被广泛提及的概念。实际

---

① 参见顾海良：《经济思想历史的"自我批判"与"历史路标"》，载《经济学家》2013 年第 8 期。

② 参见顾海良：《马克思经济思想的"历史路标"——读马克思〈1861—1863 年经济学手稿〉》，载《中国高校社会科学》2013 年第 5 期。

上，早在 20 世纪 50 年代，中国共产党第一代领导人就已提出技术创新、制度创新和理论创新的要求。如，毛泽东在写作《论十大关系》的前期调研中就指出："技术改革是很大的改革，带革命性的。"①毛泽东对我国的技术创新模式也有分析。1963 年，在审阅周恩来在第三届全国人民代表大会第一次会议上的《政府工作报告》草稿时，毛泽东特别加上这样一段话："我们不能走世界各国技术发展的老路，跟在别人后面一步一步地爬行。我们必须打破常规，尽量采用先进技术，在一个不太长的历史时期内，把我国建设成为一个社会主义的现代化的强国。"②关于制度创新，毛泽东指出："解决生产关系问题，要解决生产的诸种关系问题，也就是各种制度问题。"③并在技术创新和制度创新的基础上，进一步提出理论创新的命题："我们已经进入社会主义时代，出现了一系列的新问题，如果……不适应新的需要，写出新的著作，形成新的理论，也是不行的。"④从本质上看，创新发展理念要解决的是发展动力问题。改革开放后，我国将改革作为社会主义发展的根本动力，21 世纪以来又突出强调创新(特别是自主创新)的关键作用，进一步丰富发展的动力源泉。"五大发展理念"将创新放在发展理念的第一位置，既吸纳改革动力论，同时强调创新动力论，彰显了发展理念作为历史路标的指向性和继承性。

(二)协调发展理念的演进脉络

协调发展是中国共产党在领导国民经济建设中较早提出的发展理念，在《论十大关系》中，毛泽东就如何协调产业结构、区域关系、经济与国防建设、集体与个人关系等若干重大问题进行了全面阐述。在当时以重工业为龙头带动工业化的时代背景下，第一代领导集体就已深入系统地研究了协调发展问题，并提出大量直到现在都具有重要意义的协调发展理念。其中最具代表性的论述是："重工

---

① 参见逄先知、金冲及：《毛泽东传(1949—1976)》(上册)，中央文献出版社 2003 年版，第 492、472 页。
② 参见《毛泽东文集》(第 8 卷)，人民出版社 1999 年版，第 341 页。
③ 参见逄先知、金冲及：《毛泽东传(1949—1976)》(上册)，中央文献出版社 2003 年版，第 492、472 页。
④ 参见《毛泽东文集》(第 8 卷)，人民出版社 1999 年版，第 109 页。

业是我国建设的重点。必须优先发展生产资料的生产，这是已经定了的。但是决不可以因此忽视生活资料尤其是粮食的生产。如果没有足够的粮食和其他生活必需品，首先就不能养活工人，还谈什么发展重工业？所以，重工业和轻工业、农业的关系，必须处理好。"①改革开放以来，我国通过非均衡发展战略短时间内实现经济快速发展，部分区域、行业、个体和领域发展相对较快、较好，但也带来经济发展不协调问题。为此，党的几代领导集体都围绕协调发展进行了很多理念性思考。制定和实施国家层面的区域发展战略、扶持农业等基础性行业发展、积极推动人的城市化进程、物质文明和精神文明两手抓等，都是协调发展理念在实践中的体现。

（三）绿色发展理念的演进脉络

绿色发展理念本身经历了一个发展演进的过程。1959年毛泽东在与秘鲁议员团会谈时指出："如果对自然界没有认识，或者认识不清楚，就会碰钉子，自然界就会处罚我们，会抵抗。"②第二代领导集体特别指出人口多、耕地少是"中国现代化建设必须考虑的特点"。③ 正是在对发展理念进行深刻思考的基础上，从20世纪90年代开始，我国将经济增长方式转型提到重要位置，将可持续发展作为一项重大战略加以推进。党的十六大报告更是将环境问题提高到发展道路层面上来，提出要走一条科技含量高、经济效益好、资源消耗低、环境污染少、人力资源优势得到充分发挥的新路子。党的十八大将生态文明建设纳入建设中国特色社会主义的整体设计，提出"五位一体"总体布局；特别值得注意的是，生态文明概念实现了发展理念从污染治理到自然修复的转变，鲜明地提出"绿水青山就是金山银山"的新理念，将保护生产力提升到与解放生产力和发展生产力等量齐观的高度，这本身就是绿色发展理念历史路标作用的重要体现。

---

① 参见《毛泽东文集》(第7卷)，人民出版社1999年版，第24页。
② 参见《毛泽东文集》(第8卷)，人民出版社1999年版，第72页。
③ 参见《邓小平文选》(第2卷)，人民出版社1994年版，第164页。

（四）开放发展理念的演进脉络

中华人民共和国成立后，发展面临的国际环境恶劣，遭到资本主义阵营严重的经济封锁。但中共第一代领导人并没有排斥对外开放，而是始终强调向外国学习的重要性。毛泽东明确指出：“一切民族、一切国家的长处都要学，政治、经济、科学、技术、文学、艺术的一切真正好的东西都要学。”①随着改革开放进程的深入，在大量引进国外资金、技术、人才的同时，也带来一些不利于社会主义建设和发展的因素。因此，是否坚持开放发展、如何坚持开放发展就成为一个亟待解决的发展理念问题。坚定的开放发展理念贯穿于党的领导集体的执政方略。在1998年亚洲金融危机、2008年次贷危机等重大经济事件的紧要关头，坚持开放、推动发展的主旋律始终没有改变。当然，相对于以往的“开放”而言，“五大发展理念”中的开放包括三个层面的新内涵：对外开放与对内开放的有机结合、“走出去”与“引进来”的有机结合以及贸易、投资等传统开放方式与区域经济合作等新开放方式的有机结合。

（五）共享发展理念的演进脉络

共享理念是中国共产党发展理念的重要组成部分。中华人民共和国成立后，百废待兴，面临稳定和发展国民经济、加强国防建设、提高人民生活水平等多方面工作和任务，其中如何处理好积累与消费的关系是最迫切需要解决的问题。在《论十大关系》中，毛泽东开宗明义地指出：“提出这十个问题，都是围绕着一个基本方针，就是要把国内外一切积极因素调动起来，为社会主义事业服务。”那么，如何调动积极因素呢？毛泽东提出了利益共享的基本原则：“我们历来提倡艰苦奋斗，反对把个人物质利益看得高于一切，同时我们也历来提倡关心群众生活，反对不关心群众痛痒的官僚主义。”②可见，共享发展理念可在第一代领导集体中找到思想源头。改革开放以来，我国把实现共同富裕和利益共享作为重要发展理念加以强调，先后提出了先富带动后富、“三个有利于”标准、“三个代表”

---

① 参见《毛泽东文集》(第7卷)，人民出版社1999年版，第41页。
② 参见《毛泽东文集》(第7卷)，人民出版社1999年版，第23、28页。

重要思想和以人为本等理念。这些理念发挥了重要的历史路标作用，强化了社会主义经济共享发展的价值导向，为缩小收入分配差距、完善社会公共服务提供了重要理论依据。

第三节　以"五大发展理念"引领重大经济现实问题研究

"五大发展理念"是从我国发展实践中提炼出来的规律性认识，其本身就是理论创新的重要成果，也将进一步引领当前我国重大经济现实问题的研究。作为生产力和生产关系矛盾运动的集中体现，生产方式一般可作为阐释和贯彻"五大发展理念"的理论硬核，而生产方式的主要存在形式和表现形式是社会分工，因此，可将研究如何推动社会分工演化作为引领重大经济现实问题研究的切入点和出发点。

一、创新发展理念：技术与市场合力、供给与需求协作

在发展动力方面，"五大发展理念"突出了创新是引领发展的第一动力，把创新摆在国家发展全局的核心位置。创新、分工、市场三者之间存在紧密联系，把握其内在联系有助于更好地理解供给侧结构性改革等重大政策。一方面，创新与分工之间存在紧密联系。工艺创新推动了分工深化，而产品创新推动了分工广化。工艺创新对应的是企业内部分工的深化，即不断延长的生产步骤和增值环节；产品创新对应的是社会分工的广化，即不断扩张的产业门类和产品类型。另一方面，分工与市场规模之间是相互促进的关系。由于分工的深化和广化，不断提高的劳动专业化水平带来递增报酬，将有效提升劳动生产率。与劳动生产率提升相伴随的是有效购买力的提高，这将提高市场容量，而市场容量的提高又使产品从价值链中的各环节中独立出来成为可能，迂回生产的程度得到提高，又进一步加快了分工演进。这意味着分工演进和市场扩张之间会产生良性循环。因此，马克思主义政治经济学应深入考察分工、创新、市场三者之间的关系，在技术与市场之间架起桥梁，在供给和需求之间构建联系，并促使供给与需求形成合力，以此推动经济发展。

以社会分工演进为线索，能为供给侧结构性改革提供新的政策思路。从创新和分工之间的关系来看，这对传统生产方式提出了新要求：第一，企业要重新理解工艺创新，转变过去那种把工艺创新等同于不惜一切手段压缩成本、降低产品质量以获得价格优势的做法，通过使用高质量生产要素、增加产品生产的工序环节、提高产品的工艺复杂程度，以深化分工提高产品附加值，为消费者提供高质量产品和服务。第二，重新理解企业的产品创新，转变过去把产品创新等同于简单开发新产品的认识，而是把产品创新理解为创造新的生产部门的过程。在这一过程中，政府需要进行一定的机制设计，通过降低市场壁垒、优化流通方式、切实减免税费等措施，控制社会分工广化所带来的交易费用，发挥制度因素在生产过程中的积极作用，实现经济发展方式的根本性转变。

二、协调发展理念：推动分工演进、协调经济关系

在发展思路方面，"五大发展理念"强调，协调是持续健康发展的内在要求，必须牢牢把握中国特色社会主义事业总体布局，正确处理发展中的重大关系，不断增强发展的整体性。深入贯彻协调这一发展理念，必须推动城乡分工、区域分工、产业分工、实体经济—虚拟经济等各类分工的深化和广化。一是城市和农村的分工发展。马克思主义政治经济学应从农户的微观行为出发，分析我国农村居民在改革开放以来分工和专业化决策的演化过程。我国农村居民的分工和专业化决策从最初的"城—乡"决策，逐步演化为更为细化的产业选择决策和区域选择决策。这种分工决策上的变化将成为影响我国经济结构化变动的重要因素。特别是把握进城务工人员的分工和专业化决策特征，将为制定有针对性和有操作性的城镇化政策提供微观基础和理论依据。二是区域和产业的分工发展。在经济体内部，各区域会根据自身的资源禀赋发展专业化特色产业，因此，区域分工和产业分工在很大程度上具有相似性。一方面，马克思主义政治经济学可从分工和专业化范畴出发，提出区域主导产业筛选方法；另一方面，马克思主义政治经济学还可分析产业内不同主体的行为特征，探讨政府、企业、高校、科研机构和中介机构的协作分工，选择产业最优技术路线的原则和方法。在分析区域和产业分工发展的基础上，为国家级区域战略规划和产业发展专项规划的制定与实施提供理论

依据。三是实体经济和虚拟经济的分工发展。虚拟经济过度发展被认为是造成金融危机和经济波动的重要原因之一。虚拟经济与实体经济的分工是经济发展的重要内容。虚拟经济易导致金融危机主要在于两方面：第一，实体经济与虚拟经济之间的分工受到阻碍，实体经济偏离专业化方向，过多涉足金融领域。第二，虚拟经济部门内部分工的演进受到阻碍，传统金融部门偏离了专业化方向，过多涉足衍生金融领域，导致衍生金融产品的获利能力被过度挖掘。对此，马克思主义政治经济学可针对互联网金融等新型金融模式展开研究，探讨推动金融分工演进、规避金融风险的政策措施。

三、绿色发展理念：人与自然和谐分工、强调经济发展约束

在发展条件方面，"五大发展理念"明确绿色是永续发展的必要前提，同时也是人民对美好生活追求的重要体现，必须坚定走生产发展、生活富裕、生态良好的文明发展道路，推进美丽中国建设。绿色发展理念从两个层面提出人与自然和谐分工的要求：第一，强调经济发展必须以生态环境和资源存量的稳定与改善作为约束条件，并在这一约束条件下推动环境友好和资源增效导向的经济发展。因此，马克思主义政治经济学可以研究经济发展的环境成本和资源代价，特别是在强调解放生产力和发展生产力的同时，把保护生产力所付出的必要成本和代价计算在内，并将该计算结果作为制定经济发展目标和测度经济发展质量的重要依据。第二，在利用自然推动经济发展的过程中，必须分类对待自然环境，努力营造差别定位、分工合作的生态系统。近年来，我国积极推行的主体功能区战略就充分体现了这一分工发展思路。国土空间具有多种功能，但必须根据国土空间的资源禀赋特点和生态环境特征，因地制宜地发展其主要功能，形成合理分工的国土空间利用格局。按开发方式将国土空间划分为优化开发区域、重点开发区域、限制开发区域和禁止开发区域。其中，限制开发区域和禁止开发区域就是要给自然环境以休养生息的空间和时间，促进人与自然和谐共处，建设"资源开发—产品生产—废弃物循环利用—反哺自然"的"经济—社会—自然"的大分工体系。

四、开放发展理念：融入国际价值网络、构建国家价值空间

在发展道路方面，"五大发展理念"坚持开放是国家繁荣发展的必由之路，奉行互利共赢的开放战略。发展更高层次开放型经济是推进经济发展的根本要求。从分工演进角度来看，政府和企业是更深层次参与国际分工的两大主体。在国家层面，应突破既有国际分工格局，打造以我为主的跨国和洲际层面的区域分工网络，通过提供区域性公共产品(如亚投行)、建立区域性合作载体(如上海自贸区)、构筑区域性合作机制(如"一带一路"经济区)，提高区域在全球价值网络中的分工地位，开辟国际分工新格局。在企业层面，可通过自主创新推动和国内需求拉动实现在国际分工网络中的攀升。技术创新和市场需求并非独立发挥作用，分工深化和广化将两者联系起来并形成合力，形成本土企业攀升的"第三条路径"。在这条路径上，分工深化和广化为本土企业形成多样化技术路线提供了更大的价值空间，使传统意义上的点状升级演变为线状升级和网络升级，乃至进一步提升为立体推进和空间升级。马克思主义政治经济学可以研究本土企业如何从产品价值节点到行业价值链条再到产业价值网络进行攀升，并最终构建独立自主又开放包容的国家价值空间。

五、共享发展理念：以自觉分工为导向、推动人的全面发展

在发展目标方面，"五大发展理念"揭示了共享是中国特色社会主义的本质要求，坚持发展为了人民、发展依靠人民、发展成果由人民共享，要求当代中国的全部发展必须朝着共同富裕的方向稳步前进。共享发展理念要求重新审视政府与市场的分工界限。经济体制改革的核心命题是正确处理政府与市场的关系，在明确市场在资源配置中起决定性作用的同时，还必须重视更好地发挥政府作用。从共享发展理念来看，除制定和执行法律、提供公共产品和宏观调控外，政府职能还包括两个重要内容：一是坚持公有制的主体地位，做强做优做大国有企业，优化公有资产管理和国有资本管理方式。二是对社会主义市场经济中的私营经济进行必要的微观监管，通过推进最低工资制度、倡导职工民主管理和完善社会保障体系等措施，切实保护劳动者权益。

本章小结

习近平同志指出："要立足我国国情和我国发展实践，揭示新特点新规律，提炼和总结我国经济发展实践的规律性成果，把实践经验上升为系统化的经济学说，不断开拓当代中国马克思主义政治经济学新境界。"①发展理念是指引发展方向的"历史路标"，具有前瞻性、整体性、统领性等特点。我国社会主义制度建立以来，经过长期建设和发展，以"物的依赖性"为特征的第二个历史发展阶段已呈现向以"自由个性"为特征的第三个阶段过渡的某些先兆性特征。在这一时代背景下，党的十八届五中全会提出的"创新、协调、绿色、开放、共享"五大发展理念，在实现"两个一百年"的发展道路上再一次树立起"历史路标"，旨在开启由"物的依赖性"向"自由个性"转变的历史征程。"五大发展理念"是对我国经济发展实践的理论总结，也是马克思主义政治经济学的重大理论创新。要立足我国国情和社会主义经济建设实践，发挥"五大发展理念"的思想引领作用，深入研究世界经济和我国经济面临的重大现实问题，为马克思主义政治经济学创新发展贡献中国智慧。

---

① 参见习近平：《立足我国国情和我国发展实践　发展当代中国马克思主义政治经济学》，载《人民日报》2015 年 11 月 25 日第 1 版。

第七章

矛盾、目的与动力："高质量发展"的
政治经济学解读

党的十九大报告指出："我国经济已由高速增长阶段转向高质量发展阶段，正处在转变发展方式、优化经济结构、转换增长动力的攻关期。"准确理解、把握和践行"高质量发展"，已成为我国经济发展的一个重要理论命题和现实任务。然而，从目前研究"高质量发展"的经济学文献来看，西方经济学、产业经济学、发展经济学掌控着话语权，基于马克思主义哲学原理和政治经济学范式的学理性研究尚不多见。

事物的普遍联系使其相互作用、相互影响，构成了事物运动、变化和发展的规律，而事物内部和事物之间的矛盾运动是推动事物发展的根本动力，"高质量发展"这一概念既对我国经济发展动力转换提出了新要求，同时也反映出社会生产目的的新变化。本章从社会主义社会的基本矛盾和主要矛盾出发，探讨由主要矛盾决定的社会生产目的及其新变化，并以是否考虑生产资料所有制作为划分依据，从"一般"和"特殊"两个层面分析了"高速增长阶段转向高质量发展阶段"的丰富内涵，为高质量发展提供马克思主义解读。在此基础上，提炼和总结新时代中国特色社会主义基本经济规律。

第一节　社会基本矛盾和主要矛盾："一般"和"特殊"

一、社会基本矛盾

马克思主义唯物史观认为，生产力与生产关系、经济基础与上层建筑之间的矛盾是所有社会经济形态的基本矛盾，这两对矛盾决定了社会经济形态的性质，同时，这两对矛盾的运动推动着人类社会由低级向高级发展。在阶级社会，社会基本矛盾表现为阶级矛盾。生产力和生产关系是社会生产方式的两个方面，也可以理解为生产方式内部矛盾的两个方面。而经济基础作为社会生产关系的总和，与表现为法律、政治、宗教、文化等社会意识形式的上层建筑构成了第二对社会基本矛盾。马克思在《〈政治经济学批判〉序言》中的这段论述，描绘了社会基本矛盾及其运动过程的轮廓："人们在自己生活的社会生产中发生一定的、必然的、不以他们的意志为转移的关系，即同他们的物质生产力的一定发展阶段相适合的生产关系。这些生产关系的总和构成社会的经济结构，即有法律的和政治的上层建筑竖立其上并有一定的社会意识形式与之相适应的现实基础……社会的物质生产力发展到一定阶段，便同它们一直在其中运动的现存生产关系或财产关系（这只是生产关系的法律用语）发生矛盾。于是这些关系便由生产力的发展形式变成生产力的桎梏。那时社会革命的时代就到来了。随着经济基础的变更，全部庞大的上层建筑也或慢或快地发生变革。"①

二、社会形态演进的历史阶段

不同的社会形态具有不同的社会矛盾，准确把握社会主要矛盾必须建立在准确认识社会形态历史定位的基础上。马克思主义划分社会形态主要采用两种方法。

第一种是常见的"五阶段论"。马克思指出："大体说来，亚细亚的、古希腊罗马的、封建的和现代资产阶级的生产方式可以看做是经济的社会形态演进的几个时代。"②在这里，马克思认为人类社会形态演进一般要经过原始社会、奴隶社会、封建社会、资本主义社会和未来社会五个阶段，进行这种划分的主要依据是生产关系特别是生产资料所有制。

与此同时，马克思主义经典作家以生产方式为标准，从另一个角度划分了人类社会形态的发展阶段。在《政治经济学批判（1857—1858）》中，马克思指出：

① 参见《马克思恩格斯选集》（第2卷），人民出版社2012年版，第2~3页。
② 参见《马克思恩格斯选集》（第2卷），人民出版社2012年版，第3页。

"人的依赖关系(起初完全是自然发生的),是最初的社会形态……以物的依赖性为基础的人的独立性,是第二大形态……建立在个人全面发展和他们共同的社会生产能力成为他们的社会财富这一基础上的自由个性,是第三个阶段。第二个阶段为第三个阶段创造条件。"①这表明,人类社会形态演变将经历三个阶段:第一个阶段是自然经济形态,第二个阶段是商品经济形态,第三个阶段则是产品经济形态。

三、两个不同层面的社会主要矛盾："一般"和"特殊"

在各种社会矛盾中,其中必有一种居于主要地位,对其他矛盾起领导的、决定的作用,这就是社会主要矛盾。1956 年,党的八大提出我国社会主要矛盾已经是"人民对于建立先进的工业国的要求同落后的农业国的现实之间的矛盾,人民对于经济文化迅速发展的需要同当前经济文化不能满足人民需要的状况之间的矛盾"。党的十九大提出,我国社会主要矛盾已经转化为"人民日益增长的美好生活需要和不平衡不充分的发展之间的矛盾"。

笔者认为,要准确把握社会主要矛盾,有必要从"一般"和"特殊"两个层面进行理解。一方面,所谓一般层面的社会主要矛盾,主要是指人类社会形态(生产方式)演进的三个阶段中呈现出的主要矛盾。在自然经济社会,生产力水平极其低下,社会主要矛盾表现为生存需求与生产能力的矛盾。而在商品经济社会,社会主要矛盾是由劳动二重性决定的,表现为商品价值与使用价值的矛盾。在产品经济社会,由于已经消灭了商品和货币关系,社会主要矛盾转变为人的全面发展与生产能力有限的矛盾,这是对自然经济社会主要矛盾的否定之否定,是推动人类向更高层次发展的动力。另一方面,任何一种社会主要矛盾都是在特定的社会生产关系背景下出现的,特别是在不同的生产资料所有制条件下,社会主要矛盾与不考虑生产关系背景下的"一般"形态大有不同。在社会形态演进的五个历史阶段中,社会主要矛盾也是不断发生变化的,譬如,在资本主义社会,社会主要矛盾是生产社会化与生产资料的资本主义占有之间的矛盾,这一矛盾深刻反映

①　参见《毛泽东文集》(第 7 卷),人民出版社 1999 年版,第 214 页。

了资本主义社会的固有弊病，科学地证明了资本主义社会必将被更高层次的社会形态所取代的历史必然性。

相比较而言，社会基本矛盾是统摄"一般"和"特殊"两个层面的概念，对于生产力与生产关系之间的矛盾、经济基础与上层建筑之间的矛盾，我们既可以作一般层面上的理解，同时又可以将其纳入不同的生产资料所有制背景进行分析。但是，对于社会主要矛盾，我们就不能只进行笼统的分析，而是有必要将其区分为"一般"和"特殊"两个层面来理解和把握。

第二节　一般层面的社会主义主要矛盾和生产目的

一、社会主义社会主要矛盾：一般层面

社会主义社会是否还存在着矛盾？存在什么性质的矛盾？这是开展社会主义建设面临的首要问题。如果社会主义社会仍然存在矛盾，那么，正确认识和解决这些矛盾就是明确社会主义生产目的和发展动力的重要前提。毛泽东指出："在社会主义社会中，基本的矛盾仍然是生产关系和生产力之间的矛盾，上层建筑和经济基础之间的矛盾。"[1]但是，与以往社会形态的对抗性矛盾不同，社会主义社会的主要矛盾是在人民根本利益一致的基础上的矛盾。因此，社会主义的生产力和生产关系、经济基础和上层建筑具有"既适应又相矛盾"的特点。

党的十九大作出的我国社会主要矛盾已经转化为"人民日益增长的美好生活需要和不平衡不充分的发展之间的矛盾"的判断，准确把握了社会主义社会作为商品经济与产品经济之间过渡形态的本质。从生产方式的演进来看，社会主义社会既不完全属于商品经济形态，也不完全属于产品经济形态，而是表现为从商品经济形态向产品经济形态过渡的"中间形态"。[2] 正是这种过渡属性，决定了社

---

① 参见奥尔曼：《市场社会主义：社会主义者之间的争论》，段忠桥译，新华出版社2000年版，第36~41页。

② 参见奥尔曼：《市场社会主义：社会主义者之间的争论》，段忠桥译，新华出版社2000年版，第36~41页。

会主义社会主要矛盾既包括商品经济形态中价值与使用价值的矛盾，又包括产品经济形态中人的全面发展与生产能力不足之间的矛盾。具体而言，一方面，在社会主义商品经济中，商品卖方仍然需要通过让渡商品的使用价值才能获得商品价值，这个过程是一个"惊险的跳跃"，一旦这个跳跃不成功，摔坏的不是商品，而是商品销售者自身。也就是说，一旦商品所有者的私人劳动不能得到社会承认并在商品交易中转化为社会劳动，那么商品交易就会中断，价值与使用价值的矛盾就会爆发出来。另一方面，社会主义社会包含着超越商品经济形态的萌芽，人的全面发展要求与有限的生产能力之间也存在着尖锐的矛盾，社会产品的供给还不能很好地满足全体人民在经济、政治、文化等诸多方面的发展需要。

二、中国特色社会主义生产目的：一般层面

社会生产的目的是解决社会主要矛盾。从一般意义上来看，社会主义社会的生产目的包括两个方面内容：第一，解决商品经济形态的固有矛盾——价值与使用价值之间的矛盾，即私人劳动与社会劳动之间的矛盾；第二，解决还处在萌芽状态的产品经济形态的矛盾，即人的全面发展与生产能力不足的矛盾。

需要特别强调的是，我们不能采取孤立的眼光来看待这两对矛盾，更不能将其割裂开来。社会主义社会通过协调价值和使用价值之间的关系，同时解决这对矛盾，而统筹解决这对矛盾的过程就是明确发展目的和转换发展动力的过程。一方面，社会主义社会既要通过生产活动获取最大化的价值，又要获取最大化的使用价值，而无论是谋求价值最大化还是使用价值最大化，都需要通过不断发展来实现，"发展是硬道理"的依据也就在于此。另一方面，最终还是要通过高质量的产品和服务(高质量的使用价值)来实现人的全面发展。社会主义国家需要通过一系列政策措施和调控手段，在全社会树立起质量为先的使用价值导向，引导企业以高质量的产品和服务来满足全体人民多方面、多维度、多层次的需要。[1]

---

[1]　参见程恩富、柴巧燕：《现代化经济体系：基本框架与实现战略——学习习近平关于建设现代化经济体系思想》，载《经济研究参考》2018 年第 7 期。

如果说"发展是硬道理"解决了为什么要发展的问题，那么，"创新发展、协调发展、绿色发展、开放发展、共享发展"的新发展理念则解答了"发展为了什么、需要什么样的发展"这一重大命题。①

第三节 特殊层面的社会主义主要矛盾和生产目的

对社会主义主要矛盾进行"一般"层面的分析，是运用"具体—抽象—具体"这一分析方法的需要，这也意味着必须在"一般"的基础上对社会主义主要矛盾进行"特殊"层面的分析，以便从"抽象"再回到"具体"。在现实生活中，各种社会矛盾都是在一定的生产关系中产生的，而生产资料所有制是生产关系中最具有决定意义的组成部分，因此，各种社会矛盾都根源于生产资料所有制。所有制发生了变革，人们在生产中的地位和相互关系以及分配关系都会随之变化，还会形成与新的生产关系相适应的政治和意识形态等上层建筑，同时必然会产生不同的社会矛盾。

一、社会主义社会主要矛盾：特殊层面

从生产关系特别是生产资料所有制的角度来看，社会主义社会是资本主义社会向共产主义社会的过渡阶段。"在资本主义社会和共产主义社会之间，有一个从前者变为后者的革命转变时期。同这个时期相适应的也有一个政治上的过渡时期，这个时期的国家只能是无产阶级的革命专政。"②当前，我国的基本经济制度是公有制为主体、多种所有制经济共同发展，两种所有制并存的现状使我国社会主义社会主要矛盾呈现出错综复杂的态势。特别是在考虑生产关系和生产资料所有制的"特殊"层面，我国社会主要矛盾与资本主义生产方式的社会主要矛盾具有本质差别，需要进行理论上的深入分析。③

---

① 参见蒋永穆：《建设现代化经济体系必须坚持的基本取向》，载《马克思主义研究》2017 年第 12 期。

② 参见《马克思恩格斯选集》（第 3 卷），人民出版社 2012 年版，第 373 页。

③ 参见吴宣恭：《根据所有制实际重新分析当前阶段的社会主要矛盾》，载《政治经济学评论》2012 年第 1 期。

与历史上的小商品经济不同，资本主义生产方式的确立是以包括劳动力在内的所有生产物质条件的私人占有作为标志的。生产资料的私人占有为劳动力和生产资料在特定的空间和时间结合起来开展生产活动提供了前提条件，而劳动力和生产资料通过资本这个纽带结合起来，其生产活动具有双重属性：一是生产出物质产品和使用价值；二是生产出价值和剩余价值。

但是，随着人类社会生产力水平的飞速提升，现代社会的物质生产活动愈发体现出"社会化"的要求。具体来说，社会生产在企业间、产业间、区域间、城乡间、国内外都需要更为准确地配置资源，以便更有计划地组织生产活动。但是，生产社会化的这些要求在生产资料私人占有的前提条件下是无法得到完全满足的，私人资本势必将生产社会化要求置于无限追逐利润的动机之下，而不可能将其放在首要位置。也正是这个原因，资本主义生产方式造成了生产社会化和生产资料私人占有之间不可调和的矛盾，这也就构成了资本主义生产方式的社会主要矛盾。

在考虑生产资料所有制的"特殊"层面，我国实行的是公有制为主体、多种所有制经济共同发展的基本经济制度。这就要求毫不动摇地巩固和发展公有制经济，同时毫不动摇地鼓励、支持、引导非公有制经济发展。"两个毫不动摇"意味着，在中国特色社会主义的经济制度架构中，不应将公有制和非公有制之间的矛盾视为对抗性矛盾，两者都是社会主义市场经济的重要组成部分，构成了与资本主义市场经济截然不同的微观基础。

公有制经济与非公有制经济矛盾的非对抗性表现在两个方面。一方面，公有制经济控制国民经济的命脉，掌握了土地、自然资源、基础设施等重要的生产要素，为非公有制经济发展创造了基本条件。同时，国有企业对若干关键领域的掌控为国民经济发展提供了重要的引导，在高新技术等领域，国有企业也承担了一些非公有制经济主体难以承担或不愿意承担的技术风险和市场风险，发挥了"定盘星""压舱石""先行者"的作用。另一方面，非公有制经济以其特有的灵活机制、激励条件和创新活力，形成了激烈竞争的市场环境，不仅极大地促进了生产力水平的提高，同时也有效地推动了公有制经济和国有企业的改革和发展。因此，中国特色社会主义公有制和非公有制的矛盾关系是非对抗性的，是相辅相成、相得益彰的合作关系。①

二、中国特色社会主义生产目的：特殊层面

从"特殊"层面看中国特色社会主义生产目的，需要准确把握公有制经济和非公有制经济的合作关系。马克思主义哲学认为，解决矛盾的方式是多种多样的，主要分为以下三类：一是一方克服或消灭一方，对抗性矛盾的解决一般采取克服式；二是同归于尽式，即经过矛盾斗争，原矛盾体和矛盾对立面双方都不复存在，被新的矛盾体取代；三是结合式，即矛盾在其运动过程中产生出或人们自觉建立起适合对立面之间相互促进、协调发展的形式。

公有制经济与非公有制经济矛盾的非对抗性决定了两者可以采取结合式的解决方式，这种解决方式最根本的要求就在于：坚持公有制主体地位，做强做优做大国有企业，鼓励、支持、引导非公有制经济发展，两者结合起来共同实现劳动者的剩余劳动最大化。在这里，需要强调并引起重视的是：积极支持和鼓励非公有制经济发展，并不是要把剩余价值和利润最大化作为社会生产目的，而是要使非公有制经济在公有制经济的引导下发挥其提升社会主义生产力的作用。②

将追求剩余价值最大化的社会生产目的转变为追求"以人民为中心"的剩余劳动最大化，需要从两个层面把握这个转变。第一，剩余劳动是对剩余价值的扬弃。价值回归劳动本质，意指社会主义社会包含着超越商品经济形态的萌芽，社会生产在这些领域将不再以货币测度的"利润"最大化为目的，而是以生产出最大限度满足社会需要的产品和服务为目的，当然，这种最大化体现为产出扣除耗费后的剩余实物产品和服务的最大化，因此，仍然需要在这些领域的生产过程中进行严格的经济核算，即与货币价值尺度平行的实物核算。第二，作为社会主义生产目的的"剩余劳动"不应是偏向性的，剩余劳动应作为生产过程的增量成果由全体人民共享，这与资本主义生产方式中剩余价值由生产资料所有者独享是有

---

① 参见王松：《新时代中国特色社会主义生产关系的改革方向：来自孙冶方、薛暮桥、于光远经济思想的启示》，载《经济思想史研究》2019 年第 1 期。

② 参见易淼、赵磊：《新时代我国社会主要矛盾转变内在动因探析：基于中国特色社会主义政治经济学利益分析方法》，载《西部论坛》2018 年第 1 期。

本质差别的。

第四节　高质量发展：社会主义经济建设的动力源泉

矛盾揭示目标，目标凝聚动力。矛盾出现的同时也提出了解决矛盾的方法，要解决社会主义社会的主要矛盾，必须明确社会生产目的，而理解和把握社会生产目的的过程，同时也就是凝聚经济发展动力的过程。推动高质量发展要求从"一般"和"特殊"两个层面提炼社会主义经济发展的动力源泉。

一、"一般"层面的经济发展动力

在商品流通的"一般"层面，社会主义社会主要矛盾决定了社会生产的主要目的是提供高质量使用价值推动人的全面发展，并由此实现价值最大化。为达到这一目的，就必须从以下几个方面着手，培育高质量发展动力。

（一）以产业结构调整为动力，处理好劳动力和生产资料在产业之间的配置问题

劳动力和生产资料的结合首先表现在产业领域，对各种产业的界定从根本上而言是由不同类型的劳动力和生产资料相结合的具体方式决定的，产业类型反映了具体劳动生产使用价值的过程。长期以来，我国产业发展积累了不少结构性问题，亟须大力调整。首先，要调整劳动密集型产业与其他类型产业的关系。劳动密集型产业是我国改革开放以来取得巨大发展成就的产业，其依靠相对低廉的劳动力成本，使我国初步形成了出口导向型的产业结构。与此同时，技术密集型、资本密集型产业也取得了长足发展。要正确处理好劳动密集型产业与其他类型产业的关系，提升劳动密集型产业的技术含量和投资水平，提升附加值，但也要重视劳动密集型产业的就业带动作用，避免过度强调技术含量而对地方就业和社会稳定造成不利影响。其次，要调整传统产业和信息技术产业之间的关系。传统产业特别是制造业是我国经济发展的重要支撑，要利用信息技术改造传统产业，提高传统产业的技术水平和竞争实力。与此同时，还要重视保持传统制造业的竞争

优势，准确认识制造环节与研发、设计、品牌、渠道等增值环节的关系，促进制造业和信息技术产业之间形成协同合力。最后，要调整物质资料生产部门和服务业之间的关系。马克思主义政治经济学认为，物质资料生产部门是唯一创造价值的部门，服务业的主要功能是实现价值。在现代社会，由于物质资料生产部门的劳动生产率迅速提高，大量劳动力进入服务业，带动了各类三产部门的快速发展，应在充分重视服务业在国民经济中重要地位的基础上，增强物质资料生产部门的支柱作用，推动三次产业的协调发展。

(二) 以城乡关系统筹为动力，处理好劳动力和生产资料在城乡之间的配置问题

改革开放以来，随着我国城市化进程的不断深入，城市和农村之间形成了一个非对称的经济结构，大量劳动力和生产资料(主要是农业提供的原材料)源源不断地进入城市，为城市的工业化发展提供了重要的要素支撑。但是，城市工业产出的制成品特别是中高端制成品并没有流入农村，高质量劳动力回流农村的比例也比较低。这种非对称的经济结构使城乡差距不断拉大。为此，要以城乡关系统筹作为动力，处理好劳动力和生产资料在城乡之间的配置问题。乡村振兴的关键在产业振兴，要以农村劳动力和生产资料的特有结合为切入点，着力弥补城市大工业生产的缺陷。城市大工业生产以标准化的劳动力和生产资料组合搭配为特点，提供批量化的工业产品，而农村可以利用风格各异的地理环境和自然资源，与当地劳动力相结合，打造农业和服务业相结合的新生产方式，这种生产方式所提供的特色农产品、特色旅游康养、特色运动休闲、特色教育培训，都将为乡村振兴和精准扶贫工作提供新的经济增长点。

(三) 以区域协调发展为动力，处理好劳动力和生产资料在区域之间的配置问题

区域是劳动力和生产资料相结合的空间载体，各种生产要素在不同区域的分布构成了差异化的区域经济布局。推动区域协调发展，一方面，要处理好区域之间的战略分工。党的十八大以来，我国先后实施了京津冀协同发展、长江经济

带、长三角一体化、粤港澳大湾区建设、黄河流域生态保护和高质量发展等多项区域战略，目前还在谋划东北全方位振兴战略。这些区域战略是在改革开放以来，特别是21世纪以来，我国区域分工不断深化的基础上形成的，例如，京津冀协同发展战略的主要目标是建设具有中国特色的产业新城、政治中心和社会发展样板，北京的非首都功能疏解、雄安新区建设、滨海新区再出发等都体现了新一轮的区域发展思路。另一方面，引导劳动力和生产资料的合理有序流动，还要求处理好城市群、都市圈中的中心城市与非中心城市之间的关系。近年来，全国各地涌现出大量城市群、都市圈，地方政府也在着力助推新的区域增长极和带动点。城市群、都市圈既可以聚集大量劳动力和生产资料，发挥辐射带动周边地区的作用，但也有可能过度抽取周边中小城市的资源，造成畸高的集中度、首位度。因此，必须引导劳动力和生产资料在城市群、都市圈及其周边地区合理分布。

（四）以合理有序开放为动力，处理好劳动力和生产资料在国内和国外的配置问题

加强对外经济交流，进一步扩大对外开放，从本质上来看是要求实现劳动力和生产资料在国内和国外的合理配置。改革开放以来，我国利用劳动力和原材料的比较优势，发展起典型的出口导向型经济模式，取得了巨大的经济发展成就，对外贸易和外汇储备规模跃居世界前列。但是，面对贸易保护主义和逆全球化浪潮的重新抬头，继续实施以低附加值、低利润为特点的劳动密集型出口导向战略，显然无法有效提高我国在国际市场上的综合竞争力。从劳动力和生产资料搭配组合的角度来看，一方面要在世界范围内吸引高端技术人才和知识团队进入新兴产业，并积极鼓励掌握一定专业技能的熟练劳动力走出国门。另一方面，要站在国家安全的角度，审慎处理生产资料特别是重要国家战略资源的流出，积极开拓大宗原材料和重要工业能源的进口来源，为我国经济高质量发展提供可持续的资源和能源保障。

二、"特殊"层面的经济发展动力

在资本流通这一"特殊"层面，社会主义社会主要矛盾决定了社会生产目的

是坚持公有制主体地位，做强做优做大国有企业，鼓励、支持、引导非公有制经济发展，实现生产资料公有主体的剩余劳动最大化。为达到这一目的，就必须从以下几个方面着手，培育高质量发展动力。

（一）允许国有企业进入一般竞争性行业

长期以来，要求国有企业退出所谓的"一般竞争性行业"的观点屡见不鲜。实际上，"一般竞争性行业"这个概念本身就存在很大的问题，行业的竞争程度是动态变化的，没有固定不变的垄断行业，也不存在长期激烈竞争、始终缺乏领导型企业的市场。所谓"一般竞争性行业"，主要是指市场和技术比较成熟、利润率偏低的制造业，这些行业也是民营企业比较集中的行业。国有企业进入一般竞争性行业，不仅有助于产业尽快实现技术突破和产品创新，改变产品生命周期末端的低水平竞争格局，也可以通过利用国有企业特别是大型中央企业的资源整合能力，尽快地盘活存量资产，实现产业新一轮快速发展。因此，不仅不应提倡国有企业退出一般竞争性行业，而且要允许甚至鼓励国有企业进入这些所谓的"夕阳产业"，加快推动产业转型升级。

（二）坚持自然垄断行业实行政府专营

大部分自然垄断行业都具有网络经济效应，这些行业的特点是：行业发展严重依赖基础设施建设，而一方面基础设施建设需要巨量的前期投入，另一方面基础设施普遍具有网络经济效应，消费者会通过基础设施网络规模的扩大来获得递增收益。这两方面的性质意味着自然垄断行业实行政府专营，可能是具有比较优势的选项，特别是在水、电、气、交通以及信息传输等行业，要坚持在这些"上游"产业实行政府专营，为下游各产业提供有力的硬件保障和高质量的软件服务。

（三）引领战略性新兴产业创新发展

战略性新兴产业是引领国家总体竞争力发展的产业，不仅拥有较高的技术含量，同时也代表着社会发展的大趋势。目前，战略性新兴产业发展面临着两个方面的难题：一是技术不确定性；二是市场不确定性。一方面，战略性新兴产业的主导技术路线不明确，很多企业的技术方案处在实验阶段，不具备直接投放市场的可行性。另一方面，产品即使投入市场，仍然面临着不符合市场需求的可能性。正是由于战略性新兴产业发展面临着技术不确定性和市场不确定性，民营企业和私人资本往往不愿意承担前期的巨大风险，这将严重阻碍这些产业的发展。为此，要发挥国有企业在承担风险方面的优势，积极引领战略性新兴产业的发展，特别是要以国有资本撬动社会资本投资战略性新兴产业，达到"四两拨千斤"的效果。

（四）在"走出去"过程中执行国家战略意图

进一步扩大对外开放，不仅要"引进来"，更要"走出去"。近年来，以"一带一路"倡议为核心的对外开放战略稳步实施，在这个过程中，国有企业扮演着举足轻重的角色。我国产业和企业"走出去"不仅要在全球范围内配置资源，同时也是执行国家战略，特别是对于某些具有高度战略意义的资源开发、区域合作和基础设施建设，都必须由国有企业牵头实施，以提供强有力的资金、技术和信誉保障。

第五节　高质量发展与社会主义社会基本经济规律

规律是事物之间的客观联系，经济规律是指社会经济现象间普遍的、本质的、必然的联系。在所有经济规律中，最能体现社会经济现象之间本质联系的是基本经济规律，作为一个特定的经济学范式。社会基本经济规律是指社会生产活动的目的和达到这一目的的手段的统一。

一、资本主义市场经济的基本经济规律

在阶级社会，基本经济规律就是指统治阶级的生产目的及其手段的统一。可以从"一般"和"特殊"两个层面来理解资本主义市场经济的基本经济规律。从"一般"层面来看，作为商品经济的高级发展阶段，市场经济必须遵循价值规律，即商品价值是由生产这种商品的社会必要劳动时间决定的，商品交易必须遵循等价

交换原则，且资本主义市场经济同样需要遵循价值规律。从"特殊"层面来看，资本主义市场经济的所有制基础是资本主义生产资料私有制，社会生产必须满足拥有生产资料所有权的统治阶级——资产阶级追求剩余价值的需要，因此，资本主义市场经济的基本经济规律是剩余价值规律及其追求剩余价值的各种手段的统一。

二、国民经济有计划按比例发展规律

作为一种崭新的社会形态，社会主义社会也存在着基本经济规律，在《苏联社会主义经济问题》中，斯大林提出社会主义社会的基本经济规律是"国民经济有计划按比例发展规律"，并对此做了解释："国民经济有计划发展的规律，是作为资本主义制度下竞争和生产无政府状态的规律的对立物而产生的……这就是说，国民经济有计划发展的规律，使我们的计划机关有可能去正确地计划社会生产。"[1]

笔者认为，国民经济有计划按比例发展，是社会主义国家在认识社会主义生产目的的基础上，主动运用计划手段开展社会主义经济建设的举措、途径和工具方法的总称，是作为社会主义基本经济规律的实现手段出现的。规律作为不以人的意志为转移的事物内在联系，体现的是一种客观存在，而不是主观行为。国民经济有计划按比例发展，是人们在认识社会主义基本经济规律的基础上，通过思维去反映现实并反作用于现实的方法和途径，不宜将其与"规律"本身相混淆。

三、"以人民为中心的高质量发展"勾勒出新时代中国特色社会主义基本经济规律的轮廓

社会主义基本经济规律也可以从"一般"和"特殊"两个层面来理解。在"一般"层面，社会主义市场经济在发展阶段上仍然属于商品经济范畴，但社会生产目的不仅仅是价值，还是追求价值和高质量使用价值的统一，因此，可以将一般层面的新时代中国特色社会主义基本经济规律概括为"高质量发展规律"。在"特

---

[1] 参见《斯大林文选：1934—1952》（下），人民出版社1962年版，第576页。

殊"层面，中国特色社会主义以坚持公有制为主体、多种所有制经济共同发展为基本经济制度，因此，生产资料所有权主体的多元化特征，决定了社会主义生产目的既要满足生产资料私人占有者的利润最大化要求，更重要的是要满足占绝大多数的生产资料公有主体——"人民"的剩余劳动最大化要求。因此，综合考虑"一般"和"特殊"两个层面，"以人民为中心的高质量发展"勾勒出了新时代中国特色社会主义基本经济规律的轮廓。①

本章小结

我国经济已由高速增长阶段转向高质量发展阶段，"高质量发展"既对经济发展动力转换提出了新要求，同时也深刻阐释了现阶段我国"社会生产目的"的新变化。社会主义生产和再生产过程具有二重性：一方面，它是直接社会性的生产，是为满足广大人民群众需要的使用价值的生产过程；另一方面，它又是商品性的生产，是价值的创造过程。基于上述马克思主义基本原理，结合我国经济发展实际，本章从社会主义社会的基本矛盾和主要矛盾出发，探讨由社会主要矛盾决定的社会生产目的及新变化，以是否考虑生产资料所有制为划分依据，从"一般"和"特殊"两个层面分析了"高速增长阶段转向高质量发展阶段"的丰富内涵。在商品流通"一般"层面，推动高质量发展的关键在于处理好市场与政府的关系，既要发挥市场在资源配置中的决定性作用，让价值规律和价格机制调控资源配置；又要更好地发挥政府作用，通过政府调控引导企业树立使用价值导向，着力提高商品质量和服务质量。在资本流通这一"特殊"层面，推动高质量发展的关键在于处理好公有制经济和非公有制经济的关系，既要发挥非公有制经济的灵活优势，营造有序竞争的市场环境，又要发挥好公有制经济在国民经济中的"定盘星""压舱石""先行者"作用，在一般竞争性行业、自然垄断行业和战略性新兴行业，都要把国有企业塑造成为高质量发展的行业标杆。

社会主义基本经济规律也可以从"一般"和"特殊"两个层面来理解。在"一

---

① 参见王立胜：《改革开放与"中国奇迹"的奥秘：纪念改革开放40周年》，载《齐鲁学刊》2018年第6期。

般"层面，社会主义市场经济在发展阶段上仍然属于商品经济范畴，但社会生产目的不仅仅是价值，还是追求价值和高质量使用价值的统一，因此，可以将一般层面的新时代中国特色社会主义基本经济规律概括为"高质量发展规律"。在"特殊"层面，中国特色社会主义以坚持公有制为主体、多种所有制经济共同发展为基本经济制度，满足了占绝大多数的生产资料公有主体——"人民"的剩余劳动最大化要求。"以人民为中心的高质量发展"勾勒出了新时代中国特色社会主义基本经济规律的轮廓。

话语应用篇

第八章

现代化经济体系：生产力、生产方式与
生产关系的协同整体

现代化经济体系是"由社会经济活动各个环节、各个层面、各个领域的相互关系和内在联系构成的一个有机整体"①，也是生产力、生产方式与生产关系的协同整体。党的十九大报告指出："建设现代化经济体系是跨越关口的迫切要求和我国发展的战略目标。"②这是顺应中国特色社会主义进入新时代的新要求，对我国经济体系发展作出的重大战略判断。我们要从生产力、生产方式与生产关系的整体深刻认识建设现代化经济体系重要性，推动我国经济发展迈上新台阶。

第一节　建设现代化经济体系的重要意义

一、建设现代化经济体系是社会主义经济体系发展的必然结果

社会主义经济体系的建立，一方面通过社会主义改造实现所有制结构变迁，另一方面通过工业化改变社会生产方式，这两个方面是同时进行、协同共进的过程。③ 中华人民共和国成立后，中国共产党领导全国人民开展社会主义经济

①　参见《习近平谈治国理政》(第 3 卷)，外文出版社 2020 年版，第 240~241 页。
②　参见习近平：《决胜全面建成小康社会 夺取新时代中国特色社会主义伟大胜利——在中国共产党第十九次全国代表大会上的报告》，人民出版社 2017 年版，第 30 页。
③　参见顾海良：《中国特色社会主义政治经济学的始创及理论结晶——毛泽东〈论十大关系〉和〈关于正确处理人民内部矛盾的问题〉研究》，载《毛泽东研究》2016 年第 5 期。

建设，着力从生产力、生产方式和生产关系多个维度推动发展，逐步建立起比较完整的工业体系和国民经济体系。改革开放以来，我国确立了以公有制为主体、多种所有制共同发展的基本经济制度，并坚持"以经济建设为中心，发挥经济体制改革牵引作用，推动生产关系同生产力、上层建筑同经济基础相适应，推动经济社会持续健康发展"[①]，从而促进了我国经济结构不断优化，经济体系不断完善。

但是也应看到，随着生产力的进一步发展，我国社会主义经济体系仍然表现出很多不成熟、不健全的方面，主要体现在发展不平衡、不协调问题凸显，产业结构失衡问题依然存在，产能过剩和需求结构升级矛盾突出，经济增长内生动力不足，等等。当前，我国已开启全面建设社会主义现代化国家的新征程，同时也处在转变发展方式、优化经济结构、转换增长动力的攻关期，我们必须客观认识以往经济体系的成就和不足，主动适应新时代经济发展的形势和任务，建设新的符合现代化国家发展要求的经济体系，也就是现代化经济体系。可以说，以往经济体系是现代化经济体系的基础，现代化经济体系是以往经济体系的改造和升级。

二、建设现代化经济体系是完善社会主义市场经济体制的必经路径

社会主义市场经济体制的建立和完善，在理论上解决了公有制与市场经济有机结合的世界难题，为中国特色社会主义政治经济学的构建提供了重要的学理基础。生产方式和生产关系的协同调整，为改革开放以来我国生产力的跃升提供了重要的制度保障和体制动力，由此形成了中国特色社会主义政治经济学的重要里程碑。

随着生产力水平的提高和新科技革命的兴起，社会形态演进的步伐不断加快，市场经济体制在运行中暴露出的种种问题迫切需要在实践中加以解决。当

[①]　参见《中共中央关于全面深化改革若干重大问题的决定》，人民出版社 2013 年版，第 5 页。

前，社会主义市场经济体制如何进一步完善，特别是在完善产权制度和要素市场化配置、激发各类市场主体活力等方面如何取得突破，仍然需要我们进行深入探索，而现代化经济体系的重要内容之一就是要"建设统一开放、竞争有序的市场体系，实现市场准入畅通、市场开放有序、市场竞争充分、市场秩序规范，加快形成企业自主经营公平竞争、消费者自由选择自主消费、商品和要素自由流动平等交换的现代市场体系"①。可见，建设现代化经济体系体现了完善社会主义市场经济体制的要求，两者是内在一致的。

三、建设现代化经济体系是适应社会主要矛盾变化的客观要求

党的十九大报告指出："中国特色社会主义进入新时代，我国社会主要矛盾已经转化为人民日益增长的美好生活需要和不平衡不充分的发展之间的矛盾。"②我国解决了十几亿人的温饱问题，总体上实现了小康，不久将全面建成小康社会。人民美好生活需要日益广泛，不仅对物质生活提出了更高要求，而且对生态环境保护、能源资源利用、文化休闲服务等方面提出了新的要求。社会主要矛盾的变化，意味着我国经济已由高速增长阶段转向高质量发展阶段，必须实施供给侧结构性改革以适应人民日益增长的美好生活需要。

从经济发展方式来看，经济发展的主要动力必须从单纯地增加要素数量投入向推动要素效率提升转变。③ 建设现代化经济体系，不仅要提升生产要素本身的质量，还要对既有的生产要素组合进行重新搭配，对既有的制度安排进行优化，对既有的供求配合机制进行调整，使得经济发展从主要依靠要素数量推动转变为主要依靠创新推动，从主要依靠物质激励推动转变为主要依靠制度激励推动，从主要依靠供给推动转变为主要依靠供给和需求协同推动。

---

① 参见《习近平谈治国理政》（第 3 卷），外文出版社 2020 年版，第 241 页。
② 参见习近平：《决胜全面建成小康社会 夺取新时代中国特色社会主义伟大胜利——在中国共产党第十九次全国代表大会上的报告》，人民出版社 2017 年版，第 11 页。
③ 参见易淼、赵磊：《新时代我国社会主要矛盾转变内在动因探析——基于中国特色社会主义政治经济学利益分析方法》，载《西部论坛》2018 年第 1 期。

四、建设现代化经济体系是提升国际经济话语权的现实需要

党的十九大报告指出："世界正处于大发展大变革大调整时期，和平与发展仍然是时代主题。世界多极化、经济全球化、社会信息化、文化多样化深入发展，全球治理体系和国际秩序变革加速推进，各国相互联系和依存日益加深，国际力量对比更趋平衡，和平发展大势不可逆转。"①但与此同时，世界面临的不稳定性、不确定性突出，世界经济增长动能不足，贫富分化日益严重，地区热点问题此起彼伏，特别是西方国家出现了复杂的"逆全球化"浪潮和新的经贸保护主义政策威胁。在此背景下，我国将坚定不移地实施更高水平的全面开放政策，积极促进"一带一路"国际合作，推动构建人类命运共同体。这就要求我国的经济体系应进一步加强与国际经济规则的接轨，在国际竞争中主动适应规则和惯例的变化。同时，在增强自身综合国力和国际竞争力的基础上，争取以更为现代化的姿态提升我国在国际经贸和投资领域的话语权。

第二节　将"生产力—生产方式—生产关系"作为整体建设现代化经济体系

一、现代化经济体系的丰富内涵

研究如何构建现代化经济体系，有必要从马克思主义政治经济学基本原理中寻求解答。作为对马克思一生的总结，恩格斯指出："正像达尔文发现有机界的发展规律一样，马克思发现了人类历史的发展规律，即历来为繁芜丛杂的意识形态所掩盖着的一个简单事实：人们首先必须吃、喝、住、穿，然后才能从事政治、科学、艺术、宗教等等；所以，直接的物质的生活资料的生产，从而一个民族或一个时代的一定的经济发展阶段，便构成基础，人们的国家设施、法的观点、艺术以至宗教观念，就是从这个基础上发展起来的，因而，也必须由这个基

①　参见习近平：《决胜全面建成小康社会　夺取新时代中国特色社会主义伟大胜利——在中国共产党第十九次全国代表大会上的报告》，人民出版社2017年版，第58页。

础来解释，而不是像过去那样做得相反。"①恩格斯的这段话阐明了政治经济学的根本任务就是要研究"生产方式及其与之相适应的生产关系"。

经济体系的发展，既是生产力水平不断提升的过程，同时也是生产方式变迁和生产关系改革的过程，只有从生产力、生产方式和生产关系三个方面进行整体把握，才能更好地理解现代化经济体系的丰富内涵。从生产力层面来看，建设现代化经济体系就是要从生产力的构成要素出发，切实提高劳动者素质和生产资料质量。从生产方式层面来看，建设现代化经济体系就是要从生产资料与劳动者的结合方式出发，优化产业结构，统筹城乡关系，协调区域发展，推动全面开放。从生产关系层面来看，建设现代化经济体系就是要继续坚持社会主义基本经济制度不动摇，毫不动摇巩固发展公有制经济，毫不动摇鼓励、支持、引导非公有制经济发展。

二、生产力层面：切实提高劳动者素质和生产资料质量

劳动力和生产资料是生产力的主要构成要素。从生产力自身的发展规律来看，提高生产力水平，一是要提高劳动者素质和生产资料质量；二是要提高就业质量，实现更为充分的就业；三是要大力推动创新。

从劳动者素质来看，我国目前劳动者素质呈现出结构性失衡状况，主要表现在高端人才和基层技术工人的双重短缺，这就需要我们转变教育发展思路，大力发展职业教育。一方面，要集中优势资源推动重点高校、科研院所、拔尖学科的发展，加快一流大学和一流学科建设，实现高等教育内涵式发展。另一方面，要努力开创我国现代职业教育发展新局面，完善职业教育和培训体系，深化产教融合、校企合作，塑造规模化、专业化的技术工人队伍。从生产资料质量来看，当前新科技革命的本质仍然是知识革命、信息革命，其核心特征是知识、技术和信息日益成为重要的生产资料。从引导社会形态发展的角度来看，商品货币关系的存在和市场经济的发展，根本原因在于人类难以掌握供给和需求的全部准确信息，只能通过市场试错的方式交换私人劳动。从这个意义上来说，一旦知识和信

---

① 参见《马克思恩格斯选集》(第3卷)，人民出版社2012年版，第1002页。

息真正成为公共产品，人类可以在共享知识和信息的条件下采用更为积极主动的方式来调节产品供求，从而把社会形态推向更高的层次。为此，应突破制造业、服务业的二元思维，坚定不移地推动工业信息化、农业信息化，适应和把握新一代信息技术发展的方向，提高企业掌握市场动态的信息处理能力。

充分就业是实现劳动力合理配置的前提条件，要坚持就业优先战略和积极就业政策，实现更高质量和更充分就业。大规模开展职业技能培训，注重解决结构性就业矛盾，鼓励创业带动就业。提供全方位公共就业服务，促进高校毕业生等青年群体、农民工多渠道就业创业。破除妨碍劳动力、人才社会性流动的体制机制弊端，使人人都有通过辛勤劳动实现自身发展的机会。完善政府、工会、企业共同参与的协商协调机制，构建和谐劳动关系。

创新是引领发展的第一动力，是建设现代化经济体系的战略支撑。要瞄准世界科技前沿，强化基础研究，实现前瞻性基础研究、引领性原创成果重大突破。加强应用基础研究，拓展实施国家重大科技项目，突出关键共性技术、前沿引领技术、现代工程技术、颠覆性技术创新，为建设科技强国、质量强国、航天强国、网络强国、交通强国、数字中国、智慧社会提供有力支撑。加强国家创新体系建设，强化战略科技力量。深化科技体制改革，建立以企业为主体、市场为导向、产学研深度融合的技术创新体系，加强对中小企业创新的支持，促进科技成果转化。倡导创新文化，强化知识产权创造、保护、运用。培养造就一大批具有国际水平的战略科技人才、科技领军人才、青年科技人才和高水平创新团队。

三、生产方式层面：通过多种途径优化劳动者与生产资料的配置

生产方式的实质是劳动力与生产资料组合、搭配完成生产过程的方式，这种组合和搭配既可以是在产业层面上的，也可以是在空间层面上的，还可以是在国内国际层面上的。因此，要通过多种途径优化劳动者与生产资料的配置。本章从调整产业结构、统筹城乡关系、协调区域发展、推动全面开放等四个方面进行分析。

调整产业结构，处理好劳动力和生产资料在产业间的配置问题。党的十九大报告指出，要"着力加快建设实体经济、科技创新、现代金融、人力资源协同发

展的产业体系"①。其中，需要着重处理好实体经济与现代金融、科技创新和人力资源两对关系。一方面，需要在实体经济部门和虚拟经济部门合理配置劳动力和生产资料。既要鼓励现代金融业态发展，又要抑制金融风险，维护金融稳定，并推动更多的资源进入实体经济，夯实国民经济基础。另一方面，需要把握好科技创新和劳动就业的辩证关系。既要促进资源流向高技术含量、高投入产出效率的研发领域，又不能因此影响劳动者就业。从实践来看，可通过发展高质量劳动密集型产业来协调两者关系。

统筹城乡关系，处理好劳动力和生产资料在城市和农村之间的配置问题。农业、农村、农民问题是关系国计民生的根本性问题，必须始终把解决好"三农"问题作为全党工作的重中之重。从某种意义上来说，经济现代化的进程就是分割的城乡二元结构转变为城乡一体化的过程。劳动力由农村向城市流动是这一过程中不可逆转的事实。如果生产资料伴随着劳动力向城市无序流动，那就有可能造成农村的凋敝。城乡一体化的进程，不仅是劳动力向城市流动的过程，也应推动特定生产资料向农村流动，特别是鼓励技术、农业人才和资金向农村流动。与此同时，落实土地集体所有制和规模化经营，在更高层面上整合农业生产的各种要素，全面推动乡村振兴。这主要包括四个方面内容：第一，要坚持农业农村优先发展，按照产业兴旺、生态宜居、乡风文明、治理有效、生活富裕的总要求，建立健全城乡融合发展体制机制和政策体系，加快推进农业农村现代化。第二，确保国家粮食安全，把中国人的饭碗牢牢端在自己手中。构建现代农业产业体系、生产体系、经营体系，完善农业支持保护制度，发展多种形式适度规模经营，培育新型农业经营主体，健全农业社会化服务体系，实现小农户和现代农业发展有机衔接。第三，促进农村一、二、三产业融合发展，支持和鼓励农民就业创业，拓宽增收渠道。第四，加强农村基层基础工作，健全自治、法治、德治相结合的乡村治理体系，培养造就一支懂农业、爱农村、爱农民的"三农"工作队伍。

协调区域发展，处理好劳动力和生产资料在区域之间的配置问题。区域是劳动力和生产资料的空间载体，劳动力和生产资料都需要在区域上落地才能展开生

---

①　参见习近平：《决胜全面建成小康社会　夺取新时代中国特色社会主义伟大胜利——在中国共产党第十九次全国代表大会上的报告》，人民出版社 2017 年版，第 30 页。

产活动。现代化经济体系在本质上也是一个现代化的区域发展布局。进入21世纪以来，我国实施一系列区域发展战略，包括强化举措推进西部大开发形成新格局，深化改革加快东北等老工业基地振兴，发挥优势推动中部地区崛起，创新引领率先实现东部地区优化发展，等等，初步建立起区域协调发展新机制。"十三五"时期，我国将以疏解北京非首都功能为"牛鼻子"推动京津冀协同发展，高起点规划、高标准建设雄安新区，以共抓大保护、不搞大开发为导向推动长江经济带发展，努力"塑造要素有序自由流动、主体功能约束有效、基本公共服务均等、资源环境可承载的区域协调发展新格局"①。

推动全面开放，处理好劳动力和生产资料在国内和国外的配置问题。现代化经济体系是一个开放的经济体系，劳动力和生产资料应在国内国外协调配置。"一带一路"建设是要坚持"引进来"与"走出去"并重，推动人才、技术和资金走向国际，遵循共商、共建、共享原则，加强创新能力开放合作，实现全球视野的最优配置，创造双赢的投资局面，形成陆海内外联动、东西双向互济的开放格局，推动世界经济良性健康发展。

四、生产关系层面：推动公有制经济和非公有制经济的和谐发展

必须毫不动摇巩固和发展公有制经济，坚持公有制主体地位，发挥国有经济的主导作用，不断增强国有经济活力、控制力、影响力。国有经济控制关系国计民生的重要部门，提供基础设施配套、公共服务和战略性高新技术，能够有效地保护和发展社会整体利益。要完善各类国有资产管理体制，改革国有资本授权经营体制，加快国有经济布局优化、结构调整、战略性重组，促进国有资产保值增值，推动国有资本做强做优做大，有效防止国有资产流失。深化国有企业改革，发展混合所有制经济，培育具有全球竞争力的世界一流企业。

必须毫不动摇鼓励、支持、引导非公有制经济发展，激发非公有制经济活力和创造力。发展非公有制经济，调动各类经济主体的主观能动性，能够为国民经济发展提供具有竞争性的市场环境，积极有效地推动经济发展方式的转型升级。

---

① 参见《中华人民共和国国民经济和社会发展第十三个五年规划纲要》，人民出版社2016年版，第90页。

为非公有制经济创造友好的市场环境，应全面实施市场准入负面清单制度，清理废除妨碍统一市场和公平竞争的各种规定和做法，支持民营企业发展，激发各类市场主体活力。

第三节　以新发展理念引领现代化经济体系的不断完善

中国特色社会主义政治经济学坚持和继承了经典马克思主义政治经济学的基本原理，扬弃和超越了西方主流经济学。中国特色社会主义政治经济学充分汲取西方主流经济学和西方马克思主义经济学注重现象分析和微观基础的某些优势，但更重要的在于，中国特色社会主义政治经济学发扬了马克思主义政治经济学着重研究经济规律的优良传统，注意将具体的实践做法上升到规律层面和理念层面。作为中国特色社会主义政治经济学的最新成果，现代化经济体系不仅在实践层面具有生产力、生产方式和生产关系三个支点，而且在经济规律层面又依托新的发展理念，并由新的发展理念引领前进。作为一个发展中的社会主义大国，我国在新的历史方位和国际国内环境下建设现代化经济体系，必须在贯彻新发展理念的基础上走中国特色高质量发展道路，从生产力、生产方式和生产关系的统一整体理解现代化经济体系，以新发展理念引领现代化经济体系建设。[①]

以创新发展理念引领现代化经济体系建设。创新发展，不仅仅是指生产力层面的技术创新，也包括生产方式层面的组织创新，还包括生产关系层面的制度创新。高质量发展要求转换经济发展的动力结构，这就要求我们从技术、组织和制度三个不同层面，抓住新一轮科技和产业革命的历史机遇，把经济发展动力从主要依靠劳动力和要素投入转为主要依靠创新驱动发展。

以协调发展理念引领现代化经济体系建设。建设现代化经济体系，就是要从生产力与生产关系两者之间矛盾运动关系出发思考问题，紧紧抓住我国社会主要矛盾的变化，一方面突出生产力提升，另一方面突出生产关系调整，协调好供给与需求、生产与消费、当前与长远、局部与全局、重点与一般的关系，特别是要

[①]　参见张宇：《以新发展理念引领现代化经济体系建设》，载《人民日报》2018 年 4 月 12 日。

把经济发展的速度和质量这两者协调起来统筹考虑，在稳定增速的同时提高经济发展质量，从而建立起协调发展的现代化经济体系。

以绿色发展理念引领现代化经济体系建设。建设现代化经济体系，必须处理好经济发展与生态环境保护的关系，牢固树立保护生态环境就是保护生产力、改善生态环境就是发展生产力的理念。同时，不仅要从生产力层面考察人与自然的关系，还要在生产关系的制度变革过程中充分考虑生态环境因素，发挥公有制经济和非公有制经济在保护公共生态环境过程中的重要作用。

以开放发展理念引领现代化经济体系建设。强调开放发展是要从构建人类命运共同体的高度，建设开放、包容、普惠、平衡、共赢的经济体系。为此，要在全球视野范围内配置劳动力和生产资料，优化产业组合和要素组合，既要鼓励吸引高质量外资，又要推动各种所有制经济的优秀本土企业"走出去"。同时，要从深入参与全球治理的角度积极发挥公有制经济和国有企业在对外投资中的作用。

以共享发展理念引领现代化经济体系建设。强调共享发展，实质是坚持以人民为中心的发展思想，体现的是逐步实现共同富裕的要求。一方面，从生产力提升和生产方式优化出发，在总体上提升国民收入水平；另一方面，在生产关系层面，积极推动初次分配改革和二次分配调整，特别是在收入分配改革中保障劳动者收入比重稳中有升。

总之，构建现代化经济体系不仅要求进一步提升生产力水平，还要求协同推动生产方式演进和生产关系变革，将生产力、生产方式和生产关系作为一个整体，以新发展理念引领现代化经济体系的建立和完善。

本章小结

党的十九大报告指出："建设现代化经济体系是跨越关口的迫切要求和我国发展的战略目标。"建设现代化经济体系是社会主义经济体系发展的必然结果、完善社会主义市场经济的必经路径、适应社会主要矛盾变化的客观要求，同时也是提升国际经济话语权的现实需要。

现代化经济体系，是"由社会经济活动各个环节、各个层面、各个领域的相互关系和内在联系构成的一个有机整体"。① 经济体系的发展，既是生产力水平不断提升的过程，同时也是生产方式变迁和生产关系改革的过程，应当从生产力、生产方式和生产关系三个方面进行整体把握，才能更好地理解现代化经济体系的丰富内涵。从生产力层面来看，建设现代化经济体系就是要从生产力的构成要素出发，切实提高劳动者素质和生产资料质量；提高就业质量，实现更为充分的就业；大力推动创新。从生产方式层面来看，建设现代化经济体系就是要从生产资料与劳动者的结合方式出发，优化产业结构、统筹城乡关系、协调区域发展、推动全面开放。从生产关系层面来看，建设现代化经济体系就是要继续坚持社会主义基本经济制度不动摇，毫不动摇巩固发展公有制经济，毫不动摇鼓励、支持、引导非公有制经济发展。

构建现代化经济体系不仅要求进一步提升生产力水平，还要求协同推动生产方式演进和生产关系变革。应从生产力、生产方式与生产关系的整体把握现代化经济体系的丰富内涵，同时，以新发展理念引领现代化经济体系的建立和完善。

---

① 参见《习近平谈治国理政》(第 3 卷)，外文出版社 2020 年版，第 240~241 页。

第九章

现代产业体系的马克思主义政治经济学解读

党的十九大报告指出，我国经济已由高速增长阶段转向高质量发展阶段，正处在转变发展方式、优化经济结构、转换增长动力的攻关期，建设现代化经济体系是跨越关口的迫切要求和我国发展的战略目标。现代产业体系是实体经济、科技创新、现代金融和人力资源四位协同的有机整体。构建现代产业体系既是建设现代化经济体系的重中之重，也是实现高质量发展的关键所在。长期以来，产业经济学、西方经济学、发展经济学掌握了产业分析的话语权，政治经济学在指导现代产业体系构建方面的重要作用未能得到充分体现。本章从政治经济学的研究对象——"生产方式及其与之相适应的生产关系和交换关系"出发，将现代产业体系界定为中观生产关系的核心，阐述现代产业体系引领区域经济布局优化、推动乡村振兴战略实施、助力新型对外开放格局形成的具体路径，进而提出构建现代产业体系过程中需要把握好的五对关系。

第一节　马克思主义政治经济学视野下的产业和产业结构

在西方经济学看来，现代化的过程本身也就是一个产业结构高级化的过程。随着经济发展和人均收入水平的提高，在国民经济的三大产业中，第一产业的劳动力和国民收入在整个国民经济中的比重逐渐下降，第二产业所占比重不断上升，而随着工业化的基本完成和经济发展水平的进一步提高，第三产业所占比重也开始上升并最终超过第二产业，国民经济进入"后工业化"和"服务业化"阶段。

因此，在西方经济学看来，所谓"现代产业体系"就是三次产业比重按照服务业、工业、农业的顺序依次排列的产业结构，按照这个标准，发达资本主义国家普遍已经建成现代产业体系。

长期以来，产业问题并未得到政治经济学的重视，换言之，政治经济学并未在真正意义上将产业结构高级化纳入研究范围。这与政治经济学研究对象的传统认识有关。一般认为，马克思主义政治经济学是研究生产关系的。马克思指出："我所得到的，并且一经得到就用于指导我的研究工作的总的结果，可以简要地表述如下：人们在自己生活的社会生产中发生一定的、必然的、不以他们的意志为转移的关系，即同他们的物质生产力的一定发展阶段相适合的生产关系。"①在《苏联社会主义经济问题》中，斯大林进一步界定了政治经济学研究对象，"政治经济学的对象是人们的生产关系，即经济关系。这里包括：（一）生产资料的所有制形式；（二）由此产生的各种不同社会集团在生产中的地位以及它们的相互关系，或如马克思说的，'互相交换其活动'；（三）完全以它们为转移的产品分配形式"②。在生产关系的三要素中，斯大林认为生产资料的所有制形式是生产关系的基础。同时，斯大林还批判了雅罗申柯把"社会主义政治经济学问题归结为生产力合理组织的问题，归结为国民经济计划化的问题等等"的观点。③

由此，政治经济学研究对象被概括为"三要素"，即生产资料所有制、人们在生产中的地位以及相互关系、产品分配形式，这种"三分法"对社会主义政治经济学的发展产生了深远影响。④ 在这种生产关系界定中，"人们在生产中的地位以及相互关系"是一个抽象概念，具体所指的内容比较模糊且不易把握。相反，生产资料所有制和产品分配形式都是很形象的概念，容易被大众理解。因此，接受"三分法"的直接结果是：生产关系被具象化为生产资料所有制和产品分配形式，由于产品分配形式又是由生产资料所有制决定的，生产关系的概念进一步被

---

① 参见《马克思恩格斯选集》(第2卷)，人民出版社2012年版，第2页。
② 参见斯大林：《苏联社会主义经济问题》，人民出版社1961年版，第58页。
③ 参见斯大林：《苏联社会主义经济问题》，人民出版社1961年版，第57~58页。
④ 参见胡怀国：《探寻中国特色社会主义政治经济学的思想史基础——"新时代"如何改进我们的经济思想史研究》，载《经济思想史研究》2019年第1期。

简化为生产资料所有制，这也使得"生产资料公有制"在中国的社会主义政治经济学研究中占据了极其重要的位置。

分析现代产业体系在内的大量经济现实问题，要求我们准确理解政治经济学的研究对象，这就必须回到经典作家的阐述中。马克思在《资本论》德文第一版序言中指出："我要在本书研究的，是资本主义生产方式以及和它相适应的生产关系和交换关系。"①这表明《资本论》的研究对象包括两个方面的内容：一是生产方式；二是生产关系和交换关系。生产方式作为劳动者与生产资料的结合方式，具有两种含义。第一种含义是生产方式（一般），即在抽象掉生产资料所有制的前提下劳动者与生产资料的结合方式，在这个层面上，生产方式是生产力和生产关系的矛盾统一体，它不仅仅塑造了一般性的人与人之间的关系，也改变了人与自然之间的关系。"这种生产方式既表现为个人之间的相互关系，又表现为他们对无机自然界的一定的实际的关系。"②除了生产方式（一般），生产方式还包括第二层含义，即生产的社会形式，或称之为生产方式（特殊），这是指任何生产过程都不单纯是劳动过程，同时又是一个具有特殊的社会规定性的过程。在资本主义社会，其生产的社会形式是雇佣劳动者与资本相结合进行生产，雇佣劳动者必须服从资本所有者的生产调度和指挥。马克思对《资本论》研究对象的阐述主要是基于生产方式（特殊）作出的界定。

由此，可以从广义和狭义两个层面来理解政治经济学的研究对象。广义生产关系既包括生产资料所有制和产品分配关系，也包括生产资料和劳动力的结合方式，即"生产方式+狭义生产关系"。实际上，广义生产关系为斯大林的"三分法"提供了新的表达方式，只不过将生产方式摆在一个突出的位置，这表明：生产关系的概念绝不仅仅包括生产资料所有制和产品分配关系，更重要的是关注生产资料和劳动力的结合方式，而这种结合方式恰恰是"人与人在生产中的地位及其相互关系"的外在表现形式。

广义生产关系是一个多层次、多维度的概念，其中至少包含三个层面的内容。第一个层面是宏观上市场与政府的关系。市场和计划是资源配置的两种主要

---

①　参见马克思：《资本论》（第1卷），人民出版社2004年版，第8页。
②　参见《马克思恩格斯全集》（第46卷上），人民出版社1979年版，第495页。

手段，政府是执行计划的主体。在宏观上处理好市场与政府的关系就是要让市场和政府协同合作，共同调节劳动力和生产资料的结合方式。通过对劳动力和生产资料进行恰当的组合搭配，提高经济效率，优化人与人之间的经济关系。第二个层面是劳动力和生产资料在中观层面的结合方式以及由此表现出来的人与人之间的经济关系。这个层面的生产关系至少包括以下四种关系：一是劳动力和生产资料在不同产业间的组合和搭配方式，并由此表现出的产业与产业之间的经济关系；二是劳动力和生产资料在不同区域间的组合和搭配关系，并由此表现出的区域与区域之间的经济关系；三是劳动力和生产资料在城乡之间的组合与搭配关系，并由此表现出的城乡经济关系；四是劳动力和生产资料在国内外的组合和搭配关系，并由此表现出的对外经济关系。第三个层面是微观经济主体内部的关系。这个层面的生产关系是指劳动力和生产资料在微观经济主体内部的结合方式，并由此表现出来的人与人之间的经济关系。这里的微观经济主体主要是指企业，当然也涵盖了事业单位、政府机构以及民间非营利性机构的经济活动领域。

第二节　现代产业体系是中观生产关系的核心

一、产业生产关系的主要内容

作为中观生产关系的重要组成部分，产业生产关系本身也是一个具有丰富内涵的概念。从外在形式来看，产业生产关系表现为劳动者和生产资料在不同产业之间的组合和搭配方式；从内在本质来看，产业生产关系实际上是指不同产业内部的经济主体之间的"投入—产出"关系。

产业生产关系至少包含三个方面的内容。一是产业间的生产关系。这主要是指农业、工业和服务业之间的生产关系，以及三次产业内部细分产业之间的生产关系，如农业内部的农、林、牧、副、渔等细分产业之间的结构关系，工业内部轻工业和重工业之间的结构关系，服务业内部的生活性服务业、公共服务业以及生产性服务业之间的结构关系。二是产业链上下游的投入—产出关系。这主要是指在产品和服务生产流程中所涉及产业之间的投入—产出关系，以房地产行业为例，涉及上游的土地开发、建筑设计、原材料制造，中游的土木工程、基础设施配套，下游的房产装修、物业管理等产业。这些产业共同构成房地产产业链条，相互之间存在紧密的投入—产出关系，而这些产业中的经济主体也由此形成复杂的经济利益关系。三是产品内生产关系。这主要是指在企业内部生产某种产品的过程中形成的生产关系。从严格意义上来说，这已经属于微观层面劳动者与劳动者之间的经济关系；从外在形式上来说，这种产品内生产关系表现为产品生产流程中的分工和协作关系，因此，也可以作为产业生产关系的一种特殊类型。

二、中观生产关系的核心：现代产业体系

中观生产关系是一个具有丰富内涵的整体，其中不仅包括产业之间的生产关系，还包括区域之间、城乡之间、国内外之间的经济关系，如果将中观生产关系看作一个复杂系统，那么产业关系、区域关系、对外经济关系就是这个大系统中的"子系统"。在所有这些生产关系子系统中，产业之间的生产关系发挥着重要的统领作用，引导着劳动力和生产资料在区域之间、城乡之间和国内外的流动和组合搭配，现代产业体系也因此成为中观生产关系的核心。

（一）产业发展引领区域经济布局调整

区域经济布局的优化，本质上是通过区域产业中劳动力和生产资料分布结构的调整实现的。根据所使用劳动力和生产资料密集度上的差异性，可以将产业分为劳动密集型、技术密集型、资本密集型等大类，且每个大类产业下还可以进一步细分为产业小类，如技术密集型产业还可以分为高技术密集型产业和一般技术密集型产业，劳动密集型产业还可以分为技术性劳动密集型产业、熟练劳动密集型产业和普通劳动密集型产业等。这些不同类型的产业在空间布局上的变化，推动着区域经济结构的优化。

党的十八大以来，在东部沿海地区率先发展、西部大开发、东北老工业基地振兴、中部崛起等区域战略的基础上，我国又相继实施了多个重大区域经济发展

战略，如京津冀一体化战略、长江经济带战略、粤港澳大湾区战略、黄河生态保护和高质量发展战略等，生产力分布不平衡问题受到高度重视，区域经济布局得到进一步优化。优化区域产业结构，其中十分重要的一项内容就是要根据区域自身的资源禀赋特点，有针对性地选择重点发展的产业类型。譬如，东部沿海经济发达地区应主要发展高技术密集型和资本密集型产业，中部地区应重点发展技术性劳动密集型产业和熟练劳动密集型产业，适当发展一般技术型产业和资本密集型产业，西部地区可根据自身特点重点发展一般劳动密集型，适当发展自然资源密集型产业。东、中、西部地区应根据主导产业的特点和要求，推动劳动力的合理有序流动，改变以往中西部提供劳动力、输入资本，东部地区吸收劳动力、输出技术和资本的生产要素单向流动格局。

(二) 产业发展推动乡村振兴战略的实施

乡村振兴战略的核心是产业振兴，而农村产业振兴的核心在于第一、第二、第三产业的深度融合。农业在现代产业体系中的地位和作用，长期以来都是一个有争议的主题。在西方发展经济学分析框架中，发展中国家的现代化过程是农业和工业分离的二元状态逐步转化为一元经济结构的过程，农村在西方发展经济学的二元经济模型中主要扮演的是一个为城市工业提供"剩余劳动力"的角色。在这种发展经济学模型中，劳动力和生产资料的配置主要是由城市工业驱动的。然而，在大量发展中国家的实践中，问题远远不止这么简单，大量劳动力从农村向城市流动，一定程度上造成了农村的凋敝和衰落，反而进一步加剧了城乡二元对立的局面。

正如张培刚(2013)所指出的，工业化的实质是"国民经济中一系列基要生产函数，或生产要素组合方式，连续发生由低级到高级的突破性变化的过程"。①尽管这种基要生产函数主要是指交通运输、动力工业、机械工业、钢铁工业等部门的生产函数，但这并不意味着农业在工业化的过程中是无所作为的，农业需要与工业和服务业进行有机融合，对农村劳动力和生产资料进行新的组合搭配，形

---

① 参见张培刚：《农业与工业化》，武汉大学出版社 2013 年版，第 31 页。

成新的生产函数。具体来说，第一，在乡村振兴战略的实施中，应积极推动农业与工业的深度融合，提高特色农产品的加工度和附加值水平，将一般性的农产品粗加工、农产品包装等劳动密集型产业转变为由品牌带动的深加工产业。第二，要着力推动第一、第二、第三产业的综合协同发展，在农产品销售、农产品加工的基础上发展乡村旅游观光、乡村康养休闲、乡村文化体育等复合型产业，使各种生产要素都能找到发挥其优势的产业类型和价值环节。

（三）产业发展助力新型对外开放格局的形成

在国际经济关系中也存在劳动力和生产资料的组合与搭配问题，一国实施对外开放，正是要在国内和国外两个领域实现劳动力和生产资料的优化配置。党的十八大以来，我国着力构建新型对外开放格局，推动以"一带一路"倡议为核心的对外开放路径。"一带一路"倡议是新时代我国对外开放战略的重要着力点，而"一带一路"倡议的实施必须落实到产业载体上来。通过产业发展带动"一带一路"沿线国家的发展，应研究各国主导产业的生产要素禀赋，分析我国与"一带一路"沿线国家在劳动力和生产资料禀赋上的差异性，挖掘各方的生产比较优势，有针对性地引导劳动力和生产资料在我国与"一带一路"沿线国家之间的流动。在"走出去"方面，可考虑发挥我国在一般技术密集型产业和资本密集型产业方面的优势，弥补"一带一路"沿线国家在装备制造业、信息技术、建筑工程等方面的不足，同时，积极推动我国技术型人才的劳务输出。在"引进来"方面，可考虑发挥"一带一路"沿线国家特别是中亚、东欧国家在能源、矿产资源和特色农产品方面的优势，合作建立产业链。

第三节　构建现代产业体系需要把握好五对关系

党的十九大报告提出，必须坚持质量第一、效益优先，以供给侧结构性改革为主线，推动经济发展质量变革、效率变革、动力变革，提高全要素生产率，着力加快建设实体经济、科技创新、现代金融、人力资源协同发展的产业体系，着力构建市场机制有效、微观主体有活力、宏观调控有度的经济体制，不断增强我国经济创新力和竞争力。实体经济、科技创新、现代金融、人力资源四个方面共同构成了现代产业体系，而这四个要素之间也存在复杂的联系。从劳动力与生产资料的结合方式的角度理解现代产业体系，需要把握好以下五对关系：先进制造业与现代服务业之间的关系、实体经济与虚拟经济之间的关系、科技创新与人力资源之间的关系、现代农业与新型城镇化之间的关系以及劳动力"走出去"和生产资料"走出去"之间的关系。

一、把握好先进制造业与现代服务业之间的关系

产业经济学理论认为，产业结构的合理化升级是推动产业现代化的重要途径，"工业的收益比农业多得多，而商业的收益又比工业多得多"[①]。随着国民经济水平不断提高，劳动力首先由第一产业流向第二产业，之后则转移到第三产业，最终导致第三产业劳动力逐步增加，第一产业、第二产业劳动力将相应减少。由于不同产业之间存在收益差距，导致从事不同产业的劳动者的工资收入差别较大，从而劳动力逐步向收入较高的行业转移，被称为"配第-克拉克定理"。因此，有不少学者以此为依据，认为服务业在国民经济中的比重高于工业的产业结构就是现代产业体系。显然，这种理解是片面的。

马克思主义政治经济学认为，只有生产性劳动才能创造出物质财富，非生产性劳动是不创造物质财富的。马克思在《1844 年经济学哲学手稿》中指出："与生产性消费和非生产性消费相应的是生产性劳动和非生产性劳动。"[②]"所谓生产劳动系指劳动者为创造物质财富而付出的劳动，它包括一切生产领域中劳动者的劳动和作为生产过程在流通领域中继续的那部分劳动(包装、保管等)以及各种生产性劳务(如货物运输等)。非生产劳动即不创造物质财富的劳动(如商店店员、各种服务员、管理员的劳动)。"[③]据此，制造业才是能真正创造出社会物质财富的行业，服务业能创造出利润，但不一定能创造出价值。纵观世界历史进程，大

---

①　参见威廉·配第：《政治算术》，陈冬野译，商务印书馆 2014 年版，第 20 页。②参见马克思：《1844 年经济学哲学手稿》，人民出版社 1985 年版，第 167 页。

②　马克思. 1844 年经济学哲学手稿[M]. 北京：人民出版社，1985：167。

③　参见张卓元等：《政治经济学大辞典》，经济科学出版社 1998 年版，第 30 页。

部分国家的工业化是从重工业起步的，也只有在重工业优先发展的前提下，才能带动农业、轻工业和服务业的发展。当前，我国构建现代产业体系必须重视生产性劳动，表现在产业上就是要高度重视制造业特别是具有较高技术含量的装备制造业的发展。

此外，构建现代产业体系，要正确把握制造业与服务业之间的关系，顺应经济发展的整体趋势，推动制造业与服务业进一步深度融合发展，实现"制造业服务化""服务业产品化"。在现代服务业中，涌现出专门为制造业提供服务的生产性服务业。近年来，家电、汽车、通信设备、消费电子、工程机械等产业率先出现不同程度的服务化转型；设计、研发、实验等专业化服务，检测、维修、部件定制、工程总承包、交钥匙工程、整体解决方案，以及第三方物流、供应链管理优化等，都已经成为当前我国制造业与服务业深度融合的重要领域。① 由此可见，制造业和服务业的发展已经密不可分。在构建现代产业体系的过程中，需要通过深化供给侧结构性改革，支持传统产业转型升级，加快发展先进制造业和现代服务业，实现两者的同步发展、融合发展。

二、把握好实体经济与虚拟经济之间的关系

构建现代产业体系，需要在实体经济部门和虚拟经济部门之间合理配置劳动力与生产资料。实体经济是指农业、工业、交通运输、商贸物流、建筑业、服务业等提供实实在在的产品和服务的经济活动。② 关于虚拟资本，马克思在《资本论》第3卷中引用威·利瑟姆的观点，即"通过单纯流通手段的制造，就创造出虚拟资本"③。虚拟资本是在银行信用制度和借贷资本的基础上产生的，它自身不具有价值，但其在流通过程中可以充当支付凭证或票据，进而创造出某种形式的剩余价值，如股票、债券等。虚拟经济则是相对于实体经济而言的，它是由社会信用制度和资本证券化所产生的虚拟资本在现代市场中的经济活动。

---

① 参见邓洲：《探索制造业服务业深度融合新路径》，载《经济日报》2019年8月29日第15版。

② 参见逄锦聚等：《政治经济学》(第五版)，高等教育出版社2014年版，第104页。

③ 参见马克思：《资本论》(第3卷)，人民出版社2018年版，第451页。

实体经济与虚拟经济是对立统一的关系。一方面，实体经济是虚拟经济的基础，实体经济决定着虚拟经济的发展水平和发展方向；另一方面，虚拟经济对实体经济的发展具有反作用。其正效应作用表现在：虚拟经济部门能为实体经济部门提供有效的融资工具，有利于实体经济存量的重组和结构调整，等等。而虚拟经济的负效应作用则表现为在金融领域的过度投机行为，容易形成经济泡沫并引发金融危机。

金融属于价值分配领域，本身不创造任何实体财富，不能脱离实体经济和物质生产活动而独立发展。因此，构建现代产业体系，我们既要鼓励现代金融业态发展，又要抑制金融风险，维护金融稳定，并推动更多的资源进入实体经济，夯实国民经济基础。① 从劳动力与生产资料的组合和搭配来看，要在实体经济和虚拟经济两大部门之间合理配置劳动力和生产资料。要出台更为积极的劳动保护政策和工资激励方案，鼓励劳动力更多地向实体经济流动，采取出台利率政策、税收政策措施鼓励实体经济投资。同时，要进一步优化劳动力和生产资料在虚拟经济领域的组合搭配，避免金融行业的过度竞争和恶性竞争。

三、把握好科技创新与人力资源之间的关系

"劳动生产力是随着科学和技术的不断进步而不断发展的。"②科技创新能有效推动生产力的发展和生产方式的变革。重视科技对社会的推动作用是马克思主义理论的一个基本观点。"在马克思看来，科学是一种在历史上起推动作用的、革命的力量。"③当前国际竞争日趋激烈，"科技创新是提高社会生产力和综合国力的战略支撑，必须把科技创新摆在国家发展全局的核心位置"。④ 构建现代产业体系，需要把握好科技创新和人力资源之间的关系，"人才资源是第一资源，

---

① 参见周绍东、王立胜：《现代化经济体系：生产力、生产方式与生产关系的协同整体》，载《中国高校社会科学》2019 年第 1 期。

② 参见《马克思恩格斯列宁毛泽东周恩来邓小平论科学技术》，科学技术文献出版社 1990 年版，第 20 页。

③ 参见《马克思主义经典作家论科学技术和生产力》，中共中央党校出版社 1991 年版，第 5 页。

④ 参见中共中央文献研究室：《习近平关于科技创新论述摘编》，中央文献出版社 2016 年版，第 25~26 页。

也是创新活动中最为活跃、最为积极的因素。要把科技创新搞上去，就必须建设一支规模宏大、结构合理、素质优良的创新人才队伍"①。加强人才队伍建设，"促进科学研究、工程技术、科技管理、科技创业人员和技能型人才等协调发展，形成各类创新型科技人才衔接有序、梯次配备、分布合理的格局"②。

生产方式是劳动者与生产资料的结合方式，科学技术本身必须与劳动者、生产资料有机地结合起来才能发挥其推动生产力发展的作用。这主要包括三个层面的含义：一是科学技术要与劳动者结合起来。劳动者是从事科技创新活动的主体，任何科技创新活动必须在人的支配和控制下才能开展。同时，科学技术要帮助劳动者提高劳动技能，提高劳动力的劳动能力。二是科学技术要改善生产资料的性能。通过科技创新，要能够提升原材料质量，提高能源利用效率，改进和创新劳动力工具，优化劳动工具的性能。三是科学技术要改革劳动力和生产资料二者的结合方式，这就要求改革微观经济主体内部的劳动组织方式，优化劳动过程，运用现代化的经营管理模式和方法提高经营管理水平。

构建现代产业体系，需要关注社会进步所带来的劳动者素质提高的情况，即当前我国人力资源或人力资本的现实状况。开展科技创新活动，不能单纯强调技术高度，片面重视技术本身，忽视劳动力的实际情况，而是要注意与劳动力不同的质量层次结合起来。由于社会发展的不均衡和劳动者自身的天性禀赋存在差异，劳动力本身可以大体分为高端技术劳动力、熟练劳动力和一般劳动力。不同质量层次的劳动力在科技创新活动中所从事的岗位、负责的内容应是与其自身能力相匹配的，进而在最大程度上发挥出劳动者的主体创新作用。

四、把握好发展现代农业与推动新型城镇化之间的关系

构建现代产业体系，需要把握好发展现代农业与新型城镇化之间的关系。在推进新型城镇化的过程中，需要促进劳动力和生产资料在城乡之间自由流动，将发展现代农业与乡村文化建设、社会服务等有机结合起来，形成农村第一、第

---

① 参见中共中央文献研究室：《习近平关于科技创新论述摘编》，中央文献出版社 2016 年版，第 110~111 页。

② 参见《"十三五"国家科技创新规划》，人民出版社 2016 年版，第 87 页。

二、第三产业融合发展的格局，破解现有城乡二元结构发展难题，实现农业现代化和新型城镇化良性互动、同步发展。

当前，各级政府都在大力推动实施乡村振兴战略，这是事关我国能否顺利全面建成小康社会的重大战略部署，也是解决好新时代"三农"问题的关键一招，更是发展现代农业和推动新型城镇化建设的重要途径。产业振兴是乡村振兴最根本、最重要的工作内容，发展现代农业产业是乡村振兴的关键所在，也是构建现代产业体系的重要组成部分。现代产业体系的发展不仅要关注到传统农业的升级，还要围绕新型城镇化提出的新消费需求发展现代农业产业。随着人民生活水平不断提高，消费需求相应发生改变，民众日益青睐于绿色、健康、低碳的产品和服务。为顺应居民消费结构的变化，必须坚持绿色发展理念，推动现代农业产业发展。在推进新型城镇化和新农村建设的过程中，城乡之间的联系日益紧密，城郊经济、特色小镇、都市农业等新型城镇化载体蓬勃发展起来，这种以现代农业和第一、第二、第三产业融合为基础的现代产业体系，在打破城乡二元结构、推动城乡一体化和城乡融合的过程中发挥了必不可少的作用。

五、把握好"劳动力"走出去和"生产资料"走出去之间的关系

中国特色社会主义进入新时代，我国对外开放格局发生了深刻变化，已经进入"引进来"和"走出去"相结合的新阶段。大批国内企业走出国门开展产业投资，特别是在基础设施建设和能源开发领域，中国企业在海外承接了大量业务，取得了显著的经济成效和国际影响。在政治经济学看来，生产过程是劳动力与生产资料结合的过程，国内资本输出海外，需要具有相应技术能力和管理经验的劳动力与之匹配。因此，要发挥我国劳动力资源优势，在"生产资料"走出去的同时大力推动中国"劳动力"走出去。以"一带一路"倡议为例，与"一带一路"沿线国家相比，我国劳动力不仅在数量上较为充裕，同时在技术层次和文化水平上也具有一定优势，因此，可以结合"一带一路"沿线国家产业特征，有针对性地推动劳动力输出，促成我国技术劳动力与"一带一路"沿线国家企业的结合，更好地发挥人力资源优势。

本章小结

构建现代产业体系既是建设现代化经济体系的重中之重，也是实现高质量发展的关键所在。马克思主义政治经济学的研究对象是生产方式及其与之相适应的生产关系，本章回到马克思主义经典作家有关政治经济学研究对象的阐述中，从三个层面理解生产关系：一是宏观层面上的市场与政府的关系，二是中观层面上的劳动力与生产资料的结合方式以及由此表现出来的人与人之间的经济关系，三是微观层面上企业等经济主体内部的生产关系。其中，中观生产关系不仅包括产业之间的生产关系，还包括区域之间、城乡之间、国内外之间的经济关系。在中观生产关系中，产业间的生产关系发挥着重要的统领作用，引导着劳动力和生产资料在区域之间、城乡之间和国内外的流动、组合和搭配，由此形成的现代产业体系也因此成为中观生产关系的核心。本章认为，从劳动力与生产资料的结合方式来看，现代产业体系是实体经济、科技创新、现代金融和人力资源四位协同的有机整体。因此，构建现代产业体系，需要把握好先进制造业与现代服务业之间的关系、实体经济与虚拟经济之间的关系、科技创新与人力资源之间的关系、现代农业与新型城镇化之间的关系以及"劳动力"走出去和"生产资料"走出去之间的关系。

第十章

精准扶贫与乡村振兴的政治经济学解读

　　乡村是具有自然、经济、社会特征的地域综合体，兼具生产、生活、生态、文化等多重功能，乡村与城镇共生共存、互动演进，共同构成了人类活动的主要空间。党的十九大报告指出："农业农村农民问题是关系国计民生的根本性问题，必须始终把解决好'三农'问题作为全党工作的重中之重。"乡村振兴战略的总要求是产业兴旺、生态宜居、乡风文明、治理有效、生活富裕。乡村振兴的关键在于产业振兴，根本指向在于推动城乡融合。本章从农村产业升级和城乡经济关系视角切入，对乡村振兴战略进行政治经济学解读。本章首先从马克思主义政治经济学研究对象出发，将城乡经济关系界定为"中观生产关系"的重要组成部分。接着分别从劳动力和生产资料两个角度出发，提炼出农村产业升级推动城乡经济关系演进的路径。

第一节　政治经济学视野中的城乡经济关系

　　一直以来，西方发展经济学对于城乡经济关系研究采用的是"二元经济结构"的分析方法，其中以刘易斯模型和托达罗模型为典型代表。刘易斯认为，发展中国家一般具有边际生产率较高的城市工业部门和边际生产率较低甚至为负的传统农业部门。劳动力会从边际生产率较低的农业部门源源不断地向边际生产率较高的城市工业部门流动，直到农村剩余劳动力全部吸收完毕，至此发展中国家完成城市化过程。针对刘易斯模型出现了很多争议，特别是很多研究对其城乡劳动生产率差异的假设表示质疑。作为对刘易斯模型的修正，托达罗从微观个体决策行为的角度出发，认为农村劳动力向城市流动并不是城乡边际劳动生产率的差异，而取决于预期城市获得较高收入的概率和失业者风险的权衡。但是，刘易斯模型与托达罗模型都没有充分考虑到发展中国家农村劳动力转移的阶段性和复杂性。

实际上，马克思主义经典作家对城乡问题做过一些深刻阐述。在《德意志意识形态》中，马克思指出："物质劳动和精神劳动的最大的一次分工，就是城市和乡村的分离。城乡之间的对立是随着野蛮向文明的过渡、部落制度向国家的过渡、地域局限性向民族的过渡而开始的，它贯穿着文明的全部历史直至现在。"①在《共产主义原理》中，恩格斯提出："通过消除旧的分工，通过产业教育、变换工种、所有人共同享受大家创造出来的福利，通过城乡的融合，使社会全体成员的才能得到全面发展。"②此外，马克思、恩格斯在《共产党宣言》《反杜林论》《资本论》等著作中也论述了城乡从对立不断走向融合的过程。

城乡经济关系是马克思主义政治经济学的研究对象之一。马克思主义政治经济学研究的是广义生产关系，至少包含三个层面的内容。第一个层面是宏观上的市场与政府关系。市场和计划是资源配置的两种主要手段，政府是执行计划的主体。在宏观上处理好市场与政府的关系，就是要让市场和政府协同合作，共同调节劳动力和生产资料的结合方式。第二个层面是劳动力和生产资料在中观层面的结合方式以及由此表现出来的人与人之间的经济关系。这个层面的生产关系至少包括以下四种关系：劳动力和生产资料在不同产业间的组合和搭配方式，并由此表现出的产业与产业之间的经济关系；劳动力和生产资料在不同区域间的组合和搭配关系，并由此表现出的区域与区域之间的经济关系；劳动力和生产资料在城乡之间的组合和搭配关系，并由此表现出的城乡经济关系；劳动力和生产资料在国内外的组合和搭配关系，并由此表现出的对外经济关系。第三个层面是微观经济主体内部的关系，也即劳动力和生产资料在微观经济主体内部结合并由此表现

---

①　参见《马克思恩格斯选集》（第 1 卷），人民出版社 2012 年版，第 184 页。
②　参见《马克思恩格斯文集》（第 1 卷），人民出版社 2009 年版，第 689 页。

出来的人与人之间的经济关系。①

从生产方式的含义来看，劳动力和生产资料在城乡进行形式多样的组合和搭配，由此形成城乡经济关系，这构成了中观生产关系的重要组成部分之一。从生产方式转变的角度可以将我国城乡经济关系演变的历史进程分为四个阶段：1949—1978 年城乡二元结构形成阶段、1978—1992 年城乡经济关系快速推进阶段、1992—2012 年统筹城乡发展阶段以及 2012 年至今城乡经济关系发展新阶段。在传统的经济结构中，农村主要从事农业生产活动，而工业和服务业主要集中在城市。改革开放以来，城镇化进程深入展开，这种传统结构逐渐被打破。随着家庭联产承包责任制在农村的普遍实行，开始出现剩余劳动力，这些剩余劳动力一部分流向城市，另一部分集中在以乡镇企业为载体的农村工业，促成了中国农业工业化的一次发展高潮，这些普通劳动密集型产业为"中国制造"提供了巨大的成本优势。进入 20 世纪 90 年代，由于农民大量涌向城市务工，由此带来了一些社会问题，与此同时，大量城郊接合部、县城、中心镇发展起来，构成了中国城乡之外的"第三元"，这些地区在产业上的最大特点是技能劳动密集型产业的集聚。随着中国特色社会主义进入新时代，乡村振兴战略的实施进一步提出了农村"三产融合"的要求。在这个过程中，农村需要吸引更多的人才和技术，推动劳动力和生产资料以更为多样化的形式结合起来，使得各种不同于传统产业的新业态、新行业在农村发展起来，促进了城乡产业的良性互动和城乡的进一步融合。也正是在这个意义上，我们认为，乡村振兴的关键在于产业振兴，而乡村产业振兴的主要路径是构建更为合理的城乡经济关系，促进城乡产业融合。

中华人民共和国成立 70 多年以来，我国的城乡关系在复杂的国内国际环境下经历了一个曲折的发展过程。从"统筹城乡发展"到"城乡发展一体化"，再到"城乡融合发展"，既体现了党中央政策的一脉相承，又反映了新时代的阶段特征和具体要求。我国城乡关系发生了历史性变革，劳动力和生产资料在城乡之间

①　参见任艳：《区域协调发展与现代产业体系构建的政治经济学阐释》，载《经济纵横》2020 年第 6 期。

的组合和搭配朝着多样化的形式发展。因此，实施乡村振兴战略，必须重塑城乡关系，走城乡融合发展之路。

第二节　劳动力视角下的农村产业升级与城乡关系演进

乡村振兴的关键在于产业振兴，城乡融合发展的关键在于消除传统的城乡分工。在城乡分隔的状态下，农村是农业生产活动的空间载体，而城市则是工业和服务业的空间载体。仅就劳动生产率而言，农业、工业与服务业之间存在一定的差距。因此，要推动城乡融合，必须推动农村产业升级，缩小与城乡产业之间的效率差距。而从政治经济学视角，可从生产活动的两大要素——劳动力和生产资料出发，提炼农村产业升级和城乡融合路径。

马克思主义政治经济学认为，生产方式的实质是劳动者在生产过程中与生产资料结合的方式。城乡经济关系表现为劳动力和生产资料在城乡之间进行形式多样的组合和搭配。从劳动者的视角来看，伴随着生产力的提高，劳动者知识技能水平不断提升，原有劳动力与生产资料结合方式不断改进，进而改变了城乡经济关系。在城乡经济关系的变化过程中，可根据劳动者拥有的知识和技能水平，将国民经济产业部门分为普通劳动密集、技能劳动密集和技术劳动密集三个类型产业。普通劳动密集型产业对劳动力需求依赖程度较大，对劳动力素质要求不高；技能劳动密集型产业虽然依赖劳动力需求，但对劳动力素质有更高的要求，需要农业劳动者能够运用专业知识，依靠操作技能从事农业生产及服务实践活动；而技术劳动密集型产业对技术的需求依赖程度较大，包括知识水平较高的技术型人才，以及更高层次的组织管理技术。普通劳动密集型产业在上述三个类型产业中，产业级别相对最低，但由于我国经济发展的特殊性质，该类型产业并没有完全被淘汰，而是转移到生产力水平相对落后以及劳动力成本更为低廉的区域，与技能劳动密集型以及技术劳动密集型产业在空间上并存。从普通劳动密集型产业向技能劳动密集、技术劳动密集型产业升级的过程本身也是城乡关系演进的过程，即从城乡对立的二元结构向城乡协调发展再到城乡融合发展的过程（见图10-1）。

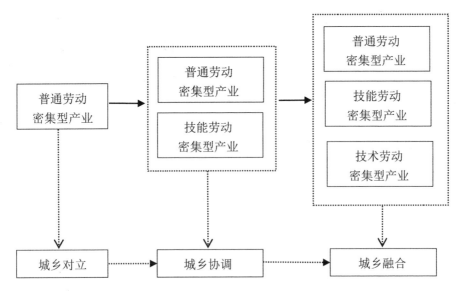

图 10-1 劳动力视角下的农村产业升级和城乡关系演进

一、城乡对立：普通劳动密集型产业为主导的时期

1949—1978 年是我国城镇化的起步阶段，城乡关系的建立主要以城市为中心展开，农村处于相对从属的地位。在这一时期，为迅速恢复国民经济，一方面，我国进行社会主义改造，将小农经济逐步改造为社会主义集体经济，在政府主导下通过农业互助组、初级农业生产合作社、高级农业生产合作社等不同发展阶段对农业生产关系和经营形式逐步进行变革，在体制上形成了农业生产合作社这种独特的生产组织模式。在集体农业生产方式状态下，农村生产力较为落后，存在大量的农村剩余劳动力，农业形成了较低层次的产业经营形态，即普通劳动密集型产业。另一方面，国家采取"重工业优先发展"的经济发展战略，通过工农业产品之间的"剪刀差"，从农村地区提取农业剩余以支持城市和工业建设；国家在粮油供应、劳动就业、社会保障等方面向城市倾斜，使中国能够在短期内完成工业化；为阻止农业人口过多地向城镇流动，减轻城镇人口农产品供应量增长过快的沉重负担，1958 年我国颁布了《中华人民共和国户口登记条例》，严格

区分了农业与非农业户籍，形成城乡分离的户籍制度，割裂了城乡联系，从而形成了以城市为中心的城乡二元对立局面。

党的十一届三中全会以来，随着家庭联产承包责任制的全面推行，农村建立起以家庭为单位的资源配置方式，在保持农村土地集体所有的前提下赋予农民土地承包经营权，显著提高了农业生产效率。统计数据表明：农业总产值从 1978 年的 1117.5 亿元增加到 1990 年的 4954.3 亿元。[1] 由于城市经济体制改革从 1984 年才开始启动，改革开放初期农村人口并没有大量向城市流动，这些剩余劳动力一部分就地与生产资料相结合，形成了以乡镇企业为代表的农村工业，产生了一个极具中国特色的微观经济主体——乡镇企业，促成了中国农业工业化的一次发展高潮。据统计，1978—1984 年，我国乡镇企业单位数平均为 140 万家，至 1992 年乡镇企业单位数突破两千万家。[2] 乡镇企业大部分发展普通劳动密集型产业，资本有机构成较低，比较好地发挥了农村廉价劳动力的比较优势，也充分利用了初步发展起来的庞大农村市场。因此，在我国农业劳动力处于以劳动密集型产业为主的发展时期，城乡经济关系呈现出"二元经济结构"特征。

二、城乡协调：技能劳动密集型产业大发展时期

明确社会主义市场经济体制的改革目标后，伴随着农业劳动生产率的不断提高，农村剩余劳动力存量不断增大，由此出现了大量进城务工人员。这一时期，普通劳动密集型产业已不适应农村发展要求，农村劳动力逐渐与更为先进的农业技术有机结合，劳动密集型产业逐渐转向技能劳动密集型产业。与普通劳动力密集型产业不同，技能劳动密集型产业对生产技术与劳动力提出了更高的要求。因此，大力发展新农业、轻工产业、现代生活服务业等技能劳动密集型产业以及高新技术产业中的劳动密集型生产环节成为农村产业发展的新方向。

随着农村产业结构的不断升级，我国在打破城乡二元经济结构方面进行了一系列政策改革，由过去的农业支持工业逐步转向工业反哺农业。2000 年开始，我国从制度上减轻农民负担，逐步推行农村税费改革；党的十六大上，党中央为

---

① 参见国家统计局：《2019 年中国统计年鉴》，中国统计出版社 2019 年版，第 380 页。
② 参见国家统计局：《2005 中国劳动统计年鉴》，中国统计出版社 2005 年版，第 493 页。

解决城乡二元结构问题首次提出统筹城乡发展战略，党的十六届三中全会将"统筹城乡发展"作为"科学发展观"的重要内容，并列为五个统筹之首。统筹城乡发展战略以全面建成小康社会为总目标，以发展的眼光、统筹的思路，将城市和乡村的发展紧密结合，树立了城乡一体化发展的经济思路，以解决城市和农村存在的问题。在统筹城乡发展战略的指导下，党的十七大指出要进一步推进社会主义新农村建设，"建立以工促农、以城带乡长效机制，形成城乡经济社会发展一体化新格局"。

随之，城乡经济关系出现了明显变化，由二元对立状态向城乡协调发展转变。城乡之间的人流、物流、信息流增多，大量三四线城市、县级市、县城、中心镇发展起来，构成了中国城乡之外的"第三元"，在城乡之间形成越来越多的中间地带，城郊经济、县城经济也因此快速发展起来。以知名品牌"良品铺子"为例，该公司从2006年成立以来，充分利用城乡之间的中间地带，充分延伸产品供应链，与供应商形成长期稳定的战略合作关系。这种战略模式的特点是：总公司负责产品的研发、包装的创新，不直接参与产品的生产。企业总部引入供应商，对供应商的生产规模、注册资本、厂房面积等提出具体的要求。在城市建立产品开发中心，合作工厂与原材料基地设置在城市郊区、小城镇或者乡村地区。企业总部、供应商、原料商三个层级分布在城乡的不同区域，企业可向上游种植基地溯源、向中游加工厂赋能，实现各种生产资源的跨区域配置。并且，良品铺子与供应商之间并不是简单的买卖关系，而是通过向供应商全方位赋能的方式形成命运共同体，最终实现双方共赢，从而带动乡村经济发展。[1]类似"良品铺子"这样的技能劳动密集型产业在城市郊区和小城镇的集聚，可以将农产品的产品链与供应链有机整合，打造优质增值型供应链，有利于实现生产资料跨区域的合理优化配置，使产业链布局更加完整。这种新的企业布局模式，使城乡经济关系出现明显的变化，城乡之间的中间地带成为联系城市与农村的重要纽带，城乡之间的经济联系进一步加强。

---

[1]　参见程虹、王华星等：《我国传统企业如何通过"平台化"促进高质量发展？——基于"良品铺子"的案例研究》，载《宏观质量研究》2020年第4期。

三、城乡融合：技术劳动密集型产业成为发展趋势

随着新一代科技革命的蓬勃发展，在工业化发展、市场化改革和产业扶持政策的推动下，农村产业发展升级的要求不断提高，相关高新技术不断得到应用和推广。劳动力与新科技的结合进一步要求农村产业由普通劳动密集型、技能劳动密集型产业朝着技术劳动密集型产业转变。技术劳动密集型产业属于更高层次的产业经营形态，在生产结构中，"技术要素"所占比重大，劳动者文化技术水平高，经营规模化、管理精细化，产品附加价值高，是新时代农村产业发展的新趋势。

在这一产业发展趋势下，党的十八大以来，我国也逐步开启中国特色新型城镇化道路，不断推进户籍、就业、教育、医疗、养老、住房保障等领域配套改革。2014 年出台的《关于进一步推进户籍制度改革的意见》提出建立城乡统一的户口登记制度，不再区分农业、非农业户口，由此长达 56 年的城乡隔离户籍制度宣告结束，城乡之间的生产要素得以自由流动。随之而来的是农村人口大量进入城市，工业部门和农业部门的经济日益扩大，农村常住人口逐渐减少，"农村劳动力大量流动，农户兼业化、村庄空心化、人口老龄化趋势明显"。① 在这一背景下，如何建立健全城乡融合机制，仍然是我国实现城乡经济协调发展亟待解决的问题。

技术劳动密集型产业广泛应用以互联网为核心媒介的信息化技术，促进了城乡经济的进一步融合。信息化技术应用于农业生产、流通、销售等环节，有效打通了农产品的销路，同时，农村劳动力的经济自主权显著增强。农村劳动力通过专业化技术培训转变为新型"职业农民"，并与"互联网+"、大数据、云计算等为代表的新一代信息技术有机结合，形成了家庭农场、种植大户、农民专业合作社等新型农业生产经营载体。此外，在管理层面，新型农业生产经营载体运用先进的智能管理技术，在节约人力的同时提高了效率，推动农业实现规模化发展。

在农业信息技术快速发展、社会分工不断深化的条件下，培养具备先进生产

---

① 参见《中共中央国务院关于加快发展现代农业进一步增强农村发展活力的若干意见》，载《人民日报》2012 年 12 月 31 日。

能力和生产经验、掌握必要农业种植技术、熟练使用农业机械的劳动力是发展现代农业的必然要求。以上海市松江区为例，在高度工业化、城市化的背景下，松江区探索适度规模的家庭农场经营方式，培养新型农业经营主体，推进了农业的现代化发展。松江区政府组建农机专业合作社，为家庭农场提供全程机械化作业服务，实行"大机专业化、小机家庭化"农机服务模式，并引用先进的组织管理技术，在农业生产领域应用远程监控、智能管理等技术手段对农业生产情况进行监督；区农技中心、镇农机服务中心向家庭农场提供种子技术服务以及病虫草情报、气象信息等农业技术服务。同时，家庭农场经营主体从有务农经验的高龄劳动者，转变为近年来开始出现有知识、专业化、年轻化的农业经营者。①

　　总之，随着农村建设要求的提高，劳动者知识技能水平不断提升，原有劳动力与生产资料的结合方式不断改进，农村产业类型从普通劳动密集型向技能劳动密集型，再向技术劳动密集型发展，进而城乡经济关系由对立走向协调，最终向融合发展。这一农村产业的升级过程深刻体现了"以城带乡"的政策思路。但是，技能劳动密集型产业、技术劳动密集型产业的蓬勃发展，并不意味着原有劳动密集型产业的消失，而是转移到生产力欠发达、劳动力成本较低的地区。普通劳动密集型产业与技能劳动密集以及技术劳动密集型产业在空间上的并存关系，表现为中心城市带动大量三四线城市、县级市、县城、中心镇的发展，城乡之间的经济来往更加频繁，城乡经济关联度不断提高，生产要素在大中小城市、城镇以及乡村之间自由流动，促进我国城乡产业之间的均衡布局，有力推进了城乡融合发展的良好态势。因此，基于中国人口多、劳动力成本低的特点，城乡融合道路不仅要大力发展技术劳动密集型产业，还要不断发展、改善和提升普通劳动密集型产业和技能劳动密集型产业。

第三节　生产资料视角下的农村产业升级与城乡关系演进

　　马克思主义政治经济学认为，生产资料包括劳动资料和劳动对象，而"各种

---

① 参见刘守英：《中国土地问题调查：土地权利的底层视角》，北京大学出版社 2017 年版，第12 页。

经济时代的区别,不在于生产什么,而在于怎样生产,用什么劳动资料生产"①。根据不同产业在生产过程中对劳动资料需求种类和需求依赖程度的不同,可将各产业部门划分为自然资源密集型产业、资金资源密集型产业和品牌资源密集产业。其中,自然资源密集型产业的生产较依赖自然资源;资金资源密集型产业则在生产过程中对资金有更大的需求,以扩增生产规模,改善生产技术等;品牌资源密集型产业则重点关注品牌在生产经营中发挥的引导作用。当然,自然资源密集型产业、资金资源密集型产业和品牌资源密集型产业并非独立存在的三种产业形态,而是于产业发展进程中共存。在农村产业由自然资源密集型产业向资金资源密集型产业及品牌资源密集型产业升级的过程中,我国城乡经济关系由对立走向融合,城乡之间的空间布局也逐步走向合理(见图10-2)。

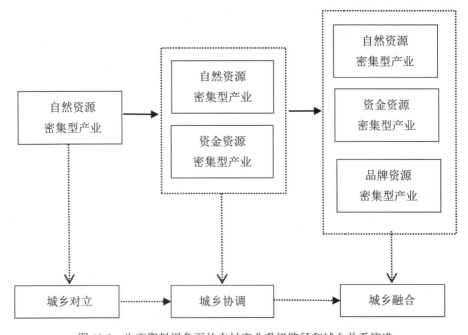

图 10-2　生产资料视角下的农村产业升级路径和城乡关系演进

① 参见马克思:《资本论》(第1卷),人民出版社2004年版,第210页。

一、城乡对立阶段：自然资源密集型产业的困境

农业是典型的自然资源密集型产业，农业生产对土地等自然资源具有较强的依赖性，这一特性也决定了农业生产在空间上是分散布局的。由于土地本身无法向城市集中，因此，农业和工业在空间上也就对立起来了。在工业化早期，农业集中在农村，工业和服务业主要集中在城市，这就造成在产业层面上传统农业与非农业的对立，在空间布局上表现为形成农村与城市的对立。由于农业生产对自然资源、气候条件、环境变化具有很强的依赖性，农业生产也不可避免地具有周期性和季节性，这就导致农业部门与非农业部门劳动生产率的差异。传统农业产业与现代工业和服务业截然不同的产业特性，造成农业、工业、服务业的不均衡发展，在空间布局上形成城乡二元结构。也正是在这个意义上，西方发展经济学把城乡二元结构界定为发展中经济体最核心的特征，把二元结构向城市化转变的过程视为"现代化"的过程。

二、城乡协调阶段：资金资源密集型产业的发展

农村产业结构同资源流向密切关联。在我国工业化初期，农业以无偿提供生产剩余的方式支持城市工业发展，表现为资源从农业流向非农产业，从而制约了农业的产业结构升级，使之滞留于自然资源密集型产业。而随着工业化的不断推进，城乡差距不断扩大且趋于失衡，由此需逆转资源流动方向，以实现工业反哺农业，城市支持农村。① 城市通过发展工商业逐渐积累资金资源，这是解决农村发展困境的重要抓手。资金流向农村，能有效带动技术、劳力、物力等优质资料向农村同步转移，进而改变农村的自然资源密集型产业结构。

资金资源密集型产业的典型特点是资金投入多，生产设备庞大，技术复杂程度相对比较高。其发展一般有两条路径：一是资金资源进入农业生产领域，以流转农地经营权的方式聚合土地，实现集约化、规模化、智能化生产，同时经由专业手段开展经营。在组织模式上，主要表现为"公司+农户"的形式。二是资金资

---

① 参见蔡昉：《"工业反哺农业、城市支持农村"的经济学分析》，载《中国农村经济》2006年第1期。

源同农村其他产业结合，即资金租用农村集体土地，用于投资设厂引入新产业，抑或打造服务业，如农村旅游业等。随资金资源密集型产业而来的现代化生产技术及理念，有益于农村传统产业转型和新产业的培育，并明确了以发展农产品精深加工业、农业服务体系和农业商业网络为主的产业发展新方向。

随着自然资源密集型产业向资金资源密集型产业升级，城乡关系随之发生显著变化。随着资金流向农村，与之相配套的城市生产资源——知识、技术、人力资源等也流向农村，农村传统的、落后的生产方式逐渐被淘汰，传统农业对自然条件的依赖逐渐减弱，劳动力和生产资料在农业以新的形式实现结合。由此，城乡之间的经济关系由对立走向了协调发展，表现在空间布局方面，由于工商业资金下乡建厂，出于成本、经营便捷性和吸纳人力资源等多方面的考量，乡村工业越来越多地在城乡接合部和城市郊区聚集，大量县级市、县城、中心镇发展起来，在城乡之间形成越来越多的"中间地带"，发挥了沟通大中小城市与新农村间的资金、劳动力、技术等资源双向流动的作用，有效地促进了城乡协调发展。20世纪80年代，乡镇企业和个体经济异军突起，带动了我国城镇化的迅猛发展势头，涌现出苏南模式、温州模式等城乡协调发展的典型。进入21世纪，社会主义新农村建设进一步推动了城乡协调发展，逐渐走出了一条中国特色新型城镇化道路，在这个过程中，"资金下乡"发挥了不可或缺的重要作用。

三、城乡融合阶段：品牌资源密集型产业的升级

随着新一代信息技术的广泛应用和新科技革命的蓬勃发展，知识、信息、数据等日益成为重要的生产资源，加之居民收入和消费水平的不断提升，消费者愈加重视产品的品质、品牌、品位，这也使得农产品同质化、附加值低、品牌效应弱等问题暴露出来。这就对农村产业提出了新的升级要求，其核心是从资金资源密集向品牌资源密集方向升级，即利用现代化信息技术将发展重心置于品牌资源密集型产业，全面推进品牌兴农，培育独有特色的农业品牌。

品牌资源密集型产业的发展包含两层含义。第一，必须以品牌化方式体现特定农产品特色，突出竞争优势。在同质化竞争激烈的大背景下，带有地理标志的农产品具有极高的品牌价值和竞争力。以安吉白茶为例，自安吉县成功注册"安

吉白茶"商标后，白茶产业在几年内便发展为该县的支柱产业。① 作为国家地理标志产品，其茶叶清香高扬的品质同该地域紧密关联，在茶叶市场的激烈竞争中形成显著优势。同时，品牌资源有利于引领产业模式升级。安吉县在全国率先实行"安吉白茶商标+企业商标"的管理模式，相继开发了茶园证管理、协会会员年检、统一专用包装印制管理等信息化系统，形成了独具特色的品牌服务新模式。同时，通过规范化茶园管理、品质化生产加工、一体化品牌推广和多元化市场营销，走出了一条品牌茶经济的特色发展道路。② 因此，依赖品牌资源提高农产品核心竞争力是农业产业升级的重要途径。

第二，"品牌"战略不仅应将产品"品牌化"，也应将地域"品牌化"，即发展具有农村地域特色的文化品牌，以扩增市场吸引力，实现农村各产业整合升级。由于城市居民对绿色生活的需求不断增长，向往体验农耕文明，农村地区可因地制宜，突出文化特色，促进传统产业朝着品牌化、个性化、网络化的方向发展。近年在城郊兴起的"特色小镇"便是打造乡村地域品牌的积极尝试。以安徽巢湖"三瓜公社"为例，三瓜公社由"冬瓜民俗村""西瓜美食村""南瓜电商村"三个特色村庄组成，以"农旅为基、商旅发力、文旅为魂"的"三旅结合"为发展路径。在吸引城市居民到公社体验乡村民俗的同时，利用品牌优质资源，以"互联网+农业"方式引导区域农户种植农产品，签订统购包销协定，并在线上全面对接电商平台，建立电商基地，开发本地农特产品。③ 受地理因素影响，此种品牌资源密集型产业大多集聚于城郊，从而可更有效地整合农产品的商品链与供应链，利于优势资源向特色企业的集中，使产业链布局更加完整。

农村产业由资金资源密集型到品牌资源密集型产业的升级，使得城乡经济关系走向新阶段。一方面，在信息化时代背景下，借由农业物联网、人工智能、大数据等信息技术的更新和普及，形成了现代农业、智慧农业、观光农业等新经济

---

① 参见《聚焦浙江品牌：品牌浙江宣传优秀作品选（第二辑）》，人民日报出版社2006年版，第79页。

② 参见浙江省优质农产品开发服务中心：《浙江农业品牌故事》，中国商务出版社2018年版，第71页。

③ 参见《旅游重塑乡村：安徽三瓜公社美丽乡村建设实践探索》，中国旅游出版社2018年版，第5页。

模式。另一方面，农业产业形态发生变化，第一产业的边界变得比较模糊，工业、服务业同农业紧密融合，产生了新型农村工业、新型农业服务业等新业态。这些业态在一定区域内集聚，形成农产品品牌与农村地域文化品牌，并由此带动城乡各要素实现双向流动，城乡关系进入融合发展的新阶段。农村各产业融合发展的趋势也为劳动力和生产资料在空间上以更多样形式结合起来提供可能，各地可根据自身优势，有选择地发展信息农业、设施农业、高端增殖农业、观光农业、都市农业，在这个基础上，城乡在空间结构上进一步融合，城市和乡村两个地域实体连接成为一个紧密联系的、网络状的并且相互渗透的区域综合体。

本章小结

长期以来，马克思主义政治经济学在研究城乡经济关系上没有形成话语体系。本章认为，造成这一现象的原因在于已有研究局限于政治经济学的传统研究对象，没有形成马克思主义政治经济学视野下的城乡关系研究框架。马克思主义政治经济学的研究对象是广义生产关系，其中至少包含三个层面的内容：第一个层面是宏观上的市场与政府关系；第二个层面是劳动力和生产资料在中观层面的结合方式以及由此表现出来的人与人之间的经济关系；第三个层面是微观经济主体内部的关系。从生产方式的含义来看，劳动力和生产资料在城乡之间进行形式多样的组合和搭配，并由此表现出的城乡经济关系构成了中观生产关系的重要组成部分之一。中华人民共和国成立 70 多年以来，我国城乡关系经历了历史性的变革，体现了党中央通过战略设计解决城乡问题的与时俱进。在这一过程中，劳动力和生产资料在城乡之间的组合和搭配朝着多样化的形式发展。因此，不断推动农村产业升级是塑造新型城乡经济关系、促进城乡融合的根本途径。

本章从劳动力和生产资料两大要素提炼农村产业升级和城乡融合路径。从劳动者视角来看，在城乡经济关系的变化过程中，随着普通劳动密集型产业朝着技能劳动密集型和技术劳动密集型产业升级，劳动力在城乡之间流动的自由度越来越大，城乡分割的二元经济结构受到冲击，我国城乡经济关系走向融合发展阶段。从生产资料的角度来看，随着我国工业化进程加快，工业结构的变化规律呈现为自然资源密集型产业发展为资金资源密集型产业，再发展到以创新为理念的品牌资源密集型产业。

我国城乡经济关系从时间和空间两个维度发生了重大变化：一方面，互联网与新一代信息技术不断向农业渗透，城乡要素的双向流动和城乡各类商品的双向流通打破了农产品生产、加工、销售彼此割裂的状态；另一方面，农业与第二、三产业融合发展，可以将农产品的商品链与供应链有机整合，实现生产资料跨区域的合理优化配置，使产业链布局更加完整。进一步推动"三产融合"必须充分利用二、三产业优势，以农村现有特色资源为核心，主动延长产业链、延伸价值链，充分发挥农业的多种功能，对农村劳动力和生产资料的组合搭配进行合理优化配置，不断缩小城乡差距，推动乡村振兴。

第十一章

从"比较优势"到"国内国际双循环"
——我国对外开放战略的政治经济学解读

近年来，美国政府以对华贸易逆差为借口，制造对华经贸摩擦和高科技封锁，中国随即出台了一系列反制措施。2020年，新冠疫情的蔓延更是给全球化进程蒙上了一层阴影。在这一背景下，党中央全面考虑以往对外经济政策和战略举措，提出了"以国内大循环为主体、国内国际双循环相互促进"的新发展格局，党的十九届五中全会进一步将其作为我国实施"十四五"规划的关键内容之一，并将"构建新发展格局"作为实现2035年远景目标的重要举措，提出要把形成强大国内市场和建设贸易强国两者统一起来。从政治经济学强调的物质资料生产活动来看，新发展格局的战略意图体现在两个方面。其一，以国内大循环为主，就是要让劳动力和生产资料等各种资源更多地在国内进行组合和搭配，构建更为稳健和顺畅的产业循环以及区域经济循环。其二，国内国际双循环相互促进，各种资源跨出国界进行组合和搭配，并通过各种渠道影响和改变其在本国产业间和区域间的结合方式，形成对外开放与对内开放协同互动、跨境发展与内向发展并行不悖的良性态势。

第一节　我国经济对外开放的历史进程

一、发展对外经济关系："前三十年"的对外开放历程

中华人民共和国成立后，党的第一代领导集体把发展对外经济关系置于探索

社会主义建设道路的伟大实践中，在发展对外经济关系的过程中遵循"以自力更生为主、争取外援为辅"的原则，坚持把满足国内需求作为生产的首要目的，同时，在极其困难和复杂的局面下，积极拓展对外经济关系，为社会主义建设争取了重要支持。

一方面，新中国受到以美国为首的资本主义阵营的经贸封锁。1952 年 8 月，旨在针对社会主义阵营实施出口管制的"巴黎统筹委员会"在亚洲建立了分支机构——"中国委员会"，并制定了专门针对中国的包含 295 种物资的"贸易禁运清单"，一直持续到 1972 年中美关系正常化之后才停止。即使处在这种国际环境中，新中国仍然尽一切可能与西方国家开展经济交流，20 世纪 70 年代，中国对西方国家的贸易额占对外贸易总额的比重超过了 50%。另一方面，新中国与苏联、东欧等社会主义国家建立了密切的经贸往来关系，获取了开展社会主义经济建设急需的物资和技术支持。总之，在中华人民共和国成立后的前三十年里，我国主要依靠自身力量建立了门类齐全的国民经济体系，在此基础上打造了一个比较畅通的国内经济循环，坚定地走出了一条独立自主的发展道路。同时，有限度地加入了社会主义阵营的平行世界市场，积极创造与世界各国经贸联系的条件，尽可能地参与国际经济循环。

二、比较优势和沿海地区优先发展：改革开放初期的对外开放

党的十一届三中全会之后，我国进入了改革开放新时期。在改革开放初期，出口导向战略在引致产业结构变迁的过程中发挥了较大作用。这一时期，普通劳动力密集型产品和资源密集型产品的出口成为我国打开世界市场的突破口，并使得相关产业迅速嵌入全球价值链，并且，针对建设资金不足、技术落后等问题，国家从放松贸易管制入手，将具有比较优势的进出口贸易作为利用两种资源、打开两个市场的重要手段。进入 20 世纪 80 年代中后期，这种基于比较优势的进出口贸易对本土产业结构的不利影响开始显现，资源密集型产品过量出口，以"三来一补"为代表的加工工业导致大量劳动密集型产业低端化，出口加工工业过度扩张，引致进口结构扭曲。

对外开放与对内开放是同步进行的，对外开放的过程也是国内区域经济布局

调整的过程。当然，这种调整是非均衡发展的。20 世纪 80 年代初，我国率先在东部沿海地区设立了经济特区，并将其作为对外开放的着力点，后又逐步扩展到沿江河内陆地区，通过由点到带、由沿海到内陆的区域空间拓展模式，构建了全方位、多层次的开放格局。具体表现为：1980 年成立了深圳、珠海、汕头、厦门 4 个经济特区，后又相继批准设立天津等 14 个沿海港口城市和沿海经济开放区，1988 年海南全省成为经济特区，1992 年成立上海浦东新区。这些对外开放的载体同样成为对内开放的重要"增长极"，辐射并带动了广大内陆地区的发展。

三、竞争优势和东中西协同发展：市场经济体制确立后的对外开放

自党的十四大以来，我国明确了建立社会主义市场经济体制改革的目标，新一轮对外开放进程随之展开。为与经济体制改革相适应，进一步融入全球化进程，我国开始实行更为积极的开放战略，更加强调提高对外开放的质量水平。对外开放的深入推进，推动着劳动力和生产资料在产业间和区域间组合和搭配方式的转变，成为我国产业结构优化调整的助推器，是区域非均衡发展转向协调互补发展的着力点。一方面，出口导向战略以比较优势为基础开始转向以竞争优势为基础。发挥竞争优势的关键在于提升自主创新能力，使技能劳动密集型产业和技术劳动密集型产业取代普通劳动密集型产业，逐渐成为国民经济的主导产业。另一方面，中国企业开始"走出去"，注重发挥其在技能劳动力资源方面的优势，积极发展对外承包工程和劳务合作。

在对外开放深入发展的反作用下，对内开放进入新阶段，中西部地区作为承接新一轮对外开放的重要区域，有效促进了我国产业梯度分布格局的形成。进入 21 世纪，随着西部大开发、中部崛起战略的实施，我国对外开放由东部沿海向中西部地区扩展，区域经济由非均衡发展进入协调互补阶段。东、中、西"三大地带"的联动发展，有效推动了我国开放型经济的整体构建，形成了产业梯度分布态势。对外开放引领着我国区域协调发展的新格局。

第二节　马克思主义政治经济学视野中的对外开放战略

长期以来，由于西方发达国家在世界市场中的优势，西方经济学理论在对外经济关系和国家对外开放活动的研究领域中占据了绝对话语权。第二次世界大战之后，国家间的经济交往日益密切，经济全球化发展趋势明显。实践发展要求理论作出回应，国际经济学、国际贸易理论、新经济地理学等学科迅速发展起来，形成了以主流西方经济学理论为基础的分析框架。在这一框架中，国际贸易、国际投资、国际金融等问题得到了深入的分析和阐释。改革开放后，随着我国对外贸易和国际投资活动的日益发展，理论界开始大量引进西方国际经济学理论来阐释中国对外开放实践，比较优势理论、要素禀赋学说拥有较强的话语权，成为国家制定对外开放战略、调整对外经济关系的主要理论依据。

实际上，马克思主义政治经济学也曾十分关注国际经济关系。马克思曾经为他的经济学著作制订了"六册结构"计划："我考察资产阶级经济制度是按照以下的顺序：资本、土地所有制、雇佣劳动；国家、对外贸易、世界市场。在前三项下，我研究现代资产阶级社会分成的三大阶级的经济生活条件；其他三项的相互联系是一目了然的。"[1]遗憾的是，马克思最终只完成了《资本》册中的《资本一般》篇，即《资本论》，有关对外贸易和世界市场的内容并没有完成。改革开放初期，国内学者运用马克思主义国际价值理论分析了国际贸易中的"不平等交换"现象，取得了一些研究成果。但总体上看，在经济全球化深入发展、国际经济关系急剧变化的背景下，马克思主义政治经济学理论创新的步伐相对缓慢，对国际经济关系的研究停滞不前。造成这一问题的原因，在很大程度上是对马克思主义政治经济学的研究对象的狭隘理解。

马克思在《资本论》德文第一版序言中指出："我要在本书研究的，是资本主

---

[1] 参见《马克思恩格斯选集》（第2卷），人民出版社2012年版，第1页。

义生产方式以及和它相适应的生产关系和交换关系。"①该论述明确了《资本论》研究对象的两方面内容：一是生产方式，二是生产关系和交换关系。其中，生产方式是指劳动者与生产资料的结合方式，而在劳动力和生产资料结合的过程中，各经济主体之间结成了各种不同的经济关系，这就是"广义生产关系"。相对"广义生产关系"，"狭义生产关系"是指生产资料所有制和产品分配关系，这两种关系是生产过程中最重要的也是决定生产过程社会性质的"生产关系"。例如，生产资料公有制关系决定了该生产过程是社会主义性质的。

以往，政治经济学的研究对象被局限在狭义生产关系上，主要研究生产资料所有制关系和产品分配关系。但是，这种做法存在两方面缺陷。一方面，没有深入生产过程内部，不讨论劳动力和生产资料究竟是如何结合的，只是抽象地讨论生产资料所有制关系和产品分配关系，就只能始终停留在抽象的"权利—义务"关系层面，无法揭示企业内部复杂的经济利益关系。② 另一方面，生产资料所有制关系和产品分配关系与产业结构调整、区域经济协调、城乡关系统筹、对外开放发展等诸多现实经济问题的距离相对较远，揭示其内在联系和互动作用的机理是比较困难的，这就直接导致政治经济学忽视甚至放弃了对这些现实经济问题的分析。③

如果将政治经济学的研究对象定义为生产方式或"广义生产关系"，那么宏观、中观、微观等各个层面的经济问题都可以被纳入政治经济学的研究视野。④宏观层面主要是指市场与政府之间的关系，这一关系是由劳动力和生产资料的组合搭配方式决定的。在中观层面，广义生产关系主要包括产业关系、区域经济关系、城乡经济关系和国际经济关系，这主要是由劳动力和生产资料在产业间、区

---

① 参见《马克思恩格斯选集》(第 2 卷)，人民出版社 2012 年版，第 82 页。
② 参见程恩富、王朝科：《中国政治经济学三大体系创新：方法、范畴与学科》，载《政治经济学研究》2020 年第 1 期。
③ 参见邱泰如：《〈资本论〉理论的形成和研究方法的运用——兼论中国特色社会主义政治经济学若干相关问题》，载《理论月刊》2017 年第 7 期。
④ 参见周绍东、李晶：《也谈"生产方式"——兼与郭冠清同志商榷》，载《当代经济研究》2020年第 9 期。

域间、城乡间和国内外的组合和搭配方式决定的。微观层面主要是指微观经济主体内部的生产组织关系，这是由劳动力和生产资料在企业内部的结合方式决定的。从以上三个层面的界定看，国际经济关系属于中观生产关系的组成部分。开放条件下形成的世界市场与国际分工，促进了劳动力与生产资料的国际流动，劳动力既可以选择在国内就业，也可以选择向国外流动（劳务输出）。资金、技术、设备等各种生产资料在全球范围内灵活配置，形成了劳动力与生产资料在国内外的各种组合搭配，并由此构成了一定的国际经济关系。基于以上视角，国际贸易、国际投资、国际劳务输出、对外开放战略等一系列问题都可以纳入马克思主义政治经济学的研究对象。

作为中观生产关系的重要子系统，一国的对外经济关系并不是孤立存在的，而是与其产业关系和区域经济关系紧密地联系在一起。因而，基于一国视角研究对外经济关系可从对外开放与产业关系调整、对外开放与区域经济关系调整两个维度展开。从第一个维度看，产业是国家对外开放的有效载体。发展对外经济关系并不是简单地与外部经济建立密切联系，它更代表着资源配置的国际开放性。一个国家在与他国发生经济往来的过程中，必然会引起国家内部的资源配置调整与产业结构变化，而这种变化是由国际贸易和国际投资两方面引起的。一方面，进出口产品的结构调整必然要求本国产业结构进行相应的调整；另一方面，吸引外资和对外投资的产业投向也将改变本国的产业结构。换言之，随着一国对外开放战略和对外经济关系的调整，劳动力和生产资料在产业间的组合和搭配方式也将发生变化，这些都将导致产业关系的深刻调整。

从第二个维度看，区域是对外开放的空间载体。劳动力与生产资料的组合搭配是在不同区域空间完成的，资源的输入或输出在空间分布上存在不均衡。在此过程中，国家可通过政策策略引导劳动力和生产资料的空间流动，使其在国家重点发展区域有序流动。一方面，推动对外开放必然要求实现对内开放。我国对外开放具有空间渐进性，对外开放战略与区域发展战略二者同步展开，相辅相成。随着对外开放由东部沿海逐渐向内陆扩展，区域发展思路也经历了由局部优先到整体协调的转变，沿海地区在带动内陆发展的同时也进一步迸发出对外开放的新动力。另一方面，国内劳动力和生产资料同样需要"走出去"。根据我国与不同国家和地区开展国际经济合作着力点的差异性，对外开放战略将对本国企业的劳动力和生产资料流向进行战略引导。

第三节 我国对外开放战略的转向：国内国际双循环格局

一、打造双循环格局的现实背景

20 世纪 80 年代末，国内就有学者提出通过融入国际经济大循环发展外向型经济。这里的国际经济大循环主要是指"两头在外，大进大出"，即通过进口原材料，加工增值后，将产品销往国际市场。"来料加工""来件装配""来样加工"和"补偿贸易"（"三来一补"）是这一外向型经济模式的典型代表。这种模式旨在通过劳动密集型产品出口，将农村剩余劳动力融入国际大循环，在充分利用廉价劳动力的同时换取工业发展所需要的外汇，随后利用工业发展积累的资金和技术反哺农业。但是，随着对外开放程度的不断深入，以"三来一补"为代表的融入国际经济大循环战略暴露出很多问题。梁桂全（1988）认为，这一战略相当于将我国发展的主牌押在国际大循环上，而没有考虑我国国情，我们应构建一种"国民经济—技术的内循环和国际产业—技术大循环交换作用的格局"，且参与国际大循环须建立在内循环基础上。[1] 贾根良（2010）的研究表明，我国对外贸易依存度高达 70%，在我国出口总构成中，加工贸易出口所占比重高达 50%，外商投资企业出口所占比重高达 60%。[2] 由此可见，我国在国际分工中被锁定于产业低端的依附地位，并且大量资金、资源和劳动力被虹吸到沿海的出口导向型部门，形成了畸形的外向与内需相分割的"二元经济"，使内需长期无法启动。因此，我国应从"国际大循环"向"国内大循环"转型。

---

① 参见梁桂全：《不合国情的"国际大循环"构想——兼论开放的多元优势次阶跃推进战略》，载《学术研究》1988 年第 4 期。

② 参见贾根良：《国际大循环经济发展战略的致命弊端》，载《马克思主义研究》2010 年第 12 期。

现阶段，重提"国内大循环"的一个重要原因是，我国正面临着严峻的国际经济环境。马克思主义国际政治经济学认为，要以"世界范围内具体历史阶段的资本主义生产方式作为研究的出发点，探讨各个历史阶段国际生产的不同特征"，因而我们必须注意一定历史阶段下"既存的政治环境与政治因素对国际生产过程的反作用"。[1] 世界各国对外经济政策千差万别，多数情况下也存在着广泛的利益分歧和冲突。对我国而言，扩大对外开放面临的挑战主要包括三个方面。一是贸易保护主义抬头。外部环境对我国对外开放造成了一定冲击，尤其是对外贸易形势较为严峻。[2] 从我国货物进出口总额增幅看，与 2003 年 27.1% 的增幅相比，2017 年以来，我国货物进出口增幅都呈下降趋势，2019 年仅为 3.3%。[3] 二是外资投向正发生着剧烈变化。随着廉价劳动力优势逐渐减弱，投向普通劳动密集型产业的外资开始转向东南亚等更具成本优势的发展中国家。三是本土企业"走出去"面临着更多挑战。当前，我国技能劳动密集型产业和资本密集型产业已处于产能过剩状态，在这些产业走出去的过程中，欧美国家自身的产能过剩和就业乏力对中国本土企业造成了极大的挑战。20 世纪 90 年代，福耀玻璃开始在美国投资设厂，尝试利用美国在土地、电力以及运输等方面的优势，打造低成本"美国工厂"。然而，从福耀玻璃的财务报表来看，2016 年福耀玻璃美国有限公司的净利润为 -4161.05 万美元；2019 年福耀玻璃美国有限公司总资产占集团总资产的比重为 35.75%，净利润仅占集团净利润的 12.1%。[4] 高昂的劳动力成本和巨大的文化差异成为中国企业对外投资不可忽视的障碍，中国本土企业"走出去"仍面临着诸多挑战。

---

① 参见李滨：《马克思主义的国际政治经济学研究逻辑》，载《世界经济与政治》2015 年第 7 期。

② 参见戴翔：《主动扩大进口：高质量发展的推进机制及实现路径》，载《宏观质量研究》2019 年第 1 期。

③ 该数据是笔者根据 2020 年 7 月国家统计局官方数据（http:// www.stats.gov.cn，访问时间：2020 年 7 月 25 日）测算得出。

④ 此处数据是笔者根据《福耀玻璃工业集团股份有限公司 2019 年半年度报告》中的数据（http://quotes.money.163.com/f10/ggmx_600660_5604808.html，访问时间：2020 年 7 月 31 日）测算得出。

二、构建以国内大循环为主体、国内国际双循环相互促进的新发展格局

党的十八大以来，我国开放型经济进入了新的发展阶段，对外开放取得了一系列进展。2020 年党中央作出了形成"以国内大循环为主体、国内国际双循环相互促进"的新发展格局的决定。2020 年 5 月 14 日，中央政治局会议提出，"充分发挥我国超大规模市场优势和内需潜力，构建国内国际双循环相互促进的新发展格局"。2020 年 8 月 24 日，习近平总书记在经济社会领域专家座谈会上再次强调，要推动形成以国内大循环为主体、国内国际双循环相互促进的新发展格局。

在国内国际双循环中，构建国内经济循环对于融入国际经济循环具有基础性作用，成熟稳定的国内经济循环能够增强我国在国际竞争中抵御风险的能力，同时为整合国际经济循环提供切入点。构建国内大循环，关键在于处理好生产与消费的关系，打通生产、流通、分配、消费等各个环节。在生产环节中，劳动力与生产资料的结合方式是静态的，当生产纳入经济循环，劳动力与生产资料必须随之实现动态循环，并把分配、交换和消费环节纳入这个循环，使生产转变为再生产。① 在这个经济循环中，生产表现为起始端，消费表现为终结端，但消费"本身就是生产活动的一个内在要素"。一方面，生产过程本身就是生产资料的消费过程，也即"生产消费"；另一方面，消费本身就是劳动力的再生产，劳动力所生产的产品通过消费回到自身，由此劳动力既是"生产的个人"，也是"把自己再生产的个人"。② 改革开放 40 多年来，我国在拉动经济增长的三大需求中，国内消费需求已经逐步取代投资和净出口，成为国民经济发展最主要的动力因素。1978 年，最终消费支出对 GDP 增长的贡献率为 39.4%，2018 年上升至 76.2%。③ 只有在消费中，产品才能够成为现实的商品，它使生产行为和产品得以最终完成。与传统的以国外需求为主要导向的外向型经济发展模式不同，以国

---

① 参见何干强：《论马克思〈资本论〉中的唯物史观——经济研究和实践应当确立的科学指导思想》，载《改革与战略》2020 年第 5 期。

② 参见《马克思恩格斯选集》（第 2 卷），人民出版社 2012 年版，第 694 页。

③ 此处数据是笔者根据国家统计局官方数据（http://www.stats.gov.cn/，访问时间：2020 年 7 月 25 日）测算得出。

内大循环为主体、国内国际双循环相互促进的新发展格局，就是要更加突出生产、流通、分配、消费等四个环节的协同发力，特别是从生产和消费的相互作用机制出发，以国内需求为导向调整劳动力和生产资料在国内外的组合和搭配方式。在这个意义上，构建新发展格局的出发点是物质资料生产活动，其微观基础在于产业和企业，其实质是通过对外开放战略创新推动产业结构调整和企业区域布局优化。①

第四节　构建新发展格局的政策举措：以四类产业为例

"国内大循环为主、国内国际双循环相互促进"这一新发展格局，在实践中要求推动对外开放与对内开放的协同发展，调整劳动力与生产资料在产业间的组合和搭配方式，优化劳动力和生产资料在国内各区域间的组合和搭配方式。从物质资料生产活动出发，可以根据劳动力和生产资料的异质性要求将产业分为普通劳动密集型、技能劳动密集型、技术劳动密集型、自然资源密集型四类，其中普通劳动密集型、技能劳动密集型和技术劳动密集型同属于劳动密集型产业，但所需劳动力的技能熟练程度和技术水平是不同的。以上述四类产业为例，本章提炼了双循环格局下各产业调整和优化的路径，提出"统筹推进对外开放和对内开放，实现产业结构高级化和区域布局合理化"的政策建议。

一、双循环格局下自然资源密集型产业发展路径

在双循环格局下，自然资源密集型产业可通过寻求国内替代资源、利用国外优势资源，将消费端放在国内循环中，将部分生产端通过国际循环向外转移。就国内循环而言，一方面，对于部分产业的过剩产能，可通过创新产能利用方式增加需求量。以钢铁行业为例，在我国钢铁消费中，来自建筑业的消费需求占比超过60%，但钢铁在建筑结构上的使用量却只有7%~8%，而欧美等国家(地区)这一比重为40%左右，因此，可以通过增加建筑行业中的钢铁用量以消化产能。另

---

① 参见任艳：《区域协调发展与现代产业体系构建的政治经济学阐释》，载《经济纵横》2020年第6期。

一方面，对于产业中所需要的重要稀缺资源而言，可通过寻求替代资源的方式减少我国稀缺资源消耗，同时降低对其进口的依赖程度。例如，在能源化工行业中，煤炭和原油都能够生产化工产品，但我国原油高度依赖进口，而煤炭储量和开采量都比较丰富，因此，可通过以煤炭替代原油，积极发展煤化工和煤炭清洁利用技术，增加煤炭需求，减少原油进口。

在国际循环中开展多边产能合作，将生产端转向资源优势国。在"一带一路"倡议引领下，2017 年我国已与 30 多个国家签署了产能合作协议，与东盟等区域组织开展合作，如我国与阿曼开展的产能合作。阿曼工农业生产能力薄弱，经济发展主要靠油气出口，在国际油价持续走低的情况下，亟须寻求新的发展模式。我国以阿曼杜库姆产业园为载体开展产能合作，通过利用阿曼的资源优势，将资源密集型产业生产端放在阿曼，消费端引向我国市场。这一方面有利于加快阿曼经济转型，摆脱单一的经济发展模式；另一方面能够为我国能源进口拓宽渠道。在新产能合作方面，"中国—中东欧国家能源项目"致力于构建区域能源体系与推动绿色低碳发展，在风能、太阳能发展的基础上，充分挖掘生物质能、地热能源，共同推动可再生能源的开发与利用。

二、双循环格局下普通劳动密集型产业发展路径

普通劳动密集型产业主要是指以日用消费品生产为代表的轻工业，这类产业也是我国改革开放以来最早兴起的"比较优势"产业，但目前也面临着产能过剩、增长乏力、创新不足等问题。就国内经济循环而言，普通劳动密集型产业转型升级的关键在于创新各种流通方式，将生产端和消费端紧密结合，并将其贯通到生产、消费的各个中间环节，打破生产、批发、零售各层级之间的壁垒，降低流通中间费用，提高生产对消费需求变化的反应敏感度。在这方面，新型电子商务和移动互联网能够发挥更大作用，应积极鼓励相应的商业模式创新和技术创新，特别是要注重以全球市场为业务范围的新型商务流通技术的开发和应用，打造无国界的商贸流通网络平台。

就国际经济循环而言，可考虑推动普通劳动密集型产业的国际转移。进入21 世纪后，我国通过产业区域转移等方式寻求劳动密集型产业发展的新动力。

但是，由于我国中西部的人力资源普遍存在向东部沿海地区流动的趋势，因此，单一的产业区域间转移对于推动东部地区产业转型、带动中西部地区经济发展的效果并不理想。为此，一方面，可利用东南亚、南亚、中亚等地区在普通劳动力方面的相对优势，将劳动密集型产业生产端部分转向国外。在"一带一路"倡议实施过程中，我国普通劳动密集型产业实现了国际转移，与西方发达国家产业转移不同的是，我们秉持的是"共商共建共享"原则，在产业转移过程中，注重挖掘"一带一路"沿线国家要素禀赋优势，通过与这些国家或地区的差异化资源禀赋相结合，在区域内形成完整产业链。另一方面，通过产业数字化将劳动密集型产业的消费端向国外延伸。当前，劳动密集型产业应重点打造规模性的消费市场，数字技术推动跨境电商的发展，为集合大规模海外市场奠定基础。例如，目前我国已经在一百多个城市设立了跨境电子商务综合试验区，同时，与越南、新西兰、巴西、荷兰等多个国家建立了双边电子商务合作机制，打造"互联网+外贸"的新模式。

三、双循环格局下技能劳动密集型产业发展路径

现阶段，以电气设备、交通设备、机械装备和基础设施建设等为代表的技能劳动密集型产业仍是我国产业发展的主力军，需要在构建双循环格局中高度重视这类产业的作用。技能劳动密集型产业不同于普通劳动密集型产业，也不同于技术劳动密集型产业，此类产业不仅需要一定数量的劳动力，同时对劳动力素质也有一定的要求。在产业结构调整层面，技能劳动密集型产业应通过产业数字化、产业信息化，进一步提升其技术水平和增加产品多样化供给。具体来说，就是将新一代信息技术应用到产品设计、生产和销售的全过程中，实现人工智能、区块链、云计算和大数据技术与传统产业的深度融合，推动技能密集型产业实现由制造向"智造"的转变，提高产品满足差异性、多样化消费需求的能力。

在区域布局优化层面，需要通过区域间劳动力与资源的优化配置，调整技能劳动密集型产业在各区域间的分布，特别是通过产业转移激发中西部地区的生产潜力。随着我国中西部地区经济发展水平和工业化体系的不断完善，技能劳动密集型产业已经成为广大中西部地区最具竞争力的优势产业。因此，可以把长江经

济带、黄河流域生态保护和高质量发展示范区等区域发展战略与技能劳动密集型产业发展结合起来，利用大江大河的流域传导作用进行技能劳动密集型产业的梯度转移。一方面，技能劳动密集型产业向中西部地区转移，既能够为内陆地区产业发展夯实基础，有效带动其经济发展，也有利于调整国内经济循环中的产业布局，充分利用各区域优势资源，从供给出发挖掘中西部内需潜力。另一方面，中西部所承接的产业主要同本地资源优势、要素成本以及市场潜力相关，在东部比较优势逐渐减弱的情况下，中西部地区要素优势凸显。因而，在对外贸易中，技能劳动密集型产业通过利用中西部地区生产要素优势，可以继续保持该类产品的出口优势。

四、双循环格局下技术劳动密集型产业发展路径

从目前我国技术劳动密集型产业的发展状况看，核心技术与高端人才仍是产业链条中的薄弱环节。因而，需进一步创新劳动力与生产资料在国内外的结合方式，在国内国外双循环相互促进的基础上，引入核心技术和高端人才，鼓励外资进入技术劳动密集型产业。由于该产业的最大特征是其生产要素的非物质性，即其产品生产、交易方式、服务管理都基于虚拟平台，因而，数字经济能够在一定程度上打破生产要素流动的空间限制，催生国内外劳动力与生产资料优化配置的新模式。首先，在引进技术和人才方面，高端劳动力、知识产权等要素的流动和配置方式要有所突破。通过信息平台"引智补链"，使技术劳动力、管理人才、知识产权的跨境流动方式更为多样化。例如，在"一带一路"建设过程中打造"中国—东盟信息港"、中阿网上丝绸之路等，以此搭建优势要素集合平台，共同打造产业创新链。其次，引导外资投向高新技术产业，如在《鼓励外商投资产业目录(2019年版)》中，新增5G核心元组件、集成电路用刻蚀机、云计算设备等条目，以此引导外资进入技术劳动密集型产业。

技术劳动密集型产业的发展也体现在区域经济布局的调整上。在目前重大区域协调战略中，比较强调一线城市在技术劳动密集产业发展中的引领和辐射作用。例如，在京津冀协同发展过程中，与天津、河北的产业定位不同，北京要发挥科技创新带动作用，突出产业形态高级化，加快发展技术劳动密集型产业和服

务贸易，有序转移普通劳动密集型和自然资源密集型产业，引导企业建设总部经济和研发中心。在长江经济带建设过程中，上海围绕国际经济、金融、贸易、航运和科技创新"五个中心"建设，有序疏解自然资源密集型和普通劳动密集型产业，着力发展资本密集的金融服务业和技术劳动密集的现代服务业，带动长江沿岸的整体发展，并联通东部沿海和中西部地区，促进二者协同发展。在粤港澳大湾区建设过程中，广州市、深圳市在科技创新、创业孵化和金融服务等方面具有较强优势，近年来呈现出迅猛的发展势头。为此，广州市、深圳市应积极推动普通劳动密集型产业和自然资源密集型产业向珠三角外围地区有序转移，加强与香港、澳门科技创新资源的对接，打破影响创新要素自由流动的瓶颈，发展技术劳动密集型新兴产业。香港、澳门在金融和商务服务方面具有丰富的发展经验，应着力将资本优势与广东省雄厚的制造业基础密切对接，加快发展技能劳动密集型和资本密集型产业，推动珠三角实现更高水平的工业化发展。

本章小结

当前，我国对外开放正由以比较优势为理论基础的外向型战略转向"以国内大循环为主、国内国际双循环相互促进"的新发展格局，实践发展呼唤着当代中国马克思主义政治经济学作出回应，同时也就是构建中国特色国际政治经济学的过程。本章提出，政治经济学的研究对象是广义生产关系，也即劳动力与生产资料结合起来进行生产的过程中所产生的各种经济关系。广义生产关系包括宏观、中观和微观等多个层面。在中观层面，广义生产关系主要包括产业关系、区域经济关系、城乡经济关系和国际经济关系，这是由劳动力和生产资料在产业间、区域间、城乡间和国内外的组合和搭配方式决定的。通过研究广义生产关系就能够将对外开放战略问题纳入政治经济学的研究视野。在明确政治经济学研究对象的基础上，本章梳理了我国对外开放的历史进程，阐述了国内"产业生产方式"与"区域生产方式"推动对外开放格局发生演变的核心机理，分析了新发展格局促进国内产业结构优化和区域布局合理化的内在机制。接着，本章以自然资源密集型、普通劳动密集型、技能劳动密集型和技术劳动密集型四类产业为例，从四类产业的异质性特征出发，提炼了在双循环格局下各产业调整和优化的路径：自然资源密集型产业可通过寻求国内替代资源、利用国外优势资源，将消费端放在国内循环中，将部分生产端通过国际循环向外转移；普通劳动密集型产业可通过创新流通方式，将生产端和消费端紧密结合，并将其贯通到生产、消费的各个中间环节，降低消费成本，推动产业国际转移；技能劳动密集型产业应通过数字化、信息化进一步提升其技术水平和增加产品多样化供给，并通过产业国内转移激发中西部地区的生产潜力；技术劳动密集型产业应引入核心技术和高端人才，深化产业区域分工。

构建国内大循环，不是要与世界"脱钩"，而是要以全球化的视野配置劳动力和生产资料，推动国内产业经济循环和区域经济循环的全球化展开，统筹利用国内外劳动力和生产资料，增强对内开放与对外开放的协调互动，在促进更高水平对外开放的同时，实现国内产业结构升级与区域协调发展。

第十二章

供给侧结构性改革与需求侧管理的
政治经济学解读

2020 年以来，党中央作出形成"以国内大循环为主体、国内国际双循环相互促进"的新发展格局的决定。2020 年 4 月 10 日，习近平总书记在中央财经委员会第七次会议上提出：大国经济的优势就是内部可循环。国内循环越顺畅，越能形成对全球资源要素的引力场，越有利于构建以国内大循环为主体、国内国际双循环相互促进的新发展格局，越有利于形成参与国际竞争和合作的新优势。2020年 5 月 14 日，中央政治局会议提出，"充分发挥我国超大规模市场优势和内需潜力，构建国内国际双循环相互促进的新发展格局"。2020 年 8 月 24 日，习近平总书记在经济社会领域专家座谈会上再次强调，要推动形成以国内大循环为主体、国内国际双循环相互促进的新发展格局。

"新发展格局"是党中央对以往各种内需驱动政策构想和战略规划的全面综合，是在新发展阶段推动我国经济社会持续健康发展的重要遵循。值得注意的是，"新发展格局"这一重大战略是与扩大内需政策联系在一起的。2020 年中央经济工作会议提出，加快构建以国内大循环为主体、国内国际双循环相互促进的新发展格局，要紧紧抓住供给侧结构性改革这条主线，注重需求侧管理，打通堵点，补齐短板，贯通生产、分配、流通、消费各环节，形成需求牵引供给、供给创造需求的更高水平的动态平衡，提升国民经济体系整体效能。这表明，畅通经济循环的重点在于妥善处理供给和需求之间的关系，一方面要拉动需求、打通堵点，另一方面要优化供给、提高生产效率。由此提出如何理解新发展格局与需求侧管理两者关系的问题，回应此问题并提出具有前瞻性和可操作性的政策建议，成为政治经济学所面临的重大理论和实践命题。

第一节　供给与需求：简要的学术梳理

完整的经济循环是由生产、分配、流通、消费等多个环节共同构成的闭环。在这个闭环中，供给是经济循环的启动端，需求位于经济循环的末端，供给和需求既是紧密联系在一起的有机整体，又存在差异。要把握好构建"以国内大循环为主体、国内国际双循环相互促进"的新发展格局与需求侧改革的关系，核心就在于理解供给和需求的关系，找出将两者联系起来的中介环节，进而设计出促进供给升级、刺激需求发展的综合性政策措施。

西方经济学对供给和需求间的关系已经作过多种分析。19 世纪法国经济学家萨伊提出"供给能够自动创造需求"观点，萨伊曾指出："一种产物一经产出，从那时刻起，就给价值与它相等的其他产品开辟了销路。"①换言之，由于市场的自我调节作用，不可能产生波及国民经济所有部门的普遍性的生产过剩，只可能在国民经济的个别部门出现供求失衡，而且即便如此，也只是暂时的现象。市场中流通的货币仅仅是流通的媒介，商品的买和卖不会脱节，产品会自动为自身创造出销路。"萨伊定律"一直被古典经济学视为重要的理论基础之一，马歇尔承袭了萨伊的效用论，在"最一般的形态上考察正常需求和正常供给的均衡"，也强调供给和需求要无条件保持平衡，市场要无条件出清。这种认识一直持续到凯恩斯主义宏观经济学的出现，凯恩斯批判了"萨伊定律"，认为"这个说法相当于到达充分就业不存在任何障碍这一命题"。凯恩斯指出："有效需求不足，可以妨碍经济繁荣。"②因此，现代市场经济中的政府必须积极作为，采用多种方式刺激和拉动社会总需求，实施所谓"需求管理"，这成为现代经济中政府施加宏观调控的理论基础。第二次世界大战后，由于发达资本主义国家普遍出现"滞胀"问题，在不同程度上接受了所谓"供给学派"的学术主张，使得"供给管理"重新回到理论家和施政者的视野。

---

① 参见[法]让·巴蒂斯特·萨伊：《政治经济学概论》，商务印书馆 1997 年版。
② 参见[英]约翰·梅纳德·凯恩斯：《就业、利息和货币通论》，商务印书馆 1999 年版。

马克思主义政治经济学认为：供给和需求是"同一个过程的两个要素"①，其中，供给位于起始端，是起支配作用的要素。与西方经济学从交易和流通出发进行经济分析不同，马克思主义政治经济学研究的出发点是人类的物质资料生产活动。在生产和再生产活动中，一方面，产品和服务被源源不断地生产出来，形成供给侧。另一方面，为了使生产活动持续进行，必须不断地补充耗费掉的生产资料和劳动力，而补充生产资料的过程即是生产消费过程（投资活动），补偿劳动力的过程就是劳动者的生活消费过程（消费活动），投资活动和消费活动共同构成了经济的需求侧。国民经济核算中的"政府支出"和"净出口"，实际也可以被分解为投资和消费。正是在这个意义上，马克思在《政治经济学批判（导言）》中作出如下论断："可见，生产直接是消费，消费直接是生产。每一方直接是它的对方。"②由此可见，生产与消费实质上是同一个经济活动的两个要素，供给和消费是经济体内部两个不可分割的方面，二者的同一性表现在以下三个方面：一是二者具有直接的同一性；二是每一方表现为对方的手段；三是每一方都为对方提供对象。进而言之，在社会总资本的循环和周转过程中，要实现供给与需求的匹配，就要解决生产的价值补偿和实物补偿问题。一方面，在一次生产过程结束后，产品必须正常销售出去，资本才能携带增加值部分回到资本所有者手中，实现价值补偿。另一方面，资本所有者和劳动者都必须在市场上找到必要的生产资料和生活资料，以弥补再生产的各类需要。也正是从这个意义上讲，马克思主义政治经济学既不认同"萨伊定律"，也与凯恩斯主义的"需求管理"和供给学派的观点呈现出很大的差别。马克思主义政治经济学始终将供给和需求作为辩证的统一体看待，反对割裂两者的关系、片面强调"供给侧管理"和"需求侧管理"的做法。

总体而言，西方经济学主要是从交换和流通视角分析了供给和需求的协同机制，在不同的历史时期，西方经济学更侧重于供给和需求的某一方面，需求管理和供给学派的观点对经济政策实践产生了很大影响。而马克思主义政治经济学更

---

① 参见《马克思恩格斯选集》（第2卷），人民出版社1995年版，第12页。
② 参见《马克思恩格斯选集》（第2卷），人民出版社1995年版，第9页。

加重视物质生产活动中供给与需求的同一性，特别是通过引入"生产性消费"，为供给和需求的协同机制给出了更为深刻的解释机制，为我们理解供需一体化路径提供了思路。

第二节　分工深化和广化：供给与需求的交互增强机制

经济循环在本质上是因供给和需求精准对接而形成，当供给与需求匹配精确时，经济循环顺畅运转；当供给与需求不相匹配、无法对接时，经济循环陷入停滞。而国内大循环、国内国际双循环，是将区域和空间视角引入供求分析。要使国内大循环顺畅运转，就要求国内各区域之间的供给需求能够精确匹配，进而要求区域间形成合理的产业分工；要使国内国际双循环顺畅运转，一方面要求国内与国外的供给需求精确匹配，另一方面要求形成合理的国际分工。

一、作为供需中介环节的社会分工

在古典经济学的分析框架中，最早揭示供给与需求交互增强机制的是亚当·斯密。在"制针工场"案例中，亚当·斯密敏锐地捕捉到"分工"在物质资料生产活动中的重要作用。他指出：企业内部的分工，至少在三个方面能够达到提高生产效率的途径，一是工人劳动熟练程度的提高，二是减少了工人在不同劳动工序和动作之间进行转换的时间，三是机器的发明简化和节省了人力。[1]

马克思同样肯定了企业内部分工的重要意义，马克思在《资本论》一书中指出："与独立的手工业比较，在较短时间内能生产出较多的东西，或者说，劳动生产力提高了……工场手工业时期通过劳动工具适合于局部工人的专门的特殊职能，使劳动工具简化、改进和多样化。"[2]通常可以将企业内部生产工序的分解和专业化称为分工的深化，分工深化是供给和需求交互增强的微观基础。一方面，由于生产工序被拆分为一个个较小的生产环节，上一道工序与下一道工序形成供给和需求关系，并且每一道工序都需要特定的工具、机器进行加工，这就扩大了

---

[1]　参见亚当·斯密：《国富论》，重庆出版社 2015 年版，第 6~8 页。
[2]　参见《马克思恩格斯文集》（第 5 卷），人民出版社 2009 年版，第 393~396 页。

生产所需的原材料和能源规模，即提升了"生产消费"的水平。另一方面，由于生产工序被拆分为一个个较小的生产环节，每一个环节都需要拥有专门化技能的工人从事专业劳动，极大地扩充了劳动者队伍，而劳动者在生产过程中补充其消耗掉的劳动力，相应地扩张了生活消费规模。因此，企业内部分工深化，推动着供给和需求形成交互增强机制。

但是，马克思对分工的研究并没有止步于企业内部分工，他进一步区分了企业内部分工和社会分工。"单就劳动本身来说，可以把社会生产分为农业、工业等大类，叫做一般的分工；把这些生产大类分为种和亚种，叫做特殊的分工；把工场内部的分工，叫做个别的分工。"①显然，这里的一般分工和特殊分工都属于社会分工的范畴，社会分工不仅会出现深化现象（原本一个行业分裂为多个行业），还会出现广化现象，即出现新的行业。马克思指出：社会分工与企业内部分工的最大区别在于，商品经济条件下社会分工中的各个部门是以商品交换作为中介的，而企业内部分工中的各个部门是遵循强制性指令开展生产活动的。②

马克思主义政治经济学有关社会分工的研究，极大地深化了对供给和需求交互增强机制的理解。从文本表述看，马克思主义政治经济学所指的社会分工包括产业间分工和产业内分工，从专业化发展的趋势看，这种分工还包括产品内的分工，即某种产品由不同的企业联合生产。处在产业链条和产业网络上的各个企业，相互之间存在复杂的投入和产出关系，由此形成企业的"相互需求"。伴随这种产业分工的深化和广化，企业间迂回生产程度更高，形成供给的工序和步骤更为复杂，各道工序和步骤对原材料、能源、中间产品、零部件、半成品的相互需求更为庞大。由此，参与就业的劳动力数量不断扩大，劳动力再生产所必须进行的生活消费水平不断提高，市场规模也随之扩大。进一步而言，当生产消费和生活消费的规模都得到提高，就会对产品和服务提出更为精细化、个性化和高级化的要求，产业分工必须进一步细化才能保证供给满足消费需求。这种交互增强的机制实际上就是阿林·杨格在1928年提出的"劳动分工与市场规模"互动机制，

---

① 参见《马克思恩格斯文集》（第5卷），人民出版社2009年版，第406~407页。
② 参见《马克思恩格斯文集》（第5卷），人民出版社2009年版，第410~416页。

即"斯密—杨格定理"①。

二、空间视角下的产业分工与供需交互增强机制

值得注意的是，供给和需求交互增强机制不仅存在于产业层面，也存在于空间层面。空间视角和区域经济关系的引入，将使供给和需求交互增强机制的内涵更为丰富。"斯密—杨格定理"提出劳动分工与市场规模的互动机制，这里的市场规模既是一种数量概念上的市场规模，也是一种空间意义上的市场规模。即市场规模的扩张不仅仅是指市场交易量的扩张，也是指市场空间进一步得到拓展。亚当·斯密在《国富论》中指出："中国幅员是那么广大，居民是那么多，气候是各种各样，因此各地方有各种各样的产物，各省间的水运交通，大部分又是极其便利，所以单单这个广大国内市场，就够支持很大的制造业，并且容许很可观的分工程度。"②

马克思主义政治经济学把产业发展和区域布局结合起来，刻画了资本主义生产方式的历史发展进程。马克思认为："较多的工人在同一时间、同一空间（或者说同一劳动场所），为了生产同种商品，在同一资本家的指挥下工作，这在历史上和概念上都是资本主义生产的起点。"③在《资本论》中，马克思依次阐述了资本主义工业形态演进的几个阶段，即从小作坊手工业到工厂手工业再到机器大工业的发展过程。在这个演进过程中，产业的空间布局发生了重大变化，区域之间的经济关系被重塑。在小作坊手工业阶段，产业的空间布局以小城镇为主要载体，工场手工业的发展促成了生产的空间集中，形成了工业集聚点和城市的雏形，而伴随机器大工业的出现，更为庞大的工业区、城市群、都市圈也随之发展起来。④

从区域产业分工的角度看，供给和需求的交互增强机制表现为：各个区域从

---

① 参见［美］阿林·杨格：《报酬递增与经济进步》，贾根良译，载《经济社会体制比较》1996年第 2 期。

② 参见［英］亚当·斯密：《国民财富的性质和原因的研究》（下卷），商务印书馆 1981 年版。

③ 参见《马克思恩格斯全集》（第 42 卷），人民出版社 2016 年版，第 327 页。

④ 参见龚轶、王峥、高菲：《城市群协同创新系统：内涵、框架与模式》，载《改革与战略》2019 年第 10 期。

自身的资源禀赋、自然环境、发展基础出发，有选择地发展特定产业或产业链条中的某个特定环节。由此，各区域的主导产业形成密切的"投入—产出"关系。这种区域产业分工愈发细致，各区域之间的产业对接愈发紧密，区域间的供给和需求就能得到更好的匹配。在这种情况下，各个区域犹如企业生产线上的劳动者，各自负责本区域的生产环节和工序，产业链条上下游精准对接、高效互动，通过分工环节的增加推动供给和需求的内生扩张。因此，要理解构建新发展格局与需求侧改革的内在联系，不仅要从产业结构转型升级出发进行分析，而且要把空间视角纳入分析框架，站在区域产业分工的高度，系统研究构建国内大循环和国内国际双循环的供需对接点和地理通道。

三、区域分工演进引致的供需交互增强机制：数理说明

可对区域分工演进引致的供需交互增强机制进行简单的数理说明。假设有甲、乙两个经济体(国家或地区)开展生产和贸易活动，两个经济体均生产一种产品 X，该产品有两个生产环节，分别为 A 和 B。在初始状态中，两个经济体并不存在生产环节的分工，即两个经济体都在内部生产产品 X，自给自足。在此状态下，各经济体单位时间的产值均为 V_x。

现在，假设经济体开展分工，甲负责产品的 A 环节，生产活动完成后销售给乙，乙负责产品的 B 环节，生产结束后乙向甲销售最终产品。此时，甲、乙的产值分别为 V_A、V_B。当然，由于存在中间产品销售，分工将导致存在交易成本(包括询价成本、合同成本、交通运输成本等)，设定为 TC。

在分工前，两个经济体的产值总量(销售总量)为 $2V_x$，而分工后为 V_A+V_B。由于现在 A、B 环节分别集中到甲、乙，分工引致的规模经济效应将极大地提高生产效率。即当各地获得更大的订单和工作任务后，能够更加有效地调配劳动力和生产资料，提高全员劳动生产率。因此，甲单位时间创造的价值增量 $V_A>V_x$，同理，$V_B>V_x$。可以发现，分工后的产值(销售额)总和必定大于分工前的产值(销售额)总和，市场得到有效扩大，供给和需求均得到拓展。当然，两地是否能够比分工前获得的利润更高，还要进一步比较分工得到的边际收益增量是否超

过交易成本。即当满足：

$$VA+VB-2Vx>TC \tag{1}$$

进一步地，假设原本独立生产产品 X 的第三个经济体丙也加入分工，分工进一步细化为三个环节：分别是 A1、B1 和 C。甲负责产品的 A1 环节，生产活动完成后销售给乙，乙负责产品的 B1 环节，生产活动完成后销售给丙，丙负责产品的 C 环节。由于产品最终制造完成是在丙地，因此，丙向甲和乙销售最终产品。此时，甲、乙、丙的产值（销售额）为 VA1、VB1 和 VC。交易成本为 TC′。

在丙加入分工前，三个经济体的产值总量（销售总量）为 VA+VB+VX，而分工后为 VA1+VB1+VC。如上所述，分工细化带来的规模经济效应扩大将进一步地提高生产效率。因此，甲单位时间创造的价值增量 VA1>VA，同理，VB1>VB，VC>VX。可见，在分工进一步细化后，供给和需求也随之得到拓展。此时，三地获得比分工前更高利润的条件依然是分工得到的边际收益增量超过交易成本，即：

$$（VA1+VB1+VC）-（VA+VB+VX）>TC′ \tag{2}$$

可见，通过将生产活动分解为更多环节，并由不同主体负责各个中间环节的生产，即可有条件地获得更高的利润，也即分工的深化可使得参与主体有条件地获得更高的利润。

综上所述，与西方经济学将供给和需求分为两个相对独立的变量进行分析不同，马克思主义政治经济学始终把供需作为辩证的统一体进行研究。在由生产开启，经过分配、交换最终进行消费的经济活动链条中，生产和消费构成该链条的一头一尾，因此，如何将生产和消费连接起来就成为问题的关键。在《德意志意识形态》等早期经典文本中，马克思主义经典作家就充分吸收了亚当·斯密提出的"分工"思路，在《资本论》等成熟文本中，马克思主义经典作家更是区分了企业内部分工和社会分工，把分工进一步视为连接供给和需求的关键中介环节。作为社会分工的主要形态，区域产业分工要求各区域根据资源禀赋、区位条件以及发展基础等因素选择其在产业链条和产业网络中的定位，通过产业链条上下游的"投入—产出"关系，形成供给和需求的交互增强机制，这一内生的"市场空间—

区域产业分工"互动增强机制不仅仅在"斯密—杨格"定理中得到揭示，在罗莎·卢森堡的资本积累与空间扩张理论①以及大卫·哈维的"空间修复理论"②中均有所体现。

第三节　国内大循环的供需对接点

从空间政治经济学视角看，构建"以国内大循环为主体、国内国际双循环相互促进"的新发展格局，就是要在充分考虑自然条件、历史因素、资源禀赋和差异化优势的基础上，打造合理的区域产业分工，把不同地区的供给和需求紧密对接起来，形成完整的产业链条和价值闭环。我国幅员辽阔、需求庞大、市场可观，这些优势为深化区域分工、构建国内大循环提供了重要的先决条件。例如，特高压输电技术的发明和应用。我国能源空间布局不合理，矿产和能源储备大部分位于东北、华北、西部等区域。且我国能源储备呈现"富煤少油"的结构，西部地区的煤炭资源运送到东部沿海和南方地区，成本较高。因此，必须大力发展坑口电站，将煤炭资源就地转换为电能并输送到其他地区。为解决长途输电的能量耗损问题，国家电网公司研发了特高压输电技术(特高压是指电压等级在交流1000千伏及以上和直流±800千伏及以上的电压)，成功地解决了远距离煤炭资源利用问题。西部煤炭储量丰富的地区，可以通过投资建设火力发电站和特高压输电系统，为东部沿海地区提供电力供应，不再受限于煤炭运输能力。这一技术的发明和广泛运用，既是基于我国特定自然条件和国内需求的重大技术创新，也是深化区域产业分工、加强区域间"投入—产出"联系的直观体现。

我国地理空间的板块大循环包括三个方面：一是南方和北方形成的大循环；二是东中西部形成的大循环；三是"生态—产业"大循环。当前，要加强南北方、东中西部的供需对接，着力点是要深化区域产业分工，既要让南北方、东中西部在国内产业链条中占据不同的位置，也要使不同的板块在产业链上下游实现供需的精确对接，提高最终产品的附加值、精细度和市场竞争力。我国北方和中西部

---

① 参见[德]罗莎·卢森堡：《资本积累论》，三联书店1959年版。
② 参见[美]大卫·哈维：《资本的限度》，中信出版集团2017年版。

处于产业链条的中上游，主要提供农产品、工业原材料、能源矿产和劳动力，其主导产业集中在原料加工、重化工业和装备制造产业。相对于北方而言，南方和东部沿海地区主要着眼于产业链中下游，重点发展轻工业、快速消费品产业以及服务业，直接面对国际市场，掌握产品"终端"。

以化工产业为例，南北方具有极为广阔的产业合作空间。目前，山东省拥有规模以上化工企业2800余家，其中，营业收入额过500亿元的企业有4家、过百亿元的企业有47家。2019年，全省规模以上化工企业实现营收2.08万亿元，占全省规模以上工业的24.6%。① 但山东省化工产业主要集中在油品升级改造、有机肥料、农药、涂料、颜料等细分领域，石化深加工、高分子材料、高端专用化学品所占比重较低。与山东省邻近的江苏省、浙江省在新材料、节能环保、纺织、建材等产业有巨大的精细化工原材料需要。例如，江苏省在光功能玻璃及纤维、高温超导材料、新型电子材料、纳米材料、石墨烯、高性能碳纤维、碳复合材料、无机非金属高性能纤维、高性能永磁、高效发光、高端催化等稀土功能材料等方面都需要得到精细化工行业的投入支持。浙江省在建材领域具有传统优势，其太阳能光伏玻璃、安全玻璃、节能玻璃、超大陶瓷砖、减薄陶瓷砖、特种陶瓷、智能卫浴、先进无机非金属材料和矿物功能材料同样需要得到精细化工的原材料配套。因此，山东省化工产业应进一步明确下游市场的产品需求导向，坚定地走一条"完善价值链、提升附加值"的发展道路。

以集成电路产业（芯片产业）为例，我国东中西部已形成一条比较成熟的产业链条。其中，长三角地区的上海、南京、杭州、合肥等城市充分发挥技术研发力量雄厚、服务配套条件优良的条件，聚焦芯片研发设计等上游环节。中部地区的武汉、长沙等城市，发挥制造业基础好、技能劳动力资源丰富、高教科研资源集中等优势，聚焦芯片制造、封装、测试等产业链中游环节。西部地区的重庆、成都、昆明、贵阳等城市，集中在产业链下游的应用设备设计和制造环节。东中西部地区发挥各自的资源禀赋特色，深耕产业链细分环节，相互之间形成"原材料—中间品—最终产品"的需求链条，初步构建了较完整的集成电路产业链条。

---

① 参见李广杰等：《山东蓝皮书：山东经济形势分析与预测（2020）》，社会科学文献出版社2020年版。

数据表明：截至 2019 年底，上海、江苏、浙江、安徽、湖北、湖南、江西、重庆、四川、云南等 10 个省市的集成电路产品产值已占据全国的"半壁江山"。[①]不难发现，集成电路产业链覆盖了长三角、长江中游城市群、成渝地区双城经济圈等区域，较好地体现了长江经济带建设的核心思路：促进生产要素实现区域内自由、合理流动，着力发挥下游地区高端产业、科技资源和人才要素优势，扩大中上游地区承接产业转移规模，推动东中西部协同发展格局的基本形成。

还需要指出的是，南北方、东中西部的区域产业分工和供需对接还体现在生态层面。南北方、东中西部所形成的发展差距，一方面根源于自然环境条件的差异，另一方面与不同区域在生态环境保护工作中的角色定位紧密相关。因此，南北方、东中西部的区域产业分工不仅仅是经济意义上的分工，也是生态环境意义上的分工。[②] 因此，要落实国土空间主体功能区规划，试点推进不同区域之间的生态补偿机制。我国国土空间按开发方式分为优化开发区域、重点开发区域、限制开发区域和禁止开发区域四种类型。其中，大批限制开发区域和禁止开发区域都位于北部和西部地区，具有代表性的有大小兴安岭森林、三江平原湿地、三江源草原草甸湿地、科尔沁草原、呼伦贝尔草原草甸、阿尔泰山地森林草原等一大批重要的生态功能区。为此，一方面，要切实推动区域生态分工格局的形成。以黄河流域生态保护和高质量发展示范区建设为例，通过将黄河流域分为生态功能区、粮食主产区和中心城市区，形成各功能区差异化的生态分工定位。例如，三江源、祁连山等重点生态功能地区，不宜过度发展产业经济，主要应致力于保护生态，涵养水源，创造更多的生态产品；河套灌区、汾渭平原等粮食主产区，应主要发展现代农业，以保障国家粮食安全；区域中心城市等经济发展条件好的地区，要集约发展，提高经济和人口承载能力。另一方面，积极推进省际财政转移支付工作，试点实施南方对北方、东部对西部的生态补偿机制，大力实施对口援建，让南方和北方、东部和西部形成产业和生态双重意义上的区域分工。

---

① 参见王阳元：《集成电路产业全书（上册）》，电子工业出版社 2021 年版。

② 参见陈慧女、陈盈：《改革开放 40 年中国区域发展战略的演化与变迁》，载《经济思想史研究》2019 年第 1 期。

第四节 国内国际双循环中的供给需求对接通道

党的十八大以来，陆海内外联动、东西双向互济的全面开放新格局加快形成。在此过程中，国内国际双循环形成了四条大通道，即"丝绸之路经济带"主干线、东北亚大循环、"21 世纪海上丝绸之路"主干线、亚非"海陆联动"大循环，这四条通道也是国内国际双循环中的供给需求对接通道。

一、国内国际双循环的形成

改革开放以来，在比较优势的基础上，我国以西方发达国家为代表的国际市场作为贸易目的地，优先发展劳动密集型产业和资源密集型产业，形成"大进大出、两头在外"的外向型经济模式。在此过程中，我国对外开放的主导思路是望向海洋、融入海洋，加入"亚洲—太平洋"经济圈。广大中西部地区普遍采取"向东看"的区位发展战略。[①] 在此思路主导下，尽管出口导向战略获得了巨大成功，但也带来本土企业被锁定在全球价值链低端、自主创新能力严重削弱等一系列问题。由于经济对外依存度高，国家经济发展动力受制于国际市场，一些关键技术和产品依赖进口，国家经济安全的自主可控性面临一定的风险挑战。

党的十八大以来，我国对外开放战略取得新的进展，特别是共建"一带一路"倡议取得显著成效，"丝绸之路经济带"和"21 世纪海上丝绸之路"的提出，表明我国对外开放方向发生了深刻转变，从融入环太平洋经济圈转向广袤的亚欧大陆和印度洋周边地区，这也是我国在地缘政治策略和区域经济发展战略上的重大调整。[②]

一是"丝绸之路经济带"主干线。这条路线从我国华北和西北地区出发，贯穿黄河中上游地区，经霍尔果斯口岸，进入中亚、西亚、南欧和西欧的亚欧通

---

① 参见杨圣明：《马克思国际价值理论与经济全球化》，载《政治经济学研究》2020 年第 1 期。

② 参见周绍东、张嵩、张毓颖：《从"比较优势"到"国内国际双循环"：我国对外开放战略的政治经济学解读》，载《内蒙古社会科学》2021 年第 1 期。

道，是联通亚欧大陆两大板块的陆路通道，目前已开通中欧班列。二是东北亚大循环。以东北三省产业分工体系为出发点，以更为完整的产业链辐射包括俄罗斯、日本、韩国、朝鲜以及蒙古等整个东北亚地区。发挥黑龙江省在农产品、能源和矿产资源等方面的优势，结合吉林省、辽宁省的重化工业基础，整合东北三省制造业，面向日韩、朝鲜、蒙古和俄罗斯等国家开展对外贸易。三是"21世纪海上丝绸之路"主干线。即从北部湾和海南自贸港出发，经马六甲海峡，到达南亚和非洲东海岸。四是亚非"海陆联动"大循环。这条路线位于"丝绸之路经济带"和"21世纪海上丝绸之路"中间，即从新疆喀什出发，出红其拉甫口岸，经"中巴经济走廊"到达瓜达尔港，进入中东、东非等西印度洋周边地区。

二、国内国际双循环的四条供需对接通道

"丝绸之路经济带"主干线的沿线国家主要包括乌兹别克斯坦、哈萨克斯坦、塔吉克斯坦、吉尔吉斯斯坦、土库曼斯坦、伊朗、土耳其、俄罗斯、德国、荷兰、意大利等。其中，中亚五国的石油、天然气和金属矿产资源十分丰富，形成以石油产业、采矿业、有色金属冶炼业为主导的重化工业。西亚大部分地区皆为石油输出国，石油是其经济命脉。在供需对接方面，我国与丝绸之路经济带沿线国家的能源合作具有典型意义。由于炼化技术发展相对滞后，作为原油开采和出口大国的哈萨克斯坦，石化产业链下游产品长期依赖进口，其中，近九成的沥青需要从俄罗斯等国进口。2014年，中国中信集团与哈萨克斯坦国家石油天然气公司共同投资建设中哈里海沥青合资公司，设计产能为年产沥青超40万吨，建成投产后已基本满足哈萨克斯坦道路建设的需求。[①] 这一合作，既发挥了我国石化行业的技术和人才优势，又整合了哈萨克斯坦的石油资源供给，精准对接了哈萨克斯坦的基础设施建设需要，实现了互利共赢，充分体现了国内外经济大循环的发展思路。

在东北亚经济大循环中，中日韩的LCD(Liquid Crystal Display，液晶显示)面

---

① 参见人民网：《产能合作筑就中哈互利共赢之路》，2017年3月2日，http://politics.people.com.cn/n1/2017/0302/c1001-29117495.html。

板产业合作是一个经典案例。LCD 面板是电视、手机以及多种电子产品的显示端，具有极为广阔的市场空间。长期以来，液晶显示面板的设计和生产被中日韩厂商垄断。进入 21 世纪后，以京东方科技集团、TCL 华星光电等为代表的我国本土企业利用国内庞大的市场需求，在产业链中游的面板制造环节中占据主导地位。LCD 产业链的特点是上游（零组件）技术门槛较高，核心设备、关键材料和元器件被日韩厂商垄断，中游的面板制造和模组组装技术相对成熟，具有资金密集型产业特征。我国本土企业采取向产业链中游和部分下游领域集中的策略，通过大量投资和标准化生产线建设形成规模经济效应，大量收购日韩企业的面板生产线，形成对上游的主导态势。目前，在 LCD 产业链中，中国本土企业逐步进入由日韩企业垄断的上游领域，在中游占据了超过 50% 的市场份额。由此形成日韩企业向大陆企业出售上游核心部件、购买面板再进入下游应用领域的格局，如此形成多回合的贸易往来，进一步扩大了市场规模，同时，也加强了本土企业与日韩企业的技术交流，形成了良性互动。

在"21 世纪海上丝绸之路"主干线的供需对接上，我国主要利用沿线国家丰富的热带物产资源，发挥我国在制造业领域的传统优势，形成多回合的进出口贸易，打造跨国产品价值链。例如，中国是全球天然橡胶最大进口国，进口依赖度高达 85%，泰国、印度尼西亚、马来西亚都是中国主要的天然橡胶进口国，中国从以上国家进口较多的橡胶产品是烟片胶、标准胶和浓缩胶乳，其中，烟片胶和标准胶主要用于汽车轮胎的制造。同时，这些东南亚国家的旅游业较为发达，人口稠密，对客运车辆的需求量很大，而轮胎是必备的配套产品，因而形成精准的供需对接点。随着区域全面经济伙伴关系协定（Regional Conprehensive Economic Partnership，RCEP）的正式签订，一方面，中国未来从东南亚地区进口天然橡胶或将真正实现零关税，轮胎企业成本有望大幅下降。另一方面，在 RCEP 各项优惠政策吸引下，中国的轮胎企业将会加快"走出去"的步伐。

在"海陆联动"主干线大循环的供需对接上，中国和巴基斯坦有色金属合作是一个典型案例。我国有色金属产品的对外依存度逐年上升，迫切需要寻求合适的产业合作伙伴。而巴基斯坦矿产资源丰富，拥有大量有色金属矿产储备。但是，局限于地质勘探和开采技术落后以及资金短缺，目前大部分矿藏，例如，雷克迪克铜金矿、贾盖地区金属带和因达克斑岩型铜矿等均处于未开发状态。在矿产的冶炼加工方面，巴基斯坦金属冶炼设备大部分建造于 20 世纪 70 年代，技术落后，产量和产品质量都较低。目前，中国和巴基斯坦已经合作开发山达克铜矿，由中冶集团的中冶铜锌山达克项目公司负责采矿、选矿和冶炼的全过程。这一合作模式，一方面提高了巴基斯坦铜矿资源的利用效率，扩大了巴基斯坦对我国的铜出口量；另一方面有利于我国有色金属开采和冶炼方面的产能输出。矿山开采和冶炼企业的建设，将通过产业上下游的联动作用，带动巴基斯坦国内装备制造、精密仪器等多个产业的发展。[1]

本章小结

党的十八大以来，我国在对外开放领域实施了共建"一带一路"、建设自贸区和自贸港、签署 RCEP 等一系列举措。在区域发展方面，制定并实施了京津冀一体化、长江经济带建设、粤港澳大湾区建设、黄河流域生态保护和高质量发展示范区建设、东北全方位振兴等一系列区域协调发展战略。通过政策推动，我国对外开放和对内开放呈现协调发展态势。

2020 年，党中央提出"新发展格局"和"需求侧改革"等新的政策话语，进一步凸显了供给侧结构性改革与需求侧改革两者关系的重要性。同时，总结构建新发展格局的具体实践做法特别是在空间和区域上的推进路径已成为一项重要的议题。在此背景下，本章简要梳理了经济学发展史上"供给"和"需求"两个概念的演进历程，对马克思主义政治经济学和西方经济学各自的"供需协同"观点进行比较。进一步地，基于马克思主义"供需一体化"的辩证思想，从空间视角出发，引入区域分工深化和广化等概念，分析我国对外开放战略与区域协调发展战略的内在联系，阐释新发展格局与需求侧改革的关系，研究构建国内大循环和国内国际双循环的实现路径，提炼总结了多条具有代表性的供给需求对接点和对接通道，从而为理解新发展格局和需求侧改革的内在联系提供了空间政治经济学解

---

[1]　参见柴瑜等：《"一带一路"蓝皮书："一带一路"建设发展报告(2020)》，社会科学文献出版社 2020 年版。

读，为构建"新发展格局"提供了具有操作性的政策建议。在后续研究中，可进一步细化"区域"概念，分析各次级区域、各省市、都市圈、城市群、经济带的区域产业分工策略，打造更为精密的国内产业链条和全球价值网络，让供给和需求的精确对接进一步落实落地。

第十三章

论社会主义市场经济中的"资本"范畴

改革开放以来，我们把公有制和市场经济有机结合起来，建立起中国特色社会主义市场经济体制。这种结合表现在：不同所有制类型的资本交叉融合，既激烈竞争又协同合作。实际上，在改革开放后的很长一段时间里，资本都被视为资本主义制度所特有的经济范畴。对于社会主义经济中的资本，学界一般使用"资金"或"资产"等提法加以代替，这种局面一直持续到 1997 年党的十五大报告首次提出"公有资本"概念。然而，"公有资本"概念的提出并不意味着学界就社会主义的"资本"问题达成了共识，恰恰相反，这个概念的提出进一步激化了学界的争论。对现有文献进行梳理可以发现，学界在这一问题上形成的代表性观点主要有三种。一是将资本看作为资本主义生产方式的特有范畴，认为社会主义经济不存在资本；二是将资本理解为商品经济阶段的一般范畴，而我国所处的历史阶段决定了现阶段必然存在资本范畴；三是将资本界定为中性范畴，认为资本不具备特定的制度属性，因此适用于各种社会形态。

尽管存在种种争论，但以下判断基本从争议走向了共识：资本在我国现阶段经济中已是一个客观存在。那么，如何完整地把握"资本"范畴的规定性？如何准确地认识我国经济中"资本"的特殊性？如何深刻地理解国有资本、集体资本和私人资本等各类资本范畴的差异性？完整、准确且合乎逻辑地回答这些问题，一方面为防止资本无序扩张提供了政策思路；另一方面也能够为发挥公有制"普照的光"作用提供理论指导。

第一节 马克思主义政治经济学的"资本"范畴

资本是马克思主义政治经济学的核心范畴之一。基于辩证法，马克思将资本范畴解构为"资本一般"与"资本特殊"。其中，"资本一般"代表了资本的本质规定性，"资本特殊"体现了资本的社会属性，二者构成了资本概念的两个基本方面。"资本一般"与"资本特殊"的辩证统一表明，社会主义资本与资本主义资本具有某种共通性，但是这种共通性在社会主义经济中的现实展开必然由于社会经济制度的差异而呈现出特殊性。从这个意义上讲，马克思关于"资本"的概念界定，对于分析社会主义经济中的资本和资本范畴，仍然具有重要的理论意义和现实意义。

一、"物的依赖性阶段"与"资本一般"

在《政治经济学批判(1857—1858 年手稿)》中，马克思将人类存在的历史形态划分为三个阶段，分别是对应着自然经济时期的"人的依赖关系"阶段、对应着商品经济时期的"物的依赖性为基础的人的独立性"阶段，以及对应着产品经济时期的"自由个性"阶段。① "资本一般"是马克思用以描述第二大社会形态特殊性质的范畴，这为我们把握这一范畴提供了工具。

(一)在"特殊"中把握"一般"

按照《政治经济学批判》"六册计划"设想，马克思将"资本一般"置于第一册"资本"的开篇。那么，在制订庞大的"六册计划"时，马克思为何将这样一个带有明显辩证法色彩的概念作为其政治经济学批判的起点？对这一问题的解答正是厘清"资本一般"概念争议的切入点所在。

实际上，马克思最早使用"资本一般"的概念，在 1957—1958 年撰写的手稿笔记本中，他旨在批判古典经济学从"生产一般"出发分析资本主义生产方式。②

---

① 参见《马克思恩格斯全集》(第 46 卷上)，人民出版社 1979 年版，第 104 页。
② 参见王嘉：《"资本一般"与政治经济学批判》，中国人民大学出版社 2018 年版，第 39 页。

古典经济学将资本"从它的物质方面被看作简单生产过程"①，将物质资料的生产过程抽象地理解为资本实物形态的转化，忽视了资本的经济形式及其体现的生产关系。因此，古典经济学无法揭示资本增殖的秘密，也无法从社会历史发展的角度证明资本主义的短暂性，而是始终停留在对资本、货币、价值等经济范畴的模糊探讨上。由此可见，马克思是在"特殊"的前提下使用"资本一般"范畴的，更确切地讲，是在分析"以物的依赖性为基础的人的独立性"这一历史阶段如何"特殊"的语境下使用这个范畴的。因此，这里的"一般"并不是一个历时态意义上的抽象概念，"资本一般"也并非是忽略时间维度、贯穿于整个人类社会历史的客观存在。恰恰相反，"资本一般"是马克思为了强调资本主义生产方式区别于其他社会经济形态的"特殊性"而采用的提法。

(二)"资本一般"的双重概念

通过区分"资本与货币"和"一般资本与特殊资本"，马克思从两个层面考察了"资本一般"的含义。其中，第一重含义是资本的本质规定性，第二重含义是从特殊资本形式中抽象出的现实规定性。"资本一般"的双重概念在马克思"具体—抽象—再具体—再抽象"的辩证分析过程中得到了完整建构，二者分别对应着这一辩证环节中的"两个抽象"。

首先，"资本一般"的本质规定性，是指将资本与价值和货币区分开来的本质特征，是一定的价值额成为资本的独特规定性。从这个角度出发，马克思界定了"资本一般"的第一重概念："资本一般，也就是把作为资本的价值同单纯作为价值或货币的价值区别开来的那些规定的总和。"②进一步地，马克思指出，"从形式规定性方面来看，是价值自行增殖过程"。③ 具体而言，资本与货币、价值等其他社会财富形式相区别之处就在于，资本能够在运动中实现价值的自我增殖。当然，这种"自行增殖"得以实现的根本前提是劳动力成为商品，使资本通过无偿占有剩余价值而实现自身的增殖。这意味着，"资本一般"的本质规定性

---

① 参见《马克思恩格斯全集》(第30卷)，人民出版社1995年版，第270页。
② 参见《马克思恩格斯全集》(第30卷)，人民出版社1995年版，第269页。
③ 参见《马克思恩格斯全集》(第30卷)，人民出版社1995年版，第270页。

内在地包含两个方面:一方面,资本会在运动中实现量的增殖;另一方面,在增殖过程的背后,是资本对劳动的统治和劳动对资本的依附,这两个方面共同构成了资本"作为资本所共有的规定"。

在从各类社会财富形式中抽象出"资本一般"的本质规定性后,马克思进一步将这一概念进行"再具体—再抽象"。在马克思看来,这种规定着资本独特性质的"资本一般",只有在特殊的、现实的资本形式中才能显示出来。进一步地,在撇开了各类特殊资本形式之间的差异后,我们又能从中抽象出一种一般形式的资本,这就是"资本一般"的第二重含义。在文本的出场顺序上,特殊的资本形式在"资本一般"之后出现;在逻辑上,"资本一般"的第二重含义在其本质规定性的基础上进一步展开。马克思指出:"与各特殊的现实的资本相区别的资本一般,本身是一种现实的存在。"[①]作为研究对象的一般性质的资本,必然体现着不同类型资本的共性特征,并且只有在这些特殊的、现实的资本中,"资本一般"的本质规定性才能获得现实的实现形式。

二、《资本论》中的"资本特殊"

如前所述,马克思通过引入"资本一般"概念,强调了资本不是物,而是"一定历史社会形态的生产关系"。但需要指出的是,仅停留在"资本一般"的层面,仍然无法完整地揭示和反映其所体现的特殊的生产关系。因此,需要将研究对象进一步确定为"资本特殊",考察特定社会经济制度下的资本。

资本与不同社会经济制度结合在一起,表现为不同的社会属性。在资本主义制度下,资本是能够带来私人剩余价值的价值,体现的是资产阶级社会的生产关系。[②]在《资本论》中,马克思对资本逻辑展开了系统批判,"资本"成为反映特定生产关系的特殊范畴。资本主义制度下,资本对劳动的剥削和压迫达到了极致,受到资本逐利本性的驱使,资本主义的一切生产活动全部是围绕着对剩余价值的追逐进行的。反观生产着剩余价值的劳动者,却由于生产资料所有权的丧失,沦为了资本家——"人格化的资本"剥削的对象。通过"资本特殊"这一范畴,

---

① 参见《马克思恩格斯全集》(第30卷),人民出版社1995年版,第440页。
② 参见程恩富主编:《现代政治经济学》,上海财经大学出版社2000年版,第71页。

马克思揭示了资本主义制度的剥削实质及其无法克服的内在矛盾，并由此得出了"消灭私有制""剥夺剥夺者"的科学结论。

需要指出的是，马克思在批判资本逻辑的过程中，也充分肯定了资本对于社会历史发展的进步意义。事实上，尽管资本的逐利本性造成了对劳动的压迫，但与此同时，利润本身也是推动生产力发展的直接动机。具体而言，个别资本家为了获得超额剩余价值，往往会率先采取创新行为，重新组合生产要素以实现自身商品的价值低于社会价值。随后，出于对利润最大化的追求，其他资本家必然会竞相模仿新的生产技术和生产体系。此时，全行业乃至全社会的劳动生产率趋于降低，市场结构从垄断回归竞争，超额剩余价值逐渐转化为相对剩余价值。正是在创新与模仿、垄断与竞争的循环往复中，资本主义生产方式极大地推动了生产力的发展。

第二节　社会主义经济中的资本范畴

依据《资本论》的逻辑，"资本"是资本主义生产方式下的特定范畴，然而，在现阶段我国社会主义市场经济中，资本和资本范畴的存在已是不争的客观事实。摆在我们面前的问题是：理论分析与现实状况出现偏差的根源在何处？我们认为，要准确地回答这一问题，首先必须对社会主义社会以及中国特色社会主义进行科学的历史定位。

一、理论设想中的社会主义不存在资本

马克思在《哥达纲领批判》中明确划分了共产主义社会的两个阶段，分别是"经过长久阵痛刚刚从资本主义社会中产生出来的"阶段，即"共产主义社会第一阶段"，以及已经发展成熟了的"共产主义社会高级阶段"。其中，"第一阶段"仍然不可避免地带有资本主义的痕迹，而这种痕迹在共产主义社会的高级阶段会随着生产力的发展而消失。抛开围绕"社会主义"的语义争论不谈，我们在这里采用学界对于社会主义社会的共识性界定，即社会主义社会就是马克思所指的"共产主义社会第一阶段"。

根据马克思主义政治经济学的基本理论判断，共产主义社会的第一阶段不存在资本范畴。就生产关系而言，这是"一个集体的、以生产资料公有为基础的社会"，尽管这一时期依然留有"物的依赖性"阶段的痕迹，并集中体现为按劳分配层面中的等量劳动交换原则以及由此造成的"事实上的不平等"。但是按照马克思的设想，社会主义的劳动者无需通过交换出售自身生产的产品，其在生产过程中所耗费的个人劳动也无需通过迂回的商品交换过程才得以实现，而是在一开始就直接具备了社会劳动的性质。这意味着，在马克思所设想的社会主义社会，商品交换关系已经趋于消亡，社会生产被全盘纳入"社会的有计划的调节"。正是在这个意义上，马克思做出了如下论断："除了自己的劳动，谁都不能提供其他任何东西；另一方面，除了个人的消费资料，没有任何东西可以转为个人的财产。"①从文本表述来看，社会主义社会已经初步满足了人类解放的第三个阶段即"自由个性"阶段的两个前提条件，一是"个人全面发展"，二是"他们共同的社会生产能力成为他们的社会财富"。因此，马克思笔下的社会主义社会已经告别了"物的依赖性为基础的人的独立性"阶段，进入"自由个性"阶段的初级阶段。

正如马克思指出的："商品流通是资本的起点，商品生产和发达的商品流通，即贸易，是资本产生的历史前提。"②可以进一步得出的是，一旦资本产生的历史前提——商品流通走向消亡，那么资本就丧失了其"自行增殖"的本质规定性，资本推动生产力发展的历史使命也就完成了。换言之，资本范畴必然随着商品经济的消亡而自然地退出历史舞台。如前所述，"资本一般"是马克思用以描述"以物的依赖性为基础的人的独立性"这一特殊历史阶段的范畴，因此，处于"第三大社会形态"上的社会主义社会不存在资本范畴。

二、中国特色社会主义经济存在资本范畴的必然性

需要指出的是，马克思在《哥达纲领批判》中描述的共产主义社会第一阶段，是发达资本主义发展到顶峰后通过社会主义革命建立起来的社会经济形态，是旧的生产关系容纳的全部生产力发挥完毕的自然结果。就其生产关系本质来说，马

---

① 参见《马克思恩格斯选集》(第3卷)，人民出版社2012年版，第363页。
② 参见《马克思恩格斯选集》(第2卷)，人民出版社2012年版，第156页。

克思笔下的社会主义社会恰恰是对资本的本质规定性和现实规定性的否定。然而，社会历史的一般规律不是"超历史的万能钥匙"，不同于马克思主义经典作家笔下的社会主义形态，中国特色社会主义是中国这样一个经济社会发展比较落后的国家，在中国共产党的领导下，通过革命斗争建立起国家政权，进而实施生产关系改造而形成的社会经济形态。在这一特殊的社会经济形态中，无论是生产力水平还是生产关系都与理论形态的社会主义社会存在着一定差别。受到历史条件的限制以及"随时随地都要以当时的历史条件为转移"的辩证法要求，马克思不能也无法深入具体的历史事实展开详细考察。

社会经济形态的演进是一个自然史的进程。"在资本主义社会和共产主义社会之间，有一个从前者变为后者的革命转变时期。同这个时期相适应的也有一个政治上的过渡时期，这个时期的国家只能是无产阶级的革命专政。"①考虑到资本主义社会是商品经济发展的最高阶段，共产主义社会则实行产品经济，因此这里的"过渡时期"可以理解为由商品经济阶段向产品经济阶段转向的历史时期。从中国特色社会主义初级阶段的历史定位来看，作为中国特色社会主义发展的特殊阶段，其正处于具有"过渡时期特点的整个历史时代"中。这一历史事实决定了当前我国无法在短期内消灭商品货币关系，而是仍然需要资本继续承担自身的历史使命，将其所容纳的全部生产力释放出来。

正是在利用资本、市场和商品货币关系的进程中，第二大社会形态上"普遍的社会物质变换、全面关系、多方面需求以及全面能力的体系"才能全方位地建立起来。社会经济形态的演进是一个漫长的历史过程，没有物质前提条件的真正成熟，人类社会无法实现商品经济形态向产品经济形态的历史跨越。而"以资本为基础的生产"充分展开的过程则恰恰就是推动物质前提条件走向成熟的过程。从这个视角出发便不难理解马克思所指的，"如果我们在现在这样的社会中没有发现隐蔽地存在着无阶级社会所必需的物质生产条件和与之相适应的交往关系，那么一切炸毁的尝试都是唐·吉诃德的荒唐行为"。②实际上，在改革开放后的一段时期内，使用何种范畴表示社会主义经济中的资本和剩余价值，这一问题给

---

① 参见《马克思恩格斯选集》(第3卷)，人民出版社2012年版，第373页。
② 参见《马克思恩格斯全集》(第30卷)，人民出版社1995年版，第109页。

理论界造成了极大的困扰。据考察，当时学界对此主要有两种处理办法。一是用"资金""资产"代替资本范畴，或使用"劳动者的剩余劳动所创造的价值"表述剩余价值。二是创造一个新的经济范畴，譬如"价值剩余"，从而达到和剩余价值区别开的目的，而两种做法均未得到理论界的普遍接受。①

从本质上讲，经济范畴是现实的经济运动和经济关系的理论抽象，社会主义社会必然存在，而且在很长时期内还存在资本范畴主要有两方面的现实依据。一方面，在公有制经济内部，尽管劳动者在生产资料占有方面的"所有者缺位"状况使得社会主义的劳动力商品化问题显得十分复杂。但不可否认的是，商品经济阶段仍然需要市场配置劳动力资源。劳动者通过签订劳动合同等方式转让自身的劳动力所有权，劳动力仍然在很大程度上具有商品属性，从而一切劳动产品和劳动者创造的剩余价值都表现为资本的价值形态。另一方面，现阶段我国生产资料所有制结构仍然是公有制经济与非公有制经济并存的格局，资本在社会范围的广泛存在是不同所有制之间以及公有制内部存在商品交换关系的必然结果。归根结底，现阶段我国存在资本范畴的历史必然性是由我国所处的社会经济形态决定的，因此，应该在资本产生、发展到消亡的客观历史进程中把握我国社会主义经济条件下的资本范畴。那种认为市场经济的剩余劳动不转化为剩余价值、公有资本不带来公有剩余价值等观点，均无益于中国特色社会主义政治经济学逻辑自洽性的最佳发展。②

第三节 中国特色社会主义经济中的"资本"范畴：
一般、特殊与个别

1978年以来，伴随经济体制改革的深入和社会主义市场经济体制的建立，资本在我国经济生活中的作用越发明显。1993年，党的十三届四中全会通过的

---

① 参见蒋学模：《社会主义经济中的资本范畴和剩余价值范畴》，载《经济研究》1994年第10期。

② 参见程恩富：《中国特色社会主义政治经济学研究十大要义》，载《理论月刊》2020年第1期。

《中共中央关于建立社会主义市场经济体制若干问题的决定》在论述社会主义市场经济时首次使用了资本范畴。1997 年，党的十五大正式提出了"公有资本"的概念。自此，长期以来存在争议的资本表述问题得到解决，国有资本、集体资本和私人资本等概念陆续进入学界的研究视野。

一、三类"资本特殊"

资本体现着特殊的社会生产关系。在我国社会主义经济条件下，根据所有权的归属，资本可以划分为国有资本、集体资本和私人资本三种形式，其中，前两类均属于公有资本。公有资本是社会主义市场经济同生产资料公有制结合而成新的资本类型，就其本质而言，公有资本是能带来国有剩余价值或集体剩余价值的价值。普遍寓于特殊之中，不可否认的是，公有资本也无法例外地具有资本的两个本质特征，即在运动中实现增殖以及形成对劳动的外在强制。但是作为资本特殊，这类资本及其剩余价值的所有权不直接归属于劳动者个人，而是归属于代表劳动者共同利益的国家或是集体，它服务于社会主义生产目的，体现了以社会主义公有制为基础的生产关系。以国有资本为例，国有资本包括国有独资企业的国有资本、混合所有制企业及其他股权多元化企业中的国有资本。从其生产的剩余价值的去向来看，除了支付劳动者劳动报酬、上缴国家利税以外，国有资本所得的剩余价值大部分转化为社会积累，构成了我国经济社会发展的物质基础。这种资本运行方式有利于排除个人或集体的谋私行为，发挥国有企业的"双重社会功能"。[①] 从这个意义上讲，在公有资本中，资本的特殊性质是矛盾的主要方面，而资本逐利的一般性质则是服从于特殊性质的次要方面。

与公有资本相对，私人资本是带来私人剩余价值的价值，这类资本及其剩余价值的所有权直接归资本家个人所有。在某种意义上讲，社会主义经济中的私人资本同样具有二重性特征。一方面，私人资本对利润最大化的不变追求决定了其生产过程的盲目性，造成了收入分配两极分化等社会经济问题。另一方面，受到社会主义生产关系的引导和规定，社会主义经济中的私人资本也表现出了区别于

[①] 参见吴宣恭：《正确认识和处理国家所有制中的集体性产权》，载《当代经济研究》2021 年第5 期。

资本主义经济的特殊性，即对国家宏观调控和战略安排的服从。但遗憾的是，从我国现阶段私人资本的现实运行来看，资本逐利的一般性质仍然是矛盾的主要方面，而服务于社会主义生产目的的特殊性则处于矛盾的次要方面。

在当前历史阶段，公有制经济与非公有制经济在我国将长期并存，各类资本在社会主义市场经济的浪潮中呈现出既合作又竞争的态势。因此，仅从所有权归属对各类资本进行简单定性，无法准确认识社会主义经济中资本的特殊性。只有从"一般"和"特殊"两个层面出发，才能对中国特色社会主义经济中的"资本"形成完整而饱满的认识。我们可以从以下三个逐次递进的方面进行说明。

第一，中国特色社会主义经济中的各类资本均具有资本的一般属性，也即资本控制劳动者，强迫劳动者将其劳动时间延长到必要劳动时间之外，以追逐价值增殖，实现资本积累。这是当前各类资本的"一般属性"。第二，在控制劳动的目的方面，中国特色社会主义经济中的资本与资本主义经济中的资本有很大差异。而且，由于存在这种对劳动者的控制和剥夺，资本在社会主义国家的强制要求下，把剩余劳动时间（剩余价值）的一部分又通过某种形式返还给劳动者作为"补偿"。这两个方面促使中国特色社会主义经济中的"资本"成为"特殊"的资本。第三，不同类型的资本控制劳动的目的性存在差异，不同类型的资本补偿剩余劳动的程度和方式存在差异，这也意味着中国特色社会主义经济中的"资本"是一种"个别"的资本（见表 13-1）。

表 13-1　中国特色社会主义经济中的"资本"

		资本控制劳动的目的	资本补偿剩余劳动	
			形式	程度
公有资本	国有资本	增加社会积累、提高全体劳动者利益	直接补偿与间接补偿相结合	高
	集体资本	增加集体积累、提高局部劳动者利益	直接补偿与局部范围的间接补偿相结合	中
私人资本		增加资本所有者个人财富积累	受动性的直接补偿为主、间接补偿为辅	低

二、资本控制劳动的目的

资本的历史使命是通过创造剩余劳动推动生产力的发展。[①] 现阶段，资本和资本范畴在我国的存在具有历史必然性，这意味着，社会主义依然存在着劳动对资本的依附和资本对劳动的控制，并且仍然需要劳动者将劳动时间延长到必要劳动时间之外，这是由"资本一般"决定的。但是，创造剩余劳动的目的又因资本背后的生产关系不同而有所差异。

在生产资料公有制条件下，国有资本体现的是劳动者阶层内部的经济利益关系，之所以推动国有剩余价值向国有资本转化，其根本目的就在于增加社会积累。这既是社会主义扩大再生产的必要条件，也是我国当前所处历史阶段的客观要求。我国的社会主义是在生产力水平比较落后的基础上建立起来的。在社会主义初级阶段，国家作为生产资料的直接所有者，其对剩余价值的占有和使用，不以满足企业或是劳动者个人的需要为根本动因，而是从国家利益和发展需要出发，为经济社会发展进行必要的公共积累。国有资本必须保护全体劳动者作为生产资料所有者的权益，使经济发展的福利真正惠及广大劳动者。[②] 现阶段，在国有资本的活动范围内，劳动者的活劳动依然分为必要劳动和剩余劳动两个部分。其中，必要劳动带来的价值用于劳动者消费，反映劳动者的个人利益和当前利益；而剩余价值则用于社会主义扩大再生产，代表了社会利益和长远利益。从这个意义上讲，留存社会积累与增加劳动者收入之间的关系，体现了社会利益和个人利益、长远利益和当前利益、局部利益和整体利益之间的对立统一关系。当然从本质来看，这些利益是内在统一的，一切国有剩余价值不论其去向如何，归根结底都以服务于社会主义生产目的为根本目标。因此，尽管国有资本依然内在地包含着对劳动的外在强制，但它与私人资本在"资本一般"的展开过程上有着本质区别。

---

① 需要指出的是，劳动者在必要劳动时间之外支出劳动从而形成剩余劳动，劳动者是生产剩余价值的主体。我们在这里使用"资本创造剩余劳动"的表述，旨在强调资本对劳动的外在强制作用，而非忽视劳动者在劳动过程中的主体地位。

② 参见何召鹏：《近年来学界有关马克思"重新建立个人所有制"的理论争论及评析》，载《经济思想史研究》2020 年第 2 辑。

集体资本创造剩余劳动的目的在于增加集体积累，为壮大集体经济、增强集体福祉奠定必要的物质基础。与此同时，相较于国有资本，集体资本体现的利益关系和权责关系更加直接与明确，这种资本联合基础上的劳动联合在很大程度上以"劳动控制资本"取代了"资本控制劳动"，从而劳动者对自身利益的关心也构成了创造剩余劳动的重要动机。但从现实来看，集体的统一经营职能趋于弱化，集体经济"去集体化"的问题已经成为阻碍我国现代农业发展的主要问题。个人承包取代集体经营造成的一个直接后果是，集体资本的生存空间遭到挤压，私人资本源源不断地渗入农村生产经营各个环节。这意味着，私人资本的逐利行为将在很大程度上取代以增加公共积累为目的的资本运动，从而引发"集体经济式微—集体资本功能弱化—集体经济愈发式微"的恶性循环。

不同于国有资本、集体资本等公有资本形式，私人资本对劳动的外在强制总是与对私人剩余价值最大化和资本积累的追求密切相关的。一方面，对剩余价值的不懈追求构成了资本家不断推动剩余价值资本化的内在冲动；另一方面，激烈的市场竞争作为一种外部的强制力量，也在客观上要求资本家不断通过资本积累实现扩大再生产。客观地讲，私人资本运动具有二重性，这个运动的一端是社会财富总量的增长和生产技术的改进，而另一端则是资本对劳动的外在强制。当然，在社会主义生产目的的支配下，私人资本对剩余价值的追逐与资本主义制度下的资本逐利本性已经有所不同。以互联网行业为例，近年来，平台经济巨头借助市场力量和技术手段，逼迫商家"二选一"的垄断行为广泛地存在于电商、外卖等各个领域，这是典型的在"资本一般"驱使下的盲目逐利行为。① 对此，2020年《反垄断法》修改案将互联网新业态纳入监管，并针对上述垄断行为给予了相应的行政处罚，从而实现了社会主义生产关系对资本逐利一般性质的矫正。

三、补偿剩余劳动的形式和程度

尽管"资本一般"决定了社会主义资本仍然存在对劳动的外在强制，但是受到社会主义生产关系的引导和规定，社会主义资本不能无偿占有劳动者生产的剩

---

① 所谓"二选一"是指垄断平台利用其市场垄断地位，禁止入驻本平台的商家同时入驻其他竞争性平台的行为，此类不正当竞争行为极大地干扰了市场秩序，同时也损害了消费者权益。

余价值，而是要对劳动者的剩余劳动给予不同形式的返还和补偿，这是社会主义经济中的"资本特殊"。那么，衡量不同类型资本补偿剩余劳动的程度，关键在于劳动者的劳动报酬在多大比重上由劳动力商品价值构成，这种构成则主要取决于资本补偿和返还剩余劳动所采取的不同形式。进一步而言，不同类型资本补偿剩余劳动的程度和形式的差别形成了中国特色社会主义的"资本个别"。

（一）国有资本补偿剩余劳动的形式和程度

在公有制单位，"劳动报酬"的含义十分丰富，其内容具有很大的弹性。就国有资本而言，由于劳动力再生产活动不完全依赖于市场，国有资本活动范围内的劳动者除了领取货币工资外，还享有一些以实物形式或优惠形式发放的隐形福利，从而为劳动力再生产提供了良好的社会条件。因此，在国有资本中，资本对剩余劳动的补偿采取的是"直接补偿和间接补偿相结合"的形式。所谓直接补偿，就是国有资本分出部分利润以货币形式直接返还给劳动者；所谓间接补偿，则是国有资本将利润上缴给国家后，国家用于各种社会经济建设，从而以社会福利、社会保障、基础设施等形式间接地返还给劳动者。我们称国有资本下的这种劳动力再生产模式为"柔韧性的劳动力再生产模式"。[①]

需要进一步追问的是，这些超出货币工资以外的劳动报酬是由谁支付的？实际上，它恰恰是来源于劳动者生产的国有剩余价值中，被国家留存为社会积累的那一部分，这种模式由国家力量主导，因而是在全社会范围内实现的。国有企业既是支撑和确保现代化经济体系社会主义性质和方向的基础，也是建设现代化经济体系的战略性主导力量。[②] 如前所述，社会积累本身代表着社会利益和长远利益，如果没有国家强制性地留存一部分剩余价值用作社会积累和社会主义扩大再生产，那么在理性行为驱使下的劳动者必然将把劳动所得用于个人积累和消费。换言之，在国有资本活动范围内，资本逻辑驱使劳动者生产国有剩余价值，国有

---

① 参见周绍东：《劳动力再生产的"中国道路"——公有制与市场经济有机结合的另一种解释》，载《湖北社会科学》2020 年第 1 期。

② 参见朱安东、孙洁民、王天翼：《我国国有企业在现代化经济体系建设中的作用》，载《经济纵横》2020 年第 12 期。

剩余价值作为社会积累得到留存，而这部分则以其他形式返还于劳动者自身。这种间接补偿形式，最集中地体现了社会主义生产关系的特殊性，也构成了国有资本与私人资本的最大区别。与此同时，这种模式也使得劳动者无形中将自身各种社会关系锁定在国有资本内部，个人与国家形成了密不可分的利益共同体。因此，在国有资本中，资本通过直接补偿与间接补偿相结合的形式，对劳动者剩余劳动给予了程度最高的补偿。

（二）集体资本补偿剩余劳动的形式和程度

集体资本对于劳动者剩余劳动的补偿也采取直接补偿和间接补偿相结合的形式，但是与国有资本在全社会范围内进行间接补偿不同，集体资本的间接补偿是在集体这一局部范围内实现的。具体说来，集体成员可以通过土地等生产资料入股形成集体资本，并在资本联合的基础上开展合作劳动。在原本的劳动成果之外，集体成员还获得相应的股息红利，这部分可以看作是集体以货币形式直接返还给劳动者的劳动补偿。从集体资本所得来看，作为集体资本留存部分的公共积累被投入文化教育、卫生事业等公共生活服务设施，从而实现劳动力的柔韧性再生产。

但是从所有权来看，集体资本归集体成员共同所有，这种共同所有是在社会的局部范围内实现的，这也意味着，集体资本仅能在其力量范围内通过间接补偿形式部分地返还劳动者生产的剩余价值。此外，相比于国家资本，集体资本作用的发挥在更大程度上受制于资本的运营状况。只有运营状况和收益状况可观的集体资本，才能积攒下足够的集体积累为成员解决医疗保障和子女教育问题，甚至还能给成员提供包括住房在内的大宗生活资料。而运营状况和收益状况不佳的集体资本，则没有能力对劳动者的剩余劳动给予恰当补偿。因此，集体资本对于剩余劳动的补偿，由于是局部范围内直接补偿与间接补偿相结合，在补偿程度上要低于国有资本。

（三）私人资本补偿剩余劳动的形式和程度

社会主义经济中的私人资本同样存在对剩余劳动的补偿，表现为劳动者的劳动报酬不完全由劳动力商品的价值构成。社会主义国家性质决定了必须防止资本的无序扩张，私人资本慑于"国家"力量，被迫通过不同形式给予劳动者剩余劳动适当补偿。从现实情况来看，私人资本对剩余劳动的补偿以直接补偿形式为主，间接补偿形式为辅。就直接补偿形式而言，一方面，国家颁布了一系列旨在保护劳动者权益的法律法规，从上层建筑层面对私人资本的劳动补偿作出了强制性规定。以2018年最新修订的《中华人民共和国劳动法》为例，它对劳动者的工作时间、工资以及用人单位应履行的责任作出了明确规定，并在与之相配套的法律法规中详细列举了用人单位涉及违反劳动法的具体行为。私人资本慑于国家法律法规，被迫地采取货币形式返还给劳动者一定量的剩余价值。另一方面，公有资本富有柔韧性的劳动力再生产模式为劳动力市场和非公有制经济提供了"待遇标杆"和"福利标准"。同时，市场经济也为劳动者提供了在不同所有制之间进行切换的就业选择权，这就倒逼私人资本必须支付超出劳动力商品价值以外的劳动报酬，否则劳动力将大量流入公有资本的活动范围。因此也就不难理解，为何当前不少私营企业纷纷采取多种类型的股权激励模式，通过赋予劳动者与工作年限和绩效挂钩的虚拟股票和股票增值权，使劳动者获得相应份额的股息红利。也正是在这个意义上，公有制经济作为"普照的光"发挥着引导非公有制经济发展的重要作用。

除此以外，部分私人资本也会采取间接补偿形式作为辅助手段，譬如社会公益、慈善捐赠等。根据全国工商联发布的《中国民营企业社会责任报告（2020）》显示，民营企业通过捐款捐物、设立基金等方式支持疫情防控，截至2020年4月，捐款17222亿元，捐物价值119.27亿元，设立基金6181亿元。此外，2020年全国共有110589家民营企业参与了"万企帮万村"精准扶贫行动。[1] 种种迹象表明，当前私人资本承担社会责任的意愿日益强烈，但需要指出的是，无论是直接补偿还是间接补偿，其都是与私人资本追求利润最大化的生产目的相违背的。从根本上讲，私人资本给予劳动者剩余劳动的返还和补偿，不可能完全等同或是接近于劳动者创造的全部剩余价值。资本家所得利润是劳动者生产的剩余价值，

---

[1]　参见高云龙、徐乐江主编：《中国民营企业社会责任报告（2020）》，中华工商联合出版社2021年版。

对劳动者剩余劳动的补偿越多，资本家所得的利润就越少。私人资本对利润最大化的追求，本身就蕴含着对超出劳动力价值以外的价值的否定。因此，相较于国有资本和集体资本，私人资本对剩余劳动的补偿程度最低。

本章小结

资本是马克思主义政治经济学的基本范畴，也是社会主义市场经济运行过程中无法回避的客观存在。长期以来，资本是否为资本主义独有范畴、如何看待社会主义资本范畴等问题引发了诸多争鸣。有鉴于此，本章在考察马克思资本范畴的基础上，从资本控制劳动和资本补偿剩余劳动两条线索出发，刻画了中国特色社会主义经济中国有资本、集体资本和私人资本三类资本的特殊性质。

中国特色社会主义与资本主义同处于"物的依赖性为基础的人的独立性"历史阶段，这就决定了现阶段我国仍然存在资本和资本范畴。资本范畴是"资本一般"与"资本特殊"的有机结合。其中，"资本一般"是指在运动中实现增殖以及形成对劳动的外在强制的资本一般属性；"资本特殊"是指特定社会经济制度下的资本及其代表的生产关系。完整把握社会主义经济中的资本和资本范畴，不能仅看到社会主义生产关系的特殊性，而是必须承认资本范畴作为"资本一般"与"资本特殊"两者结合的本质属性。一方面，资本的一般性质决定了社会主义资本依然存在对劳动的外在强制，但这种强制背后的目的却因生产关系差异而有所不同。国有资本以增加社会积累为目的，集体资本以增加集体积累为目的，私人资本则以增加资本家个人财富为目的。另一方面，受到社会主义生产目的的约束，中国特色社会主义经济中的资本必须对劳动者的剩余劳动予以返还和补偿，三类资本的不同补偿形式即构成"资本个别"。其中，国有资本采取货币形式的直接补偿与社会福利和社会保障等形式的间接补偿相结合，补偿程度最高；集体资本采取直接补偿与局部范围的间接补偿相结合，补偿程度居中；私人资本以受动性的直接补偿为主、间接补偿为辅，补偿程度最低。

根据上述结论，本章提出了以下三点政策建议：第一，以社会主义生产目的矫正资本逐利的一般属性，加大资本补偿劳动的力度，防止资本无序扩张。不同于资本主义追逐剩余价值最大化的生产目的，社会主义明确了"以人民为中心"的生产目的。因此，在社会主义资本的运行逻辑下，通过各种形式给予劳动者补偿，保障劳动者劳动力个人所有权的实现，是社会主义生产关系的应有之义。第二，在国有企业混合所有制改革中，鼓励国有资本与私人资本"双向进入"，特别是鼓励国有资本以不同方式、不同比例参股私营企业，发挥公有制经济作为"普照的光"引导非公有制经济发展的重要作用。在引入非国有资本进入国有企业时，应当设置国有股比例"底线"，坚持国有经济主导地位，放大国有资本的影响力、辐射力和带动力。第三，壮大农村集体经济，为社会主义生产关系优越性的发挥开辟空间。集体资本积累是增加集体福祉的物质基础，代表着集体利益和长远利益，应在坚持农村土地集体所有制的基础上，探索农村改革的"第二个飞跃"，注重农村双层经营体制中"统"的层面，大力发展种养大户、家庭农场、专业合作社、农业龙头企业等新型农村集体经济经营模式，积累集体资本，保障农民权益。

第十四章

在高质量发展中促进共同富裕

党的十八大以来，党中央把逐步实现全体人民共同富裕摆在更加重要的位置，采取有力措施保障和改善民生，打赢脱贫攻坚战，全面建成小康社会，为促进共同富裕创造了良好条件。中央政治局第二十七次集体学习时，习近平总书记强调：必须更加注重共同富裕问题。在 2021 年 8 月 17 日召开的中央财经委员会第十次会议上，习近平总书记进一步指出：共同富裕是社会主义的本质要求，是中国式现代化的重要特征，要坚持以人民为中心的发展思想，在高质量发展中促进共同富裕。

本章以马克思主义政治经济学有关生产与分配关系的理论作为出发点，考察了改革开放以来我国粗放型低水平增长模式的形成过程，从生产方式的微观、中观和宏观三个层面分析了这种增长模式拉大收入分配差距、阻碍共同富裕的具体路径。在此基础上，从生产方式视角界定了"高质量发展"的具体含义，提炼总结了经济高质量发展模式的四种收入分配效应：技术劳动报酬提升效应、实体经济资源集聚效应、产业区域布局优化效应以及城乡资源双向流动效应，并提出了推进共同富裕的政策意见和建议。

第一节　文献回顾

共同富裕是社会主义的本质要求，是社会主义生产的目的所在，探索实现共同富裕的路径始终是中国共产党在赶考路上的关键一题。当前，随着"落后的社会生产"的短板补齐，促进共同富裕成为满足人民美好生活需要的重要着力点。但是，就我国经济发展状况而言，近年来居民收入分配差距有所拉大，产业间、城乡间、区域间财富分布不均，这都需要在经济实践中作出有效应对。对此，习近平强调："我国必须坚决防止两极分化，促进共同富裕，实现社会和谐安定。"①与之相应，共同富裕的相关问题也成为学术界关注的焦点，这主要包括如下三种视角的研究。视角一将共同富裕置于中国式现代化道路中，探究在社会主义现代化建设背景下如何协同推进共同富裕。②③ 视角二主要结合我国基本经济制度，探究实现共同富裕的制度基础，如社会主义公有制为实现共同富裕奠定了经济基础，④ 坚持按劳分配为主体利于提高劳动生产率，在勤劳致富中实现共同富裕。⑤ 也有学者在比较分析资本主义制度与社会主义制度中得出：前者收入分配不均的必然性与后者共同富裕实现的必然性。⑥ 其原因在于，社会主义制度所要实现的是所有人的富裕和强大，即共同富裕，⑦ 而资本主义制度天然蕴含着财富分配不公逻辑。⑧ 视角三着重强调再分配与第三次分配之于共同富裕的重要作用。在社会主义现代化进程中实现共同富裕，政府主导的再分配发挥着导向作用，为实现全体人民共同富裕提供了重要保障。第三次分配则作为初次分配和再分配的有益补充，在促进共同富裕中起到了积极作用。⑨⑩

---

① 参见习近平：《扎实推动共同富裕》，载《求是》2021年第20期。

② 参见逄锦聚：《在建设社会主义现代化中协同推进共同富裕》，载《政治经济学评论》2022年第1期。

③ 参见周文、肖玉飞：《共同富裕：基于中国式现代化道路与基本经济制度视角》，载《兰州大学学报(社会科学版)》2021年第6期。

④ 参见顾海良等：《学习贯彻十九届六中全会精神笔谈》，载《经济学家》2022年第1期。

⑤ 参见洪银兴：《以包容效率与公平的改革促进共同富裕》，载《经济学家》2022年第2期。

⑥ 参见周文、肖玉飞：《共同富裕：基于中国式现代化道路与基本经济制度视角》，载《兰州大学学报(社会科学版)》2021年第6期。

⑦ 参见王立胜：《以共享发展促共同富裕：理念、挑战与路径》，载《当代世界与社会主义》2021年第6期。

⑧ 参见周文、肖玉飞：《共同富裕：基于中国式现代化道路与基本经济制度视角》，载《兰州大学学报(社会科学版)》2021年第6期。

⑨ 参见洪银兴：《以包容效率与公平的改革促进共同富裕》，载《经济学家》2022年第2期。

⑩ 参见韩喜平、何况：《分配制度变革何以推动共同富裕现代化》，载《广西师范大学学报(哲学社会科学版)》2021年第6期。

现有关于共同富裕的研究多以经济制度作为切入点，本章重点关注生产方式之于共同富裕的作用。马克思在相关论述中强调，"生产将以所有的人富裕为目的"①，这就把共同富裕、生产和分配三者之间联系起来。一方面，生产活动是实现共同富裕的首要前提，生产方式的选择直接关系到是否能够具有足够的、可供全社会分配的产品。另一方面，强调"所有的人"意味着发展成果的全民共享，这就关系到分配方式问题。从这个意义上讲，可将生产与分配之间的互动关系作为分析如何推进共同富裕的切入点。在社会历史发展的过程中，生产与分配的互动关系表现为"分配关系的历史性质就是生产关系的历史性质，分配关系不过表现生产关系的一个方面"②，即随着社会历史发展，将出现新的生产方式，而分配方式也将随着生产方式的变化而发生变化。由于生产方式即为劳动力与生产资料相结合的方式，从宏观视角进行界定，"生产方式"实际上就是指经济增长模式或发展模式。因此，在高质量发展中推动共同富裕，其实践要求就是转变既有的生产方式——粗放型低水平增长模式，进而改变国民经济的收入分配格局。

第二节 粗放型低水平增长模式与收入分配差距的关系

改革开放以来，我们抓住国际产业转移的历史机遇，以占领国际市场为目标，实施出口导向战略。通过重点发展具有比较优势的普通劳动密集型生产方式，迅速进入工业化快车道，取得了显著的经济增长成效，一跃成为全球第二大经济体。然而，进入 21 世纪之后，特别是 2008 年全球金融危机爆发以来，世界经济增速放缓，国际市场不景气，出口需求显著下降。2020 年新冠疫情暴发更使全球经济受到重创，国际市场萎靡不振的状况将持续很长一段时间。与之相应，我国传统的出口导向战略开始受到挑战，先前集中于制造环节的规模效应和劳动力成本优势逐渐丧失，中高速增长也逐渐被中低速增长取代，经济新常态接踵而来，长期以来形成的粗放型低水平经济增长模式开始暴露出各种弊端，其中就包括收入分配差距拉大问题。

---

① 参见《马克思恩格斯文集》（第 8 卷），人民出版社 2009 年版，第 200 页。
② 参见《马克思恩格斯文集》（第 7 卷），人民出版社 2009 年版，第 1000 页。

一、微观层面

从企业这个微观经济主体来看，劳动力与生产资料组合搭配的方式是多样化的。以劳动力类型作为分类标准来看，可根据劳动者的劳动技能水平，将企业（或产业）分为普通劳动密集、技能劳动密集和技术劳动密集三种类型。普通劳动密集型企业在生产过程中对劳动力需求依赖程度较大，且这种劳动力属于不需要经过培训或只需要经过很少的培训即可适应生产要求的劳动力。而技能劳动密集型企业对劳动力素质提出了更高要求，需要劳动者能够运用专业知识，依靠操作技能从事生产实践活动。并且，这种技能劳动密集型企业往往同时也是生产资料投入密度大的企业。与普通劳动密集型企业、技能劳动密集型企业不同，技术劳动密集型企业在生产过程中对技术的需求依赖程度较大，而技术主要是由具有较高技术水平的劳动者掌握和运用的。技术劳动密集型企业既有可能需要投入大量生产资料，也有可能呈现出"轻资产"运作的特点。

由于长期集中在生产加工、制造、包装等价值环节，普通劳动密集型企业面临着转型困难的问题。一方面，本土企业习惯于依靠简单的模仿、代工和低价营销模式占领市场，这极易产生路径依赖效应。本土企业严重依赖于产业链核心节点的国际垄断巨头的发包订单，在博弈中往往处于劣势地位，从而被锁定在价值链条的中低端环节。长期从事原材料粗加工、非核心部件供应、配套服务供应等业务的企业，在日渐激烈的市场竞争中面临着利润率不断下滑的态势。譬如，我国纺织业主营业务收入利润率由 2010 年的 6.76% 降至 2018 年的 4.99%，农副食品加工业、木材加工制品业、纺织服装、服饰业等中低端制造业的利润率同样有明显下降。① 另一方面，当新一轮科技革命到来，普通劳动密集型和技能劳动密集型制造业由于缺乏在核心技术和原创性产品上投入更多的人力和资金的原生动力，在技术创新上的表现并不尽如人意。2020 年，我国创新投入分指数在世界主要国家和地区中排名第 26 位。② 在"中国制造"国际竞争力明显下降的同时，大量新兴经济体加入承接国际产业转移的行列，一些跨国公司基于成本考虑，把

---

① 数据来源：根据中经网统计数据库数据计算。

② 数据来源：《国际统计年鉴——2020》。

原本位于中国的生产工厂向东南亚、南亚等地转移。这进一步导致我国出口增速明显放缓。根据国家统计局数据测算，1978—2008 年，我国出口总额年均增长率高达 25.53%，而 2012—2020 年已下滑至 4.32%。①

因此，从微观层面来看，粗放型低水平经济增长模式表现在：由于长期实施以比较优势为基础的出口导向战略，劳动力和生产资料组合搭配的形式以普通劳动密集和技能劳动密集的制造业为主。对这类企业而言，当面临国际市场萎缩和激烈竞争时，难以通过技术和产品创新、品牌和渠道拓展等方式实现其在全球价值链中的"跃升"。这将导致两个方面的后果。一方面，本土企业调整目标市场，更多地转向国内市场，这进一步加重了国内市场的产能过剩和重复建设程度。2017 年我国工业产能利用率为 77%，而到 2020 年降至 74.5%，远低于国际公认标准 79%~82%。② 另一方面，为遏制利润率下降趋势，保障资本回报，民营企业必须控制劳动者工资总额，压低实际工资水平，数据表明：我国劳动报酬占总产出的比重，从 2002 年的 18.8% 下降到 2010 年的 15.2%，近几年虽有所回升，但直到 2015 年，仍低于 21 世纪初的水平，③ 这就导致原本就存在巨大鸿沟的劳资收入差距更为明显。

二、中观层面

从中观层面来看，劳动力与生产资料是在产业、区域和城乡三个维度组合搭配的，由此形成了产业经济关系、区域经济关系和城乡经济关系。粗放型低水平增长模式是造成产业从业者收入分配差距拉大、区域居民收入分配差距拉大以及城乡居民收入分配差距拉大的重要原因之一。

（一）产业经济结构失衡

产业是劳动力与生产资料组合搭配的基本形式，产业结构实际上就是指生产力与劳动力的结构比例，产业经济关系实际上就是指劳动力和生产资料的数量关

---

① 数据来源：根据国家统计局官方网站数据计算。
② 数据来源：国家统计局官方网站。
③ 数据来源：根据国家统计局官方网站数据计算。

系。粗放型低水平经济增长模式集中体现在产业结构失衡上，近年来，这种结构失衡在我国突出地表现为两个方面。一是房地产行业的异军突起，在短时期内形成了快速增长和急剧膨胀势头。二是实体经济与虚拟经济比例失衡，大量资本进入金融领域。

从内在机制来看，在出口导向战略的国内外环境发生巨大变化时，由于利润和工资两方面都受到巨大压力，不可避免地导致资本从劳动密集型产业退出，进入那些增长更迅速、盈利空间更大的产业。从 20 世纪 90 年代到 21 世纪的前十年，制造业资本大量流入金融和房地产两大行业。就房地产行业投资增长率来看，2006—2011 年我国房地产开发投资的年平均增长率高达 25.51%，2010 年投资增长率更是达到惊人的 33.16%。① 地方政府一轮又一轮的房地产业市场调控政策都无法从根本上遏制房地产行业特别是大中城市房地产行业吸收资本的强劲趋势。这种不平衡发展同样出现在实体经济与虚拟经济发展中。近些年，传统金融业和房地产业共同构成的"泛金融行业"呈现急剧膨胀趋势，一定程度上对实体经济造成了冲击，其利润空间进一步受到挤压。据统计，我国泛金融行业净利润占所有企业净利润总额比重从 2004 年的 15% 上升至 60%，而以制造业为主的第二产业和除金融业以外的第三产业利润占比明显下降。② 行业间利润差距拉大也将直接影响其从业人员收入，从 2003 年到 2010 年，城镇金融行业就业人员平均工资与制造业就业人员平均工资比值由 1.64 快速上涨到 2.27，之后才开始缓慢下降。③

（二）区域经济布局失衡

区域是劳动力与生产资料组合搭配的另一个中观维度，同时也是劳动力与生产资料结合起来开展生产活动的空间载体。粗放型低水平增长模式导致区域经济布局失衡。近年来，我国西部地区、北方地区和内陆山区积极承接了东部沿海地区的产业转移，这使得东部与西部、南方与北方、沿海与内陆形成了比较明显的产业链分工格局。这种格局的形成，一方面能够比较好地发挥承接产业转移地区

---

① 数据来源：中经网统计数据库。
② 参见张成思：《金融化的逻辑与反思》，载《经济研究》2019 年第 11 期。
③ 数据来源：根据国家统计局官方网站数据计算。

的劳动力、土地和自然资源成本优势,有利于提高这些地区的经济规模。另一方面,由于欠发达地区承接的多是普通劳动密集型产业或技能劳动密集型和技术劳动密集型产业的中低端价值环节,这就使得这些地区面临着产品附加值低、产业竞争力弱、技术升级动力不足、市场过度竞争等一系列问题,而这些问题对欠发达地区缩小与发达地区的收入差距都会产生不利影响。从地区规模以上工业企业R&D经费支出对比来看,2011 年东部地区的经费投入是东北地区的 10.1 倍,而2020 年已上升至 20.3 倍。① 由于不同区域的产业附加值差异巨大,这使得区域发展差异特别是收入分配差距也不断拉大。仅以全国城市国民生产总值排名为例,2010 年,天津和青岛尚能进入全国城市 GDP 排名前十,而到 2021 年,GDP前十的城市中只余北京一城。从居民收入来看,2010 年东部地区、中部地区、西部地区、东北地区城镇居民人均可支配收入比值为 147.2 : 101.0 : 100 :100.9,到 2020 年,变为 141.0 : 100 : 100 : 92.9,东部与中西部地区的收入差距仅有微弱减小,而东北地区与其他地区之间差距反而有所拉大。②

(三)城乡分工结构失衡

粗放型低水平增长模式也影响了合理的城乡经济关系的形成,并导致城乡居民的收入差距不断拉大。城乡是一个特定的区域概念,劳动力和生产资料在城市和乡村进行组合和搭配,形成特定的经济关系。从 20 世纪 90 年代开始,随着城市普通劳动密集型产业的快速发展,大量农村居民涌入城市务工,农村居民收入在 90 年代上半期得到大幅提升。譬如 1994 年农村居民人均可支配收入增长率高达 32.49%。这在一定程度上缓和了城乡收入差距。但是,由于进城务工人员文化教育水平普遍较低,职业技能也比较匮乏,当本土企业受到劳动力成本压力时,遭受冲击最大的也正是这类工人。从 20 世纪 90 年代末至 21 世纪初,农村居民收入增长率日渐疲软,年增长率基本维持在 2%~6% 的水平,直至近年也再难实现 90 年代初的大幅增长势头。③ 由于进城务工人员的工资收入一般是农村

---

① 数据来源:根据国家统计局官方网站数据计算。

② 数据来源:国家统计局《中华人民共和国 2020 年国民经济和社会发展统计公报》《中华人民共和国 2010 年国民经济和社会发展统计公报》。

③ 数据来源:中经网统计数据库。

家庭最主要的收入来源，因此，这部分收入的长期停滞导致城乡收入分配差距在20世纪90年代后期开始迅速拉大。就人均可支配收入数据来看，1985年城镇居民收入为农村居民的1.86倍，至2017年已上升至3.14倍的历史高点，此后城乡居民收入差距虽稍有缩小，但直至近5年，也基本上维持在2.5倍以上的水平。① 不仅如此，由于农村仅仅依靠务工收入"输血"，并未发展起完整的产业体系，缺乏发展的"造血功能"，城乡之间在产业结构、社会治理、生态文明、文化传承等各个方面的差距都在拉大。

近年来，随着数字经济的兴起，传统制造业开展智能化、自动化改造，实施"机器换人"，淘汰大批进城务工人员。但是，由于新一代进城务工人员大量进入围绕平台展开的低端服务业就业，制造业本身的技术升级并没有带动劳动力技能水平的提升，而只是把普通劳动力挤入快递物流、网约车司机和个体电商等领域，城乡之间的收入分配差距并未得到有效缩小。

总之，从中观层面来看，以出口导向为主要特点的粗放型低水平增长模式对收入分配格局造成了诸多方面的不利影响，成为实现共同富裕道路上的严重阻碍。由于劳动力工资和企业利润都受到挤压，资本向金融和房地产行业流动。制造业的低端环节向欠发达地区转移，将产业链附加值的显著差异复制到国内各区域之间。同时，由于进城务工人员获得的劳动报酬份额下降，又进一步导致城乡收入分配差距的扩大。

三、宏观层面

当劳资之间、行业之间、区域之间、城乡之间都出现较大的收入分配差距时，国内消费需求必然是乏力的。"可是分配并不仅仅是生产和交换的消极的产物；它反过来也影响生产和交换。每一种新的生产方式或交换形式，在一开始的时候都不仅受到旧的形式以及与之相适应的政治设施的阻碍，而且也受到旧的分配方式的阻碍。新的生产方式和交换形式必须经过长期的斗争才能取得和自己相适应的分配。但是某种生产方式和交换方式越是活跃，越是具有成长和发展的能

---

① 数据来源：中经网统计数据库。

力，分配也就越快地达到超过它的母体的阶段，达到同当时的生产方式和交换方式发生冲突的阶段。"①在马克思主义政治经济学看来，生产具有两种含义：一是物质资料的生产和再生产，二是人本身的生产和再生产。在物质资料生产过程中，劳动者消耗了自身的劳动力，而为了使物质资料再生产持续下去，劳动者需要通过消费活动把劳动力再生产出来。从这个意义上来看，消费活动本身就是一种"生产"——劳动力再生产，并且，劳动力再生产取决于物质资料再生产活动。从两种生产与分配活动的关系来看，一方面，马克思主义政治经济学认为分配结果从根本上来看是由生产活动决定的；另一方面，分配结构又对劳动力再生产（消费活动）施加着重要影响。

从收入与消费的关系来看，不同收入层次的经济主体在消费能力和消费动力等方面的行为特征具有很大差异。对高收入者而言，其消费能力较强，但由于其基本生活需要已经得到满足，消费动力不足，因此该群体更倾向于储蓄。而对于低收入者来说，其消费倾向较高，但缺乏消费能力，消费总量受到限制。因此，在收入差距较大、分配结构不合理的经济体内部，其总体消费需求往往是不足的。相较而言，美国 2010 年居民消费支出占 GDP 比重为 58.7%，日本为 50.8%，德国为 40.1%，而我国 2000 年居民消费支出在国民生产总值中所占的比重仅为 39.1%，到 2010 年进一步下降为 27.8%。②

消费需求不足阻碍了经济发展方式转型。粗放型低水平增长模式向高质量发展模式的转变，在供给方面来看，要求进行结构性改革，提高产品质量及其附加值，而供给侧结构性改革必须得到消费需求强有力的保障。由于收入分配结构不合理，消费需求特别是国内消费需求不足，经济高质量发展迫切需要的市场容量得不到满足，企业无法将粗放型低水平增长模式切换为以供给高质量产品和服务的目标的新型生产方式，这又进一步导致各领域收入分配格局的恶化。

可以从微观、中观和宏观三个层面对经济增长模式与共同富裕之间的关系进行总结。从微观层面来看，由于普遍集中在附加值较低的生产制造环节，大量本土企业被锁定在价值链低端，劳动者在生产活动中获得的收入份额出现下滑，导

---

① 参见《马克思恩格斯文集》（第 9 卷），人民出版社 2009 年版，第 155 页。
② 数据来源：根据中经网统计数据库数据计算。

致一段时期内居民收入增长率低于经济增长率，居民收入分配差距有所拉大。从中观层面来看，劳动密集型产业出现产能过剩和供给饱和，企业利润率受到很大压力，倒逼资本流向房地产和金融市场，显著推高了这些行业的收入水平，拉大了制造业与房地产和金融行业的从业者收入差距。不仅如此，从西部地区、北方地区以及广大农村居民涌入沿海地区和大中城市的务工人员，收入增长也比较乏力。这一连串连锁反应导致我国经济出现结构性失调，劳资、产业、区域和城乡收入差距都有所拉大，成为实现共同富裕道路上的严重障碍。从宏观层面来看，由于收入分配差距拉大，不合理的收入结构导致社会总体消费需求不足，这使得粗放型低水平经济增长模式向经济高质量发展模式的转型缺乏需求侧的有力支持，从而造成总需求和总供给出现失衡，物质资料再生产、劳动力再生产和收入分配形成一个低水平运行闭环(见图 14-1)。

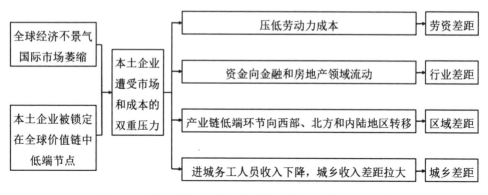

图 14-1　粗放型低水平增长模式阻碍共同富裕的内在机制

第三节　以生产方式的系统性变迁推进共同富裕

一、推动经济高质量发展的核心要义在于转变生产方式

马克思在《〈政治经济学批判〉导言》中明确提出："分配的结构完全决定于生

产的结构。分配本身就是生产的产物，不仅就对象说是如此，而且就形式说也是如此。就对象说，能分配的只是生产的成果，就形式说，参与生产的一定方式决定分配的特殊形式，决定参与分配的形式。"①长期以来，政治经济学形成了以生产资料所有制解释收入分配结构的分析套路，这一方面正确地强调了所有制的重要地位和作用，另一方面，也必须认识到，"生产"并不等同于"生产资料所有制"，除了生产资料所有制，"生产"还包含着劳动力和生产资料如何组合搭配这一层含义。简单地把分配结构视为直接由生产资料所有制决定，必然导致忽视生产方式改革和经济发展模式转型升级在促进共同富裕上的重要作用。因此，我们将着重从转变生产方式的角度分析推进共同富裕的政策举措。

中国特色社会主义进入了新时代，我国经济发展也进入了新发展阶段，也即经济高质量发展阶段。当前，中华民族伟大复兴的历史进程迎来了世界百年未有之大变局，我国面临的发展环境错综复杂，发展任务艰巨繁重，机遇挑战前所未有。在这一重要的历史关口，结合我国新的经济建设实践，提出了"推动经济高质量发展"的新判断。正如习近平所指出的："高质量发展，就是能够很好满足人民日益增长的美好生活需要的发展，是体现新发展理念的发展，是创新成为第一动力、协调成为内生特点、绿色成为普遍形态、开放成为必由之路、共享成为根本目的的发展。"②

马克思主义政治经济学将生产方式界定为劳动力和生产资料的组合搭配方式，在特定的社会经济制度背景下，这种组合搭配方式实际上就形成了社会生产关系。而在生产关系中，占据最主要位置的是生产资料所有制，而生产资料所有制的法权形式即为"产权"。所有制和产权在经济运行和经济发展过程中扮演着十分重要的角色，这是毋庸置疑的。但是，如果撇开特殊的社会经济制度背景，单独考察劳动力和生产资料组合搭配的"一般"形式，就不难发现这种组合搭配方式本身也是多层次、多维度且具有丰富内涵的。在微观层面，劳动力与生产资料在企业内部组合搭配开展生产活动；在中观层面，劳动力与生产资料在产业、区域、城乡和国内外组合搭配起来；在宏观层面，劳动力与生产资料在政府或市

---

① 参见《马克思恩格斯全集》(第30卷)，人民出版社1995年版，第36页。
② 参见《习近平谈治国理政》(第3卷)，外文出版社2020年版，第238页。

场的引导调节下流动并结合起来。

因此，从生产方式视角进行界定，推动经济高质量发展的实质含义是：改变劳动力和生产资料在微观、中观和宏观等各个层面的组合搭配方式，优化劳动力和生产资料的配置结构，推动经济发展从依靠单纯的劳动力和生产资料数量投入转向依靠高素质劳动力和高质量生产资料的创新配置方式上。推动我国经济由出口导向的粗放型低水平增长模式向高质量发展模式转变，可以通过技术劳动报酬提升效应、实体经济资源集聚效应、产业区域布局优化效应以及城乡资源双向流动效应四种效应，有效缩小劳资、产业、区域和城乡收入分配差距，进而推进共同富裕。

二、技术劳动报酬提升效应

在生产关系内部，生产资料归谁所有，则这个经济主体就在分配中占据了主导地位，生产资料所有制的性质和结构决定了分配方式的性质和结构。改革开放以来，我们建立起一个比较完整的社会主义基本经济制度。党的十九届四中全会指出，公有制为主体、多种所有制经济共同发展，按劳分配为主体、多种分配方式并存，社会主义市场经济体制等社会主义基本经济制度，既体现了社会主义制度优越性，又同我国社会主义初级阶段生产力发展水平相适应，是党和人民的伟大创造。因此，实现包括按劳分配在内的多种分配方式并存，其前提是必须坚持公有制为主体、多种所有制经济共同发展，坚持"毫不动摇巩固和发展公有制经济……毫不动摇鼓励、支持、引导非公有制经济发展，保证各种所有制经济依法平等使用生产要素、公平参与市场竞争、同等受到法律保护"[①]。

当前，非公有制经济已成为国民经济的重要组成部分，在促进生产力提升方面发挥着不可或缺的作用。有数据表明，非公有制经济税收贡献占比超过 50%，国民生产总值、固定资产投资、对外直接投资均超过 60%，高新技术企业占比超

---

① 参见胡锦涛：《坚定不移沿着中国特色社会主义道路前进 为全面建成小康社会而奋斗——在中国共产党第十八次全国代表大会上的报告》，人民出版社 2012 年版，第 20~21 页。

过 70%，城镇就业超过 80%，对新增就业贡献达到 90%。① 但同时，资本以追逐剩余价值作为内在逻辑，非公资本以最大限度赚取利润为生产目标，劳资之间存在着利益冲突。在粗放型低水平经济增长模式中，由于民营企业在利润和劳动力成本两方面都受到压力，劳资在收入分配上的矛盾表现得更为明显。为此，转换经济发展模式，推动经济高质量发展，其中一个重要的着力点就是调整劳资分配关系，提高劳动报酬在初次分配中所占的比重。

转变经济发展模式，对我国具有传统优势的劳动密集型产业提出了新的发展要求。政治经济学把"价值"界定为"人类无差别劳动的凝结"，因此，从价值生产来看，活劳动是创造价值的唯一源泉。但是，劳动本身也分为多种类型，复杂劳动和简单劳动在价值创造中的作用存在很大差异。一般来说，"比较复杂的劳动只是自乘的或不如说多倍的简单劳动，因此，少量的复杂劳动等于多量的简单劳动"②，且复杂劳动在单位时间内创造的价值远远大于简单劳动。严格来说，复杂劳动实际上是一种具有较高技术含量的劳动，与普通劳动相比，技术劳动理应在初次分配中获得更高的份额。因此，推动经济高质量发展，也就是要不断提高技术劳动报酬在总收入中的比重。为此，要协调好生产过程中简单劳动和复杂劳动之间的关系、普通劳动力和技术劳动力之间的关系。一方面，要完善工资形成和增长机制，严格遵守最低工资制度。在非公经济中强调对普通劳动者权益的保护，提高劳动报酬在初次分配中的比重。另一方面，要鼓励劳动者提高受教育程度，激励企业加大研发投入，提高产品附加值和市场竞争力，从全球价值链低端"突围"。在此基础上，不断提高技术工人、研发人员和创新人才的劳动收入。在数字经济蓬勃发展的背景下，还要特别重视数字劳动的价值创造功能，鼓励劳动者通过创造和生产数据、信息等方式参与分配。

三、实体经济资源集聚效应

推动经济高质量发展，其载体在产业。劳动力与生产资料在不同产业之间组

---

① 参见王勇：《坚持公有制为主体多种所有制经济共同发展》，载《人民日报》2015 年 11 月 24 日第 6 版。

② 参见马克思：《资本论》(第 1 卷)，人民出版社 2018 年版，第 58 页。

合搭配开展生产活动，形成了类型多样的产业经济关系。只有缩小产业发展差距，提升产业发展质量，才能从根本上缩小不同产业从业者的收入差距。《中华人民共和国国民经济和社会发展第十四个五年规划和 2035 年远景目标纲要》（以下简称《纲要》）强调：构建实体经济、科技创新、现代金融、人力资源协同发展的现代产业体系。其中，实体经济被排在第一位，这突出了壮大实体经济的鲜明导向。我国经济从粗放型低水平增长模式转向高质量发展模式，将通过实体经济资源集聚效应，缩小实体经济与虚拟经济之间的发展差距，协调制造业、服务业、金融业三者之间的关系，缩小三类行业从业者的收入差距。

实体经济资源集聚效应的实质是吸收和引导各种资源向实体经济特别是向制造业流动，推动本土制造业向全球价值链的高端不断升级，提升实体经济所生产的产品和服务的附加值，缩小制造业与其他产业特别是金融业、房地产业之间的差距，推动产业协调发展。一方面，针对我国制造业核心零部件和技术密集型中间产品高度依赖进口的现状，要加大高附加值零部件环节的进口替代力度，构建本地化的产业链配套。通过加大研发投入，实现核心技术领域和关键环节的能力提升，促进我国制造业从简单组装、辅助零部件制造等向高级组装和核心零部件制造的产业链节点攀升。围绕集成电路、关键电子元器件、操作系统、核心工业软件、高精密数控机床、光刻机、航空发动机等技术开展集中攻关，力争解决一批"卡脖子"问题，新建扩建一批国家级创新平台和重大科技基础设施，推动新兴行业实现突破发展。另一方面，要推动制造业本土企业向营销、品牌、渠道等高附加值环节攀升，打造自主品牌，积极构建自主可控的全球营销网络和流通体系，利用高端产品服务和高溢价品牌，提高制造业利润率，增强实体经济实力。①

推动实体经济资源集聚，并不是抑制金融产业和房地产行业发展，而是要促进现代金融、房地产与实体经济的良性互动，引导更多的金融资源进入实体经济，并通过房地产业发展机制的调整，驱动实体经济发展。具体而言，在金融方面，提升金融服务实体经济的能力和实效，要着眼新一轮科技革命和产业变革大

---

① 参见周绍东、张宵、张毓颖：《从"比较优势"到"国内国际双循环"——我国对外开放战略的政治经济学解读》，载《内蒙古社会科学》2021 年第 1 期。

势，完善金融机构体系、金融市场体系，加强金融产品、金融服务创新，构建全方位、多层次金融支持服务体系。通过建立健全产融对接常态化机制，支持实体经济全产业链、全价值链升级，开发个性化、差异化、定制化金融产品，为实体经济提供精准、普惠金融服务，通过制造业和金融业的良性互动，缩小两个行业从业者的收入差距。就房地产行业来看，一方面，毫不动摇坚持"房住不炒"仍是房地产市场调控的主旋律，《纲要》强调：支持合理自住需求，遏制投资投机性需求，杜绝将房地产作为短期刺激经济增长的工具。另一方面，房地产行业仍是我国国民经济的重要增长点，在遏制房地产市场无序炒作的同时，应稳妥实施房地产行业长效发展机制，促进房地产业健康发展和良性循环，既满足群众的刚性住房需求，也保障房地产普通从业者收入的稳定。

四、产业区域布局优化效应

区域是开展生产活动的载体，也是分配结果最终落地的空间。劳动力和生产资料在不同区域之间组合搭配开展生产活动，形成形式各异的区域经济关系。当前，我国仍存在着东西部、南北方、沿海内陆、平原山区等多种形式的区域发展差异。缩小区域发展差距和不同地区居民收入差距，是推动共同富裕的重要工作任务之一。从生产活动来看，缩小区域发展差距，根本上看还是要协调产业在不同区域的布局。在出口导向的粗放型低水平经济增长模式中，本土企业以国际市场为目标，局限在最基本的制造、包装和加工环节。而构建"以国内大循环为主体，国内国际双循环相互促进的新发展格局"，其中一个重要的内容就是在本国区域内打造完整的产业链条。

具体来说，一方面，各区域需根据自身的资源禀赋，占据产业链条的不同节点，开展差异化的分工协作，由此获得更高的产品附加值。[1] 在这个过程中，不同区域能够发挥自身的资源禀赋优势，最大限度地提高区域生产要素的贡献率，从而缩小区域间的收入差距。以集成电路产业(芯片产业)为例，我国东中西部已形成了一条比较成熟的产业链条。其中，长三角地区的上海、南京、杭州、合

---

[1] 参见杨明洪、涂开均、巨栋：《"南北差距"的理论解释与政策机理》，载《河北经贸大学学报》2021 年第 5 期。

肥等大城市发挥技术研发力量雄厚、服务配套条件优良的条件，聚焦芯片研发设计等上游环节。中部地区的武汉、长沙发挥制造业基础好、技能劳动力资源丰富、高教科研资源集中等优势，聚焦芯片制造、封装、测试等产业链中游环节。西部地区的重庆、成都、昆明、贵阳等城市集中在产业链下游的应用设备设计和制造环节。东中西地区发挥各自的资源禀赋特色，深耕产业链细分环节，相互之间形成了"原材料—中间品—最终产品"的需求链条，初步构建了比较完整的集成电路产业链条。集成电路产业"国内大循环"的形成，较好地体现了产业区域布局优化、推动经济高质量发展的思路，也将在初次分配层面为缩小东中西部收入分配差距提供了可资借鉴的经验。

另一方面，在充分利用已有资源的基础上，各区域更应跳出自身资源禀赋约束，创新产业发展思路，在区域内部打造完整产业链。自京津冀协同发展作为重大区域发展战略提出以来，河北省承接了多个京津冀产业协同项目，如作为北京农批市场转移平台的河北新发地、作为超级工厂的北京现代沧州工厂，均有效疏解了北京非首都功能。但是，河北省承接的人多为普通劳动密集型产业，产品和服务的附加值低，市场竞争激烈，区域产业转移未能显著缩小河北与京津的收入分配差距。数据显示，2014 年北京市居民人均可支配收入为河北省的 2.67 倍，2019 年仍为 2.64 倍，区域产业布局调整对促进地区共同富裕的效果十分有限。①从这个角度来看，区域协调发展不仅仅是把发达地区的低端产业向相对落后地区转移，而且要通过发挥增长极的辐射带动作用，帮助相对落后地区提升产业结构，发展技能劳动密集型和资本密集型产业，并在此基础上发展一些能够适应本地资源禀赋的技术劳动密集型产业，以此提高劳动者收入水平。

从政府角度来看，要发挥其在二次分配中的作用，采用各种政策推动产业区域优化布局。一方面，要着力推进京津冀一体化、长三角一体化、长江经济带、粤港澳大湾区、黄河流域生态保护和高质量发展示范区、东北全方位振兴等重大区域协调发展战略的实施，推动产业链条的不同环节在符合其资源投入要求的区域进行合理布局。另一方面，要综合运用中央和地方层面的财政转移支付、各行

① 数据来源：国家统计局官方网站。

政层级的平行对口帮扶、都市圈和城市群的产业协调等政策手段，引导劳动力和生产资料在各区域顺畅流动，使劳动者和各种生产资料的所有者在不同区域都能按其贡献获得合理报酬，以此促进区域共同富裕。

五、城乡资源双向流动效应

城乡是一对特定的区域范畴，劳动力和生产资料在城乡之间组合搭配开展生产，形成城乡经济关系。在以劳动密集型产业为主导的粗放型低水平经济增长模式中，农村在整个国民经济中扮演的角色仅仅停留在提供农产品、原材料和普通劳动力的层面。随着国内制造业所面对的国际市场萎缩，出口需求减小，各经济主体都受到了影响，其中，缺乏技术能力、劳动力替代程度高的进城务工人员受到的冲击最明显。由于进城务工人员的劳动收入长期得不到显著提高，仅依靠务工收入"输血"的农村地区发展必然受到很大限制，城乡收入鸿沟急剧拉大。

经济高质量发展模式对城乡经济关系提出了新的要求。切换城乡生产方式，就必须改变"农村提供农产品和劳动力、城市吸收农产品和劳动力"的单向资源流动路径，促进城乡资源双向流动，推进城乡要素平等交换，走一条中国特色城镇化和城乡共同富裕道路。[1] 在这个过程中，政策制定部门应着力促进资本、技术、信息等要素向农村回流，大力发展两种产业。一是技术劳动密集型的新型农业。技术劳动密集型产业广泛应用以互联网为核心媒介的信息化技术，这些技术应用于农业生产、流通、销售等环节，有效打通农产品销路。一方面，在生产过程中，农村劳动力的经济自主权显著增强。农村劳动力通过专业化技术培训转变为新型"职业农民"，并与"互联网+"、大数据、云计算等为代表的新一代信息技术有机结合，形成了家庭农场、种植大户、农民专业合作社等新型农业生产经营载体，特别是大力发展以合作社为代表的农村集体经济，把农民增收建立在规模化经营的基础上。经营方式转变与技术革新有效提升了农业生产率。数据显示，与 1978 年相比，2021 年我国种粮面积虽减少了约 7000 万亩，但粮食产量已增长

---

[1] 参见安晓明：《新时代乡村产业振兴的战略取向、实践问题与应对》，载《西部论坛》2020 年第 6 期。

至当初的 2.4 倍。① 另一方面，在流通和销售过程中，产业数字化赋能农村传统产业作用凸显。"数商兴农"工程有效助推了农村电商发展。据统计，2021 年，全国农村网络零售额达 2.05 万亿元，农产品网络零售额达 4221 亿元。② 技术密集型新型农业精简了生产端至销售端的中间环节，降低了流通费用和商业利润占比，使农产品利润更多地留在农民手中，有效提升了农村居民的收入水平。从这个意义上讲，以技术链支撑需求链、以需求链缔造价值链、以价值链部署产业链，成为释放农村产业发展新动能，推动城乡资源双向流动的有效路径。③

二是品牌农业。品牌农业是以品牌化方式体现特定农产品特色，突出竞争优势。在同质化竞争激烈的大背景下，带有地理标志的农产品具有极高的品牌价值和竞争力，因此，"品牌"战略不仅将农产品"品牌化"，也将地域"品牌化"，即发展具有农村地域特色的文化品牌，以提高其产品的市场吸引力。在品牌强农战略的推动下，品牌农产品销售额快速增长。统计数据表明：2020 年入选中国农业品牌目录的 300 个区域公用品牌的成交单数达 5660 万笔，较 2018 年增长约25%，品牌产品销售额达 42 亿元，较 2018 年增长近 20%。④ 在此基础上，品牌农业也发挥了助推农村产业整合升级的重要功能。由于城市居民对绿色生活、生态农产品的需求不断增长，向往体验农耕文明，农村地区可因地制宜，突出文化特色，促进传统产业朝着品牌化、个性化、网络化的方向发展。在着力发展技术劳动密集的新型农业和品牌农业的基础上，城乡关系也将发生新的变化，表现为中心城市与三四线城市、县级市、县城、中心镇协同发展，城乡之间经济来往更加频繁，城乡经济关联度不断提高，城市和乡村两个地域实体连接成为一个紧密联系的、网络状且相互渗透的区域综合体，有望形成城乡共同富裕的良好态势。

---

① 数据来源：中国经济信息网。
② 数据来源：中经网统计数据库。
③ 参见宋宪萍：《促进产业间分配的共同富裕》，载《政治经济学研究》2021 年第 3 期。
④ 数据来源：《践行农业生产"三品一标"开启农业品牌建设新阶段——〈中国农业品牌发展报告(2021)〉解读》，载《河北农业》2021 年第 5 期。

本章小结

全体人民的共同富裕是中国共产党的重要奋斗目标，也是中国式现代化的重要特征。要坚持以人民为中心的发展思想，在高质量发展中促进共同富裕。改革开放以来，我国经济取得了显著的发展成果，但也形成了以出口为导向的粗放型低水平增长模式。本章以马克思主义政治经济学有关生产与分配关系的理论为出发点，从生产方式的微观、中观和宏观三个层面展开分析，探讨了粗放型增长模式拉大收入分配差距、阻碍共同富裕的内在机制，界定了生产方式视角下的"高质量发展"内涵，并提炼总结出四种转向高质量发展模式的收入分配效应：技术劳动报酬提升效应、实体经济资源集聚效应、产业区域布局优化效应以及城乡资源双向流动效应。通过逐步缩小劳资、行业、区域和城乡收入分配差距，实现高质量发展下的共同富裕。

在政治经济学既有的分析范式中，收入分配格局被视为由生产资料所有制决定的，人们在生产资料所有制结构中处于什么样的地位，那么其在收入分配格局中就处于什么样的地位。这种理论范式强调了所有制的重要意义，突出了公有制在实现共同富裕过程中的显著地位。但是，片面强调所有制而忽视生产力因素，也会造成收入分配问题上的误读。在"生产力—生产关系"的分析框架中，收入分配关系作为生产关系的重要组成部分，从根本上来看是由生产力因素决定的。生产力水平的提高，不仅从总量上决定了用以分配的财富和收入规模，也从结构上决定了经济主体在分配中的地位、作用和内在关系。也正是在这个意义上，共同富裕实践要求推动经济发展方式的深刻转型。本章提出，改革开放以来我国所形成的粗放型低效率增长模式，应从微观、中观和宏观三个层面向集约型高质量发展模式转变，在这个转变过程中，企业内部、产业间、区域间、城乡间以及国内外的劳动力和生产资料组合搭配方式发生深刻变化，通过技术劳动报酬提升效应、实体经济资源集聚效应、产业区域布局优化效应以及城乡资源双向流动效应四种效应，经济发展方式的转型将有效缩小劳资、产业、区域和城乡收入分配差距，进而推进共同富裕。

第十五章

中国经济学：中国式现代化新道路的理论表达

现代化是人类社会发展的必然趋势，也是近代以来中华民族和中国共产党为之不懈奋斗的重要目标。2021年7月1日，习近平总书记在庆祝中国共产党成立100周年大会上的讲话中指出："我们坚持和发展中国特色社会主义，推动物质文明、政治文明、精神文明、社会文明、生态文明协调发展，创造了中国式现代化新道路，创造了人类文明新形态。"①中国式现代化新道路"新"从何来？"新"在何处？如何从经济学视角理解"中国式现代化新道路"？对上述问题的解答，既要站在世界现代化的整体格局之上，寻找中国式现代化在人类现代化坐标体系中的定位，又要立足我国现代化进程所处的具体环境，揭示中国式现代化新道路及其经济理论表达的独特历史规定性。从话语体系的视角来看，中国特色社会主义政治经济学话语体系的构建同时也是"中国经济学"话语体系的形成和塑造过程。

第一节　现代化与经济学

15世纪以来，随着西方国家率先开启现代化转型，人类历史进入了现代化时代。迄今为止，人类社会发生了三次现代化浪潮，现代化从西欧核心地区向世界各国持续扩散，引发了人类社会急剧、广泛且深入的社会变革。从人类现代化

---

① 参见习近平：《在庆祝中国共产党成立100周年大会上的讲话》，人民出版社2021年版，第13~14页。

进程来看，在第一次和第二次现代化浪潮中，英国、美国、德国和日本等发达资本主义国家已基本完成了现代化转型，在 20 世纪 70—80 年代相继步入高收入经济体行列，开启了向"知识社会"过渡的"去工业化"阶段。在第二次现代化浪潮中，苏联也开展了如火如荼的社会主义现代化建设，就在取得了令人瞩目的工业化成就后，于 20 世纪 90 年代随着苏联解体戛然而止。而位于东欧、东亚、西亚、北非、拉丁美洲等地区的发展中国家则在 20 世纪陆续卷入了全球性的现代化浪潮之中，如今正处于向现代化全速迈进的追赶时期。

马克思在《〈政治经济学批判〉序言》中明确指出："物质生活的生产方式制约着整个社会生活、政治生活和精神生活的过程。不是人们的意识决定人们的存在，相反，是人们的社会存在决定人们的意识。"①这意味着，人类社会从传统农业社会向现代工业社会转变的历史过程也是不断建构现代化文明形态的过程。在这个过程中，作为对现代化进程的意识反映，现代经济学应运而生。从现代化的历史进程来看，生产力的发展推动着生产方式变革，率先引起经济领域的现代化，进而向政治、社会和文化等领域蔓延。也正是在这个意义上，经济学为社会科学的皇冠镶嵌了"最璀璨的明珠"。

近代以来，实现现代化是很多国家孜孜以求的目标。经过几个世纪的发展，人类现代化的宏大版图相继涌现出多种具有代表性的现代化模式。其中，以英国、美国为代表的西方国家率先走出了一条资本逻辑主导的现代化道路，德国、日本等第二梯队资本主义国家选择了国家力量主导的现代化模式；苏联、东欧等国走上了社会主义现代化道路，中国则在以先发国家经验为批判性参照的基础上，探索出了一条通往共同富裕的中国式现代化新道路。正是在这些特殊的社会存在土壤中，经济学经历了"由实践到认识，由认识到实践这样多次的反复"②的过程，从而形成了西方经济学、国民经济学、马克思主义政治经济学、苏联社会主义政治经济学以及中国经济学等经济理论体系。这些学说凝结着不同时期的历史主体对于国家和民族如何从贫穷走向富裕、从落后走向先进的思考，对于丰富人类现代化实践发挥了理论指导作用。

---

① 参见《马克思恩格斯选集》(第 2 卷)，人民出版社 2012 年版，第 2 页。
② 参见《毛泽东文集》(第 8 卷)，人民出版社 1999 年版，第 321 页。

第二节　现代化的代表性道路及其经济理论表达

从人类社会发展进程来看，由传统农业社会向现代工业社会的转型是历史发展的必然趋势。但是，由于各个国家和地区的自然条件和历史条件差异，现代化"总在可能的前提和条件下展开自己的发展历程"①，因此注定了人类通往现代社会的道路必然存在着多重可能。

一、英美现代化道路及其经济理论表达

西欧是现代化的发源地，这并非偶然性的历史事件。自15世纪末期"地理大发现"以来，世界市场急剧扩张推动西欧商业资本迅速发展，封建文明形态开始向资本主义文明形态过渡。在不到三个世纪的时间里，西欧社会内部孕育形成了向现代工业社会转型的一切前提条件——通过海外扩张完成的资本原始积累、私有财产观念逐渐摆脱宗教束缚、科学领域取得革命性进展等，这些史无前例的变化共同创造了西欧率先通往现代化的绝佳历史机遇。从这个意义上讲，西方的现代化道路是具有独特历史规定性的内源式先发道路。

"工业化是现代化的核心。工业化实质上是现代工业生产方式和工业化生活方法的普遍扩散化的过程。"②18世纪下半叶工业革命在英国起步，促使了各个领域的突破性变革，人类历史上第一次现代化大浪潮在英国这片土地上率先开启了。作为西方现代化的先驱，英国剧烈的社会经济变革在客观上需要经济学做出新的理论阐释。在此背景下，古典经济学理论体系逐渐走向成熟，英国的亚当·斯密基于人的自利性提出的"经济人"假设和"看不见的手"原理构成了资本主义市场经济模式的理论基础。20世纪初，西方经济学实现了从"古典"到"新古典"的转向，但其自由主义内核仍然伴随着欧美国家的现代化进程稳步前进。然而，这种现代化模式在推动生产力水平提升的同时也为资本主义制度埋下了危机的引线。20世纪20年代初，一场席卷全球的经济危机将整个西方世界笼罩在阴影中。

---

① 参见姚开建：《广义政治经济学》，中国人民大学出版社2019年版，第7页。
② 参见罗荣渠：《现代化新论》，商务印书馆2017年版，第133页。

它一方面使得人类的现代化进程遭到阻滞和延缓；另一方面，这场危机也促使人们重新审视自由放任政策，在一定程度上修复了西方资本主义现代化道路的缺陷，凯恩斯主义的兴起正是这种修复的理论表现。自此，西方经济学形成了微观经济学和宏观经济学两大部分。

20 世纪 70 年代，西方世界进入失业与通货膨胀并存的滞胀时期，狂热鼓吹"市场化、私有化、自由化"的新自由主义经济学对凯恩斯主义展开了猛烈的抨击。80 年代中后期，美国政府将其包装成名为"华盛顿共识"的经济改革模式兜售给广大发展中国家，但这种模式并未帮助后者实现真正意义上的经济发展。事实上，新自由主义的理论主张从未在英国、美国的经济政策中得到贯彻和实施。从英国、美国的发展历史来看，英国政府在 17 世纪率先实施了"进口替代"战略，以国家力量为主导迅速完成了工业化早期所需的资本原始积累。[1] 美国的工业化成就则很大程度上受益于制造业传统，这恰恰是国家产业政策干预的结果。

因此，英国、美国的现代化模式可以被概括为资本逻辑主导下私有产权、自由市场与资本主义国家主体性的结合，资本的逐利本性为这些国家的社会经济发展提供了根本动力。这种以数量扩张和经济利润为中心的现代化道路反映在理论层面就表现为西方经济学在历史纵深感面前的苍白无力，似乎历史将终结于"物的依赖性"阶段，终结于资本主义文明形态。随着现代化历史进程的不断深入，这种销蚀了时间和空间的"黑洞经济学"也正在丧失生命力与解释力。

二、德国、日本现代化道路及其经济理论表达

从人类现代化进程来看，尽管德国、日本现代化起步相对较晚，但是发展却异常迅猛。究其原因在于二者走上了一条外源式后发现代化道路，由政府担任现代化的发起者和推动者，"自上而下"强制性地推动经济和政治领域的革命性变迁，进而引领社会整体结构的适应性变化。

以国家主义为基础的国民经济学的创立正是这种现代化道路的典型理论表达。19 世纪初期，德国历史学派的先驱弗里德里希·李斯特较早认清了德国沦

---

① 　参见胡明：《政治经济学史论》，经济管理出版社 2019 年版，第 231 页。

为英国、法国商品倾销地的严峻形势，开始建构阐释落后国家富强之道的经济理论。1841 年，李斯特的《政治经济学的国民体系》首次出版标志着这一理论建构初步完成。在李斯特看来，"建立在空洞的世界主义"基础上的古典经济学"一方面是全人类，另一方面只是单独的个人"，应当在二者之间找到一个中介体，这个中介体就是"国家"。① 基于此，李斯特设计了一整套以"国家"概念为核心的理论体系与政策主张，为德国实现追赶型的现代化找到了一条正确的出路。概括地讲，"国家"在德国特殊的经济崛起道路上发挥了三个方面的作用：第一，规范社会经济秩序，维护国家经济起步和稳定发展的良好环境。第二，采取关税保护、建立关税同盟等措施，扶持本国工业迅速崛起。第三，提供就业和教育培训，建立社会保障体系，保证国家的有序高效运转。在国家主义的推动下，德国仅用几十年时间就完成了现代化转型，在资本主义国家中占据了一席之地。

作为首个在基督教文明圈外尝试开启现代化的国家，日本的现代化道路既具有一般后发式现代化的普遍特征，又体现出不同于西方资本主义文明形态的独特性。19 世纪 70 年代，日本逐渐将与其国情相似的德国确立为现代化模板，走上了一条由国家主导的"自上而下"的社会转型道路。随着国家主义在日本得到推行，李斯特《政治经济学的国民体系》（日译本）于 1887 年再版发行，国民经济学对日本明治时期经济思想的发展产生了重大影响。但是，不同于地处西欧的德国，传统文明与现代文明在日本展开了激烈的博弈，民族性与外来性更为复杂地交织在一起，塑造了日本"民族主义的、家族式的、反个人主义的"资本主义现代化模式。②

纵观德国、日本的崛起进程不难发现，民族精神在其迈向现代化的过程中扮演了一种类似于"创业精神工具"的重要角色。这种精神聚焦在理论层面就表现为：国民经济学立足于"追赶"这一现实需要，凸显并强调国家利益优先原则。与西方经济学所内含的自由主义不同，经济民族主义能在某种程度上遏制资本主义发展过程中滋生的"经济人"的消极影响。但需要指出的是，德国、日本的经济民族主义在表现出上述积极面的同时，仍然带有"人的依赖关系"的痕迹残留。

---

① 参见弗里德里希·李斯特：《政治经济学的国民体系》，商务印书馆 1997 年版，第 5~7 页。
② 参见森岛通夫：《日本为什么"成功"》，四川人民出版社 1986 年版，第 27 页。

譬如，日本的企业组织就是"贤选"与"亲选"交织的产物，经理人员的选拔往往主要依据贤选原则，但是上司在职位晋升和工资待遇等方面则有很大的决定权。① 因此从某种意义上讲，尽管德国、日本运用国家力量在短时间内为自身加装了现代化引擎，但也正是这种急剧却不彻底的社会变革使其依然在相当程度上留有第一大社会形态的权威主义内核。而当国家无法从内部消化资本主义经济危机造成的严重后果时，德国、日本的经济民族主义也就不可避免地通向了军国主义极端。

三、苏联、东欧现代化道路及其经济理论表达

20 世纪初，苏联成为人类历史上第一个社会主义国家，这意味着人类在通往现代化的道路上出现了新制度的可能性。与资本主义现代化道路不同，苏联和东欧的现代化探索形成了一种越过市场和资本，依靠计划手段配置资源的发展模式。尽管随着 20 世纪 90 年代苏联解体和东欧剧变，这种现代化的探索已成为历史，但是这种"用与西欧其他一切国家不同的方法来创造发展文明"②的突破性尝试，对于人类现代文明多样性而言仍具有重要价值。

苏联社会主义政治经济学正是对这种社会主义现代化探索的经济理论表达。第一次世界大战结束后，资本主义阵营的自顾不暇让苏联迎来了社会主义现代化建设窗口期。这一时期，苏维埃政权开始推行新经济政策，在一定范围内恢复商品货币关系和自由贸易，从而为社会主义现代化的启动营造了相对稳定的国内环境。可以说，新经济政策开创了社会主义市场经济的先河，其背后隐含了一个苏联仍处于"物的依赖性"阶段的基本判断，即社会主义仍然需要与商品货币关系长期共存。

遗憾的是，在列宁同志逝世后，这种带有过渡性质的社会主义现代化探索戛然而止，斯大林转而采取以国家统制经济为核心的苏联模式，开启了苏联向第三大社会形态的过渡阶段。在这种模式中，社会主义现代化被理解为"苏维埃政权

---

① 参见西里尔·E. 布莱克：《比较现代化》，上海译文出版社 1996 年版，第 23 页。
② 参见《列宁选集》(第 4 卷)，人民出版社 2012 年版，第 777 页。

加全国电气化"①，即以苏维埃政权力量为基本保障，采用计划资源配置方式优先发展重工业。20 世纪 50 年代，苏联相继出版了《苏联社会主义经济问题》和《政治经济学教科书》，这两篇经典著作为社会主义政治经济学奠定了基础。作为苏联现代化道路的经济理论表达，苏联模式的二重性在其政治经济学理论体系上得到了充分映射。一方面，以公有制和指令性计划手段为传导机制，经济问题与政治问题、经济手段与行政手段前所未有地紧密结合起来，"经济问题的政治解决"思路为其他社会主义国家提供了有益借鉴。另一方面，对于产品经济形态的追求，使其表现出了对商品货币关系和价值规律的排斥。譬如，斯大林在《苏联社会主要经济问题》一书中否认生产资料的商品性质以及价值规律发挥的"比例的调节者"作用。② 随着苏联现代化进程的深入，苏联的现代化模式越发暴露出诸多弊端，例如价格机制扭曲、激励机制缺乏导致消费品和轻工业品的严重短缺，人民生活水平长期得不到提高等问题。

　　几乎在同一历史时期，伴随战后殖民主义体系的瓦解，发展中国家也被卷入第三次世界现代化的浪潮中。20 世纪 50—60 年代，在民族主义的驱动下，波兰、南斯拉夫、匈牙利等国相继尝试脱离苏联轨道，开启了社会主义现代化模式的自主探索。其中，波兰和匈牙利在保持计划经济体制的前提下逐步引入市场因素，南斯拉夫则实行以"契约经济"为基础的社会主义自治制度。为了避免计划与市场并行的冲突，东欧经济学家提出了"市场社会主义"理论，倡导理顺价格机制的迂回方案。譬如，波兰经济学家兰格提出的中央计算均衡价格方案，布鲁斯提出的分权模式，捷克经济学家奥塔·锡克提出的间接参数控制方案，以及匈牙利经济学家科尔奈提出的短缺理论，等等。但事实上，无论是"模拟市场"改革计划经济的东欧模式，还是国家统制经济的苏联模式，二者的共同误区是：在迈向第三大社会形态所需的条件尚未成熟时，就过早地将计划手段作为配置资源的主要方式。在这种模式以失败告终后，这些国家又回到了西方资本主义发展的老路。

---

① 参见《列宁选集》(第 4 卷)，人民出版社 2012 年版，第 364 页。
② 参见斯大林：《苏联社会主义经济问题》，人民出版社 1961 年版，第 19 页。

第三节 世界历史视野中的中国式现代化新道路

由于以工业化、城市化为表征的现代化首先出现在实行资本主义制度的欧美国家，因此在很长一段时间内，现代化与西方化之间被不可避免地画上了等号。在领导社会主义建设伊始，中国共产党就已经清醒地认识到，西式现代化道路的实质就是一条资本主义现代化道路，接受西方现代化实际上就要承受资本主义所带来的各种社会问题，因此，必须独立地探索一条适合中国国情的现代化道路。为此，中国共产党从国情实际出发，注重汲取和借鉴人类现代化的文明成果，从而开创了既不同于西方资本主义现代化道路，又有别于苏联社会主义现代化道路的中国式现代化新道路，为发展中国家提供了现代化的全新选择。

一、基于比较视域的中国式现代化新道路

西欧是现代化的发源地，这并非偶然性的历史事件。自15世纪末期"地理大发现"以来，世界市场急剧扩张推动西欧商业资本迅速发展，封建文明形态开始向资本主义文明形态过渡。在不到三个世纪的时间里，西欧社会内部孕育形成了向现代工业社会转型的一切前提条件——通过海外扩张完成的资本原始积累、私有财产观念逐渐摆脱宗教束缚、科学领域取得革命性进展等，这些史无前例的变化共同创造了西欧率先通往现代化的绝佳历史机遇。从这个意义上讲，西方的现代化道路是具有独特历史规定性的内源式先发道路。

中国作为世界现代化版图的有机组成部分，对其现代化的研究应置于宏大的世界历史中进行。中国式现代化经历了一个由先发国波浪式地向外扩散的过程。在这个过程中，前现代化时期发展越发落后的国家，在现代化冲击到来时，"破坏性力量"对其传统社会结构的摧毁就越发严重，因此，不同于内部条件成熟而自发走向现代化的英国、美国，也不同于应对外部挑战而主动推进现代化的德国、日本，中国的现代化进程是在民族危亡和内部衰败的严峻形势下被迫开启的，这种"后发的现代化"决定着中国现代化道路充斥着艰巨性和复杂性。我们选取社会制度、主要动力来源以及与世界市场的接洽程度三个关键变量，对四种

具有代表性的现代化道路进行比较分析(如表 15-1 所示)。

表 15-1　四种代表性现代化道路的比较

变量 ＼ 国别	英国、美国	德国、日本	苏联	中国
现代化实现模式	资本主义+市场力量主导+外向型	资本主义+国家力量主导+内向型	社会主义+国家力量主导+内向型	社会主义+国家拉动与市场驱动结合+外向型
现代化开启时间	第一波浪潮（先发）	第二波浪潮初期（后发）	第二波浪潮末期（后发）	第三波浪潮（晚到）
现代化启动逻辑	成熟—变迁（内源式）	挑战—回应（外源式）	危机—破题（内外源结合）	挑战—回应（外源式）
现代化社会形态特征	第一大社会形态和第二大社会形态充分发展，以资本主义制度作为"历史的终结"	第二大社会形态未得到充分发展，由第一大社会形态的上层建筑内核痕迹遗留	人为地向第三大社会形态跨越，最终退回至第二大社会形态	三大社会形态典型特征的并存共生

　　首先，社会制度是划分现代化模式的根本标准，以此可以将人类的现代化模式区分为资本主义现代化和社会主义现代化两大类型。两种现代化模式的最大区别就在于是牺牲别人、发展自己，还是共同发展、共同富裕。① 资本主义以资本和私有产权为核心的现代化模式，建立在野蛮的资本原始积累基础上，在目的层面导向了对剩余价值最大化的追逐，在手段层面选择了对外殖民扩张和对内剥削压迫，在结果层面引致了两极分化和物质主义膨胀。与之相对，建立在公有制经济基础上的社会主义现代化模式，将实现共同富裕作为社会主义现代化的重要奋

---

　　① 参见侯惠勤：《人类现代化历史过程的道路之辨》，载《哈尔滨工业大学学报(社会科学版)》2022 年第 2 期。

斗目标，以人民利益为根本出发点，灵活运用各种手段扬弃附着在现代化进程中的资本主义"现代性"。

其次，就推动现代化变革的主要动力来源而言，现有模式主要分为市场力量主导、国家力量主导以及混合主导三类。不同于英美两国主要依赖自由市场经济，实现自下而上的现代化变革，在德国、日本、苏联、东欧乃至中国的现代化进程中，民族国家和中央政府毫无例外地扮演了推动社会变革的中心角色，而这一因素却在西方经济学理论中长期遭到掩盖和遮蔽。需要强调的是，现代化进程与人类社会从自然经济向商品经济的转型过程相生相伴。因此，在一定意义上现代化与市场经济具有共生性。正是基于"商品经济形态无法跨越"的客观判断，改革开放后我国将社会主义制度与市场经济结合起来，将国家力量主导与市场力量驱动结合起来，通过发展"社会主义商品经济"加速了本国现代化发展的步伐，这也构成了中国式现代化新道路与同为社会主义阵营的苏联模式的本质区别。

最后，按照对待世界市场的不同态度，可以将现代化模式大致区分为内向型模式和外向型模式两类。其中，长期奉行贸易保护主义和"进口替代"战略的德国、日本，以及受到资本主义阵营经济封锁的苏联、东欧等国，在某种程度上均属于内向型模式，而以资本对外扩张作为现代化原动力的英美两国属于外向型模式。从我国现代化历程来看，改革开放前，出于维护国家安全和独立发展的需要，我国主要通过内向型模式保护了本国工业化进程。改革开放后，我国采用基于"比较优势"的出口导向型经济增长模式，顺利抓住了关键窗口期带来的红利和机遇。进入中国特色社会主义新时代，我们提出了"新发展格局"的重大战略构想，统筹推进外向型发展与内向型发展。中国式现代化新道路跳出了发展中国家对外开放时普遍面临的"独立—贫困""发展—依附"二分法，在开放的基础上实现独立自主，在独立自主的基础上摆脱贫困。从这个意义上来说，中国式现代化新道路为发展中国家提供了新的方案。

基于上述三重维度的考察和比较，各种现代化模式的发生逻辑和核心特征得以显现，这为中国式现代化新道路在人类现代化的宏大版图上的精准定位提供了标识。正如马克思在研究西方资本主义发展道路时所指出的："使用一般历史哲学理论这一把万能钥匙，那是永远达不到这种目的的。"①任何社会发展道路都经历了具体的、历史的过程。因此，关于"道路"和"模式"的探讨都必须在特定的社会形态和历史环境中进行。

二、时空压缩：中国式现代化新道路的发生场景

西欧是现代化的发源地，这并非偶然性的历史事件。自15世纪末"地理大发现"以来，世界市场急剧扩张推动西欧商业资本迅速发展，封建文明形态开始向资本主义文明形态过渡。在不到三个世纪的时间里，西欧社会内部孕育形成了向现代工业社会转型的一切前提条件——通过海外扩张完成的资本原始积累、私有财产观念逐渐摆脱宗教束缚、科学领域取得革命性进展等，这些史无前例的变化共同创造了西欧率先通往现代化的绝佳历史机遇。从这个意义上讲，西方的现代化道路是具有独特历史规定性的内源式先发道路。

在对比考察各种"模式"典型特征的基础上需要进一步回答，这些道路的独特规定性在历史上是如何形成的？这些不同特征的现代化道路将引致怎样的现代化前景？回答这些问题需要我们深入社会经济形态层面，研究特定发展道路背后的独特历史环境。在唯物史观看来，在人类社会的第一大社会形态中，人们通过血缘、亲缘和地缘关系联系在一起，劳动者和生产资料通过血缘、亲缘和地缘纽带结合起来进行生产，因此形成了"人的依赖关系"。在第二大社会形态中，资本把劳动者和生产资料联系起来，每个人在形式上是独立的个体，但实际上是通过商品交换关系结成了一个整体，形成了"以物的依赖关系为基础的人的独立性"。在第三大社会形态，"自由人联合体"自觉地把劳动者和生产资料联系起来进行生产，个体劳动直接成为社会劳动，人类也由此实现"个人全面而自由的发展"。

从人类现代化的主要模式来看，英美两国现代化模式是以"以物的依赖关系为基础的人的独立性"为根本特征的，将资本主义制度作为"历史的终结"。德日等国则是在第二大社会形态未得到充分发展的情况下，凭借第一大社会形态的上

---

① 参见《马克思恩格斯选集》(第3卷)，人民出版社2012年版，第730页。

层建筑内核引领本国实现现代化转型，因此在相当程度上仍然保留着"人的依赖性"的痕迹残余。苏联东欧等国则是在扬弃第二大社会形态的时机尚未成熟时，过早地向第三大社会形态跨越，最终退回至第二大社会形态。由此可见，正是各国在特定历史条件面前作出的关键抉择塑造了现代化道路的独特历史规定性，而这些不同道路的各自终点将以何种姿态存在于人类历史长河中则要取决于其在多大程度上符合人类历史发展的客观规律和必然趋势。

将现代化视角转移至中国，我国的现代化进程是在"时空压缩"这一特定场景下展开的。从时间维度看，"共时性"是中国式现代化最为典型的特征，表现为当前中国"人的依赖关系""物的依赖关系"以及"人的自由全面发展"三大形态的某些特征是并存共生的。改革开放后，中国共产党重新审视历史，作出了我国社会仍处在商品经济发展阶段的重要判断。但是，随着社会主义市场经济体制的逐步确立，中国社会经济发展的现实状态又呈现出与一般市场经济和商品货币关系的差异之处。从根本上来说，不同历史形态特征之所以能够并存于同一时空，在于"历史不外是各个世代的依次交替。每一代都利用以前各代遗留下来的材料、资金和生产力；由于这个缘故，每一代一方面在完全改变了的环境下继续从事所继承的活动，另一方面又通过完全改变了的活动来变更旧的环境"①。

从空间维度来看，我国现代化进程面临着空间压缩和空间撕裂双重叠加的境况。一方面，随着新一代信息技术的迅猛发展，世界范围内各个国家和地区之间的联系日益紧密，全球经济一体化程度不断加深。在空间距离被一再压缩的背景下，任何一国发生经济危机、政治动荡和社会冲突都无疑会影响全球政治经济格局的稳定。这意味着世界各国的共同利益已经越来越广泛，我们比以往任何时候都更加需要构建人类命运共同体。进入中国特色社会主义新时代，我们秉持开放发展理念，持续推动"一带一路"建设，加快构建国内国际双循环的新发展格局，坚定不移地走出了一条面向世界、和平开放的中国式现代化新道路。作为最大的发展中国家，中国正在世界舞台上发挥着空前的作用。另一方面，由于全球化进程造成世界发展的不平衡，逆全球化、反全球化浪潮此起彼伏，贸易保护主义、

---

① 参见《马克思恩格斯选集》（第 1 卷），人民出版社 2012 年版，第 168 页。

国家内顾倾向重新抬头，而中国也走到了与美国及其他传统强国发生更加深入和更加复杂的全方位碰撞接触的历史关口。近年来，英国脱欧、美国退出一系列国际组织、若干国家之间反复发生经贸摩擦，这些事件都是"逆全球化"浪潮的表现。在空间撕裂的背景下，世界经济形势仍然不容乐观，我国现代化进程的推进也依然面临着诸多挑战。

第四节 "时空压缩"背景下中国经济学的构建

一、反映"时空压缩"特征的中国经济学

从社会存在与社会意识的关系来看，现代化道路有与之相适应的理论表达，这种理论表达内生于塑造这条道路的经济、社会、政治和文化结构。作为中国式现代化新道路的经济理论表达，中国经济学在"马克思主义经济学中国化、西方经济学中国化、中国传统经济思想现代化和中国经济改革发展实践理论化"①四条线索的交织推动下臻于成型，生动反映着中国式现代化的独特历史规定性，并形成了独特的理论立场、基本框架和核心内容。

在时间维度上，中国经济学反映了中国式现代化新道路的"共时性"特征，具体表现为三个方面。其一，在客观事实层面承认中国特色社会主义总体上处于"物的依赖性"阶段，以商品经济为立足点，形成了以社会主义市场经济理论为核心的基本框架。其二，在价值导向层面坚持"个人全面而自由发展"的发展导向，在"以人民为中心"的价值追求中抽象出人民的理论落脚于实践。② 其三，在历史传统层面辩证扬弃第一大社会形态内核，在马克思主义基本原理与中国实际和中华传统优秀文化的结合过程中，中国经济学的内容不断被丰富。以中国经济学关于政府与市场关系的研究为例，一是我们提出"市场在资源配置中发挥决定

---

① 参见程霖、张申、陈旭东：《中国经济学的探索：一个历史考察》，载《经济研究参考》2020年第 18 期。

② 参见王怡颖：《论新时代中国特色社会主义政治经济学的理论品质》，载《改革与战略》2021年第 9 期。

性作用，同时更好地发挥政府作用"。二是中国经济学跳出了西方经济学"大市场—小政府"与"大政府—小市场"的传统二分法，呼吁国家主体性的回归。三是集体主义观念和血缘亲族纽带作为"第一大社会形态"的主要特征，也在中国经济学的政府与市场关系理论中得以彰显。

就空间维度而言，处于世界现代化整体格局中的中国式现代化实践为中国经济学赋予了宏大的空间视域。实际上，任何物质资料生产活动都是在特定的空间和区域内发生的，体现在经济理论层面就引申出劳动力与生产资料的空间配置问题。随着世界市场的逐步形成，"国内"和"国外"作为特定的空间划分方式进入经济学的研究视野，第二次世界大战后的西方主流经济学构建了一整套包括国际经济学、新经济地理学、国际贸易理论等在内的"外向经济学"学科框架。改革开放以后，中国经济学借鉴并吸收了西方经济学这一整套学科框架，结合中国对外开放实践和马克思主义世界历史学说，初步建立了"中国特色社会主义对外开放理论"，在国际经济活动领域形成了与西方主流经济学不同的认知体系。这一理论不仅为我国在空间压缩和空间撕裂的双重背景下推进现代化建设提供了理论指南，同时也为人类现代化事业营造一个健康稳定的全球环境贡献了中国智慧。

二、继续推进中国经济学构建工作的三点思考

"时空压缩"背景具有显著的二重性效应，一方面为中国式现代化带来了时间重叠、空间缩短的红利和机遇，另一方面也意味着资本主义现代化道路的历时态矛盾和继时性风险，无疑也会"共时性"地集中在现时代的中国。因此，构建一门体现"中国特色、中国风格、中国气派"的中国经济学势在必行。本章基于拓宽中国式现代化新道路经济研究的需要，对构建中国经济学提出三点思考。

（一）在厚植历史底蕴的基础上构建"一论二史"体系

中国式现代化新道路是根源于中华文明，以实现"个人全面而自由发展"为目标的现代化道路，作为中国式现代化新道路经济部分的理论表达，中国经济学的构建必须置于历史、现实和未来的张力之中。习近平总书记强调："历史、现

实、未来是相通的。历史是过去的现实，现实是未来的历史。"①因此，构建中国经济学首先要回溯历史，了解中国经济学"从何处来"，才能理解"往何处去"。正如恩格斯所指出的那样，"政治经济学本质上是一门历史的科学"，因为"它所涉及的是历史性的即经常变化的材料"。② 实际上，任何一种经济学说都有特定的历史背景，经济学在本质上就是对历史上经济实践的经验总结和系统提炼。世界上不存在普遍适用的经济学"灵丹妙药"，缺乏历史感的经济学就会丧失生命力。③ 因此，构建中国经济学需要秉持大历史观，坚持"史论结合、论从史出"的方法论原则，把经济学理论同经济史、经济思想史有机结合起来，构建"一论二史"的经济学理论体系，在历史的丰厚滋养中探寻中国经济学进一步发展的未来可能性。

（二）坚持国家主体性与理论开放性的有机统一

中国式现代化处于世界现代化的整体格局之中，同时也需要保持自身的独特性。在理论上，要求中国经济学在凸显国家主体性的同时保持理论的开放性，这种有机统一具有两个层面的指向。一是在理论品格上，中国经济学既要体现出"中国特色、中国风格、中国气派"，又要开放包容地吸收借鉴人类文明的优秀成果。中国经济学既非马克思主义政治经济学社会主义部分的简单平移，更非西方经济学知识架构的机械拼接，而是一门具有"国别特殊性"的经济学。④ 与此同时，国外经济理论的诸多成果对于构建中国经济学而言都具有重要的借鉴意义，中国经济学应根据自身的消化能力进行批判性的吸收。二是在学科体系上，中国经济学要以中国特色社会主义政治经济学为核心学科，同时也不能忽视西方经济学以及各应用经济学的重要作用。从严格意义上讲，中国经济学首先是一门社会主义经济学，是当代中国的马克思主义政治经济学。但就目前情况来看，中国特

① 参见《习近平谈治国理政》（第1卷），外文出版社2018年版，第67页。

② 参见《马克思恩格斯全集》（第26卷），人民出版社2014年版，第155页。

③ 参见何自力：《论中国特色社会主义政治经济学的理论特色及新课题》，载《政治经济学研究》2020年第1期。

④ 参见周绍东、张毓颖：《也谈中国经济学的"普遍"与"特殊"——兼与几位学者商榷》，载《当代经济研究》2022年第1期。

色社会主义政治经济学的核心地位并未得到凸显。基于此，可考虑将政治经济学上升为一级学科，在明确马克思主义政治经济学指导地位的基础上，将中国特色社会主义政治经济学与之区分并设置为独立二级学科，充分彰显出中国经济学的社会主义性质。同时，积极引入并研究新古典经济学、新凯恩斯主义经济学、后凯恩斯主义经济学、新剑桥学派经济学、货币主义经济学、新制度经济学等经济学说，吸收和借鉴各种研究方法。

（三）围绕"中国特色社会主义生产方式"搭建系统的理论体系和学科框架

从实践层面看，现代化使得社会各领域发生了全方位的整体性变化，整体性是现代化的重要表征之一，中国式的现代化也折射出了这一特征。为此，中国经济学需要建构起生产力、生产方式、生产关系三位一体，宏观、中观、微观相互接洽，国内、国际互通联动的综合性分析框架。我们提出的方案是：以中国特色社会主义政治经济学作为"中国经济学"学科体系的核心学科，以"中国特色社会主义生产方式"作为核心研究对象，搭建起中国经济学的理论体系和学科体系。

作为劳动者与生产资料的结合方式，生产方式可以作"一般"和"特殊"两个层面来理解。所谓生产方式（一般）是指在抽象掉生产资料所有制的前提下劳动者与生产资料的结合方式。生产方式（特殊）的含义是，任何生产过程都不是单纯的劳动过程，而是一个具有特殊的社会规定性的过程。以生产方式（一般）与生产方式（特殊）的互动作为逻辑线索，可以从三个层面对中国特色社会主义生产方式展开研究。在宏观层面，经济学要研究政府与市场相结合的劳动力和生产资料组合搭配方式。在中观层面，经济学要研究劳动力和生产资料在产业间、区域间、城乡间和国内外的组合和搭配方式。在微观层面，经济学要研究劳动力和生产资料在微观经济主体内部的组合搭配方式。这样一来，中国式现代化所涉及的政府与市场关系、产业经济关系、区域经济关系、城乡经济关系、国内外经济关系、企业内部经济关系就全部被纳入了"中国特色社会主义生产方式"的概念范畴。与此同时，一个以政治经济学为核心，包含马克思主义市场经济理论、马克思主义国民经济学、马克思主义产业经济学、马克思主义区域经济学、马克思主义发展经济学、马克思主义国际经济学等在内的学科体系也就具备了构建基础，从而使中国经济学成为一个同时具有鲜明逻辑线索和丰富研究内容的学术体系、学科体系、话语体系。

现代化是人类社会发展的必然趋势。作为全球现代化的有机部分，对中国式现代化的研究和考察也应置于宏大的世界历史中。自15—16世纪人类进入现代化以来，世界现代化版图上相继涌现出多条现代化道路，与之相应，经济学领域也形成了关于"现代化"的丰富理论表达。本章分析了不同现代化道路的社会形态特征，基本结论是：以英美为代表的现代化道路销蚀了"个人全面而自由发展"的第三大社会形态指向；以德日为代表的现代化道路在相当程度上保留着"人的依赖性"的第一大社会形态特征；苏联东欧的现代化道路则忽视了人类难以跨越"物的依赖性"的第二大社会形态的事实。然而，人类三大社会形态的特征却"共时性"地汇聚到中国现代化进程中，并且，在"时空压缩"的特定场景中形成了具有独特理论立场、框架和内容的"中国经济学"。推动中国式现代化进程走向深入，既要利用时间重叠、空间缩短所带来的红利和机遇，又要巧妙地打破"时空压缩"所引致的不利格局，指向理论层面，要求我们构建起具有时空张力的中国经济学，从而给出拓宽中国式现代化新道路的理论成果和政策举措。

本章小结

15世纪以来，人类社会开启了现代化转型的历史进程。作为现代化进程的意识反映之一，经济学形成了关于"现代化"理论的丰富表达。将中国式现代化的研究和考察置于世界历史中，在比较英美、德日和苏东现代化道路的基础上，从"时空压缩"这一特定场景出发把握"中国式现代化新道路"。这条现代化道路的根本特征包括两个方面，一是"人的相互依赖""以物依赖性为基础的人的独立性"以及"自由个性"三大社会形态的某些特征在中国社会并存共生，二是中国式现代化面临着空间压缩和空间撕裂的双重叠加。拓宽"中国式现代化新道路"的宽度和广度，需要构建富有时空张力的中国经济学，为破解"时空压缩"的二重性格局提供理论指导。

结　语

中国特色社会主义政治经济学是对中华人民共和国成立以来特别是改革开放以来我国社会主义经济建设实践的经验总结和理论升华，是当代中国的马克思主义政治经济学。中国特色社会主义政治经济学的最新理论成果是习近平经济思想。话语体系建设在中国特色社会主义政治经济学发展过程中扮演着十分重要的角色，是推动学科体系和学术体系建设必不可少的一环。党的十八大以来，在以习近平同志为核心的党中央的领导下，我国社会主义经济建设取得了巨大成就，谋划、颁布、实施了一系列切实有效的经济政策，形成了一整套"政策话语"。如何推动这些政策话语的学术转化，就成为构建中国特色社会主义政治经济学话语体系的首要工作。为此，本书尝试以"12345"的概念体系为抓手，以"立场—问题—制度—举措—理念"作为逻辑主线，挖掘政策话语的学术内涵，提炼学术话语的政策意义，积极推进两者的良性互动。

一、一个根本立场

为什么人的问题是哲学社会科学研究的根本性、原则性问题，政治经济学也不例外。习近平总书记指出：发展为了人民，这是马克思主义政治经济学的根本立场。① "无产阶级的运动是绝大多数人的、为绝大多数人谋利益的独立的运

---

① 参见中共中央文献研究室编：《习近平关于社会主义经济建设论述摘编》，中央文献出版社2017年版，第30页。

264

动"，在未来社会"生产将以所有的人富裕为目的"。① 党中央提出要坚持以人民为中心的发展思想，把增进人民福祉、促进人的全面发展、朝着共同富裕方向稳步前进作为经济发展的出发点和落脚点。这一点，我们任何时候都不能忘记，部署经济工作、制定经济政策、推动经济发展都要牢牢坚持这个根本立场。我们的人民热爱生活，期盼有更好的教育、更稳定的工作、更满意的收入、更可靠的社会保障、更高水平的医疗卫生服务、更舒适的居住条件、更优美的环境，期盼孩子们能成长得更好、工作得更好、生活得更好。站在以人民为中心的根本立场上，才能明确我们的奋斗目标是满足人民对美好生活的向往。

二、两种矛盾表现

中国特色社会主义政治经济学是以分析和解决我国社会主义经济建设中的问题作为根本任务的，而这些问题根源于社会主要矛盾。中国特色社会主义进入新时代，我国社会主要矛盾已经转化为人民日益增长的美好生活需要和不平衡不充分的发展之间的矛盾，这其中，发展的不平衡性和不充分性已然成为这一主要矛盾的两大突出表现。一方面，经过改革开放，我国稳定解决了十几亿人的温饱问题，总体上实现小康，不久将全面建成小康社会，我国长期所处的短缺经济和供给不足状况已经发生根本性转变，再讲"落后的社会生产"已经不符合实际。另一方面，人民美好生活需要日益广泛，不仅对物质文化生活提出了更高要求，而且在民主、法治、公平、正义、安全、环境等方面的要求日益增长。

影响满足人民美好生活需要的因素很多，但主要是发展不平衡不充分问题，其他问题归根结底都是由此造成或派生的。各区域、各领域、各方面发展不够平衡，存在"一条腿长、一条腿短"的失衡现象，制约了整体发展水平的提升。一些地区、一些领域、一些方面还存在发展不足的问题，发展的任务仍然很重。必须认识到，我国社会主要矛盾的变化，没有改变我们对我国社会主义所处历史阶段的判断，我国仍处于并将长期处于社会主义初级阶段的基本国情没有变，我国是世界最大发展中国家的国际地位没有变。因此，在认识理解新时代我国社会主

①　参见《马克思恩格斯文集》(第 8 卷)，人民出版社 2009 年版，第 200 页。

要矛盾时，必须把社会主要矛盾变化的问题同我国仍处于并将长期处于社会主义初级阶段没有变、同我国是世界上最大发展中国家的国际地位没有变的问题统一起来思考和研究，把"变"与"不变"这两个论断统一起来理解和把握。

三、三类基本制度

制度建设是解决发展过程各种问题的治本之策，是破解我国社会主要矛盾的长远之计。中国特色社会主义制度是党和人民在长期实践探索中形成的科学制度体系，我国国家治理一切工作和活动都依照中国特色社会主义制度展开，我国国家治理体系和治理能力是中国特色社会主义制度及其执行能力的集中体现。在经济方面，党的十九届四中全会总结了三类社会主义基本经济制度，包括公有制为主体、多种所有制经济共同发展的所有制制度，按劳分配为主体、多种分配方式并存的收入分配制度，以及社会主义市场经济体制。社会主义基本经济制度既体现了社会主义制度优越性，又同我国社会主义初级阶段社会生产力发展水平相适应，是党和人民的伟大创造。

四、四项重大战略

制度建设为我国现代化经济体系进行了顶层设计，而好的制度设计必须落到实处，体现为一系列具有操作性的政策举措。党的十八大以来，实践层面制定并实施了四项重大经济发展战略，包括构建现代产业体系战略、推动区域协调发展战略、精准扶贫和乡村振兴战略，以及"一带一路"为引领的新型对外开放战略。唯物史观认为，物质资料生产活动是人类社会存在和发展的基础，政治经济学以生产方式作为研究对象，而生产方式是指劳动力和生产资料在不同领域的结合方式。构建现代产业体系，就是要优化劳动力和生产资料在产业之间的组合和搭配方式，推动产业结构高级化。推动区域协调发展，就是要优化劳动力和生产资料在区域之间的组合和搭配方式，缩小区域之间的发展差距。实施精准扶贫和乡村振兴战略，就是要优化劳动力和生产资料在城乡之间的组合和搭配方式，实现城乡一体化发展。践行以"一带一路"为引领的新型对外开放战略，就是要优化劳动力和生产资料在国内和国外的组合和搭配方式，在更大范围、更宽领域、更深层次上提高开放型经济水平。

五、五大发展理念

坚持立场、找准问题、设计制度、落实举措，最终要上升到理念层面。理念是行动的先导，一定的发展实践都是由一定的发展理念来引领的。发展理念是否对头，从根本上决定着发展成效乃至成败。针对我国经济发展环境、条件、任务、要求等方面发生的新变化，党中央提出要树立和坚持创新、协调、绿色、开放、共享的新发展理念。坚持创新发展，就是要把创新摆在国家发展全局的核心位置，让创新贯穿国家一切工作，让创新在全社会蔚然成风。坚持协调发展，就是要重点促进城乡区域协调发展，促进经济社会协调发展，促进新型工业化、信息化、城镇化、农业现代化同步发展，在增强国家硬实力的同时注重提升国家软实力，不断增强发展整体性。坚持绿色发展，就是要坚持节约资源和保护环境的基本国策，坚持可持续发展，形成人与自然和谐发展现代化建设新格局，为全球生态安全作出新贡献。坚持开放发展，就是要奉行互利共赢的开放战略，发展更高层次的开放型经济，积极参与全球经济治理和公共产品供给，构建广泛的利益共同体。坚持共享发展，就是要坚持发展为了人民、发展依靠人民、发展成果由人民共享，使全体人民在共建共享发展中有更多获得感，朝着共同富裕的方向稳步前进。

党的十八大以来，中国特色社会主义政治经济学迎来了新的研究高潮，鲜活的政策话语与严谨的学术话语同频共振，在经济建设实践中发挥着越来越显著的指导作用，并产生了习近平经济思想这一新的理论体系和表达方式。当前，在构建中国特色社会主义政治经济学话语体系方面还有很多工作要做，特别是要解决标识性概念的提炼还不足，话语的学理化程度还不高，话语的国际传播力度还不强等问题。在后续研究中，应进一步推动两种话语体系的对接和互动，努力开拓当代中国马克思主义政治经济学新境界。